2021年度国家社科基金艺术学重大项目
"设计创新与国家文化软实力建设研究"（21ZD25）阶段性成果

山东工艺美术学院教育服务新旧动能转换专业对接产业项目
(鲁教高字〔2018〕12号）阶段性成果

老字号企业传播设计创新

郑建鹏 著

U0754561

首都经济贸易大学出版社

Capital University of Economics and Business Press

·北 京·

图书在版编目（CIP）数据

老字号企业传播设计创新 / 郑建鹏著. -- 北京：首都经济贸易大学出版社，2022.11

ISBN 978-7-5638-3462-4

Ⅰ.①老…　Ⅱ.①郑…　Ⅲ.①老字号—企业管理—中国　Ⅳ.①F279.24

中国版本图书馆CIP数据核字（2022）第231067号

老字号企业传播设计创新

LAOZIHAO QIYE CHUANBO SHEJI CHUANGXIN

郑建鹏　著

责任编辑	赵　杰
封面设计	砚祥志远·激光照排　TEL：010-65976003
出版发行	首都经济贸易大学出版社
地　　址	北京市朝阳区红庙（邮编100026）
电　　话	（010）65976483　65065761　65071505（传真）
网　　址	http://www.sjmcb.com
E-mail	publish@cueb.edu.cn
经　　销	全国新华书店
照　　排	北京砚祥志远激光照排技术有限公司
印　　刷	北京建宏印刷有限公司
成品尺寸	170毫米×240毫米　1/16
字　　数	299千字
印　　张	17.75
版　　次	2022年11月第1版　2022年11月第1次印刷
书　　号	ISBN 978-7-5638-3462-4
定　　价	75.00元

编委会

总 序

　　企业像人一样，都有其生命周期。有的企业如昙花一现，有的企业却能基业长青。以"老字号"为例，日本目前拥有超过3.3万家百年老店，占全球百年老店总数的40%以上，在此次疫情肆虐期间，这些老店仍然保持较好的发展态势。那么，这些生命力顽强的"老字号"得以延续并保持基业长青的关键能力是什么？

　　达尔文在《物种起源》中有过这样的经典论述："存活下来的不是那些最强壮的种群，也不是那些智力最高的种群，而是那些对变化做出最积极反应的种群。"对变化能做出快速反应并及时融入组织的这种能力，其实指的就是创新能力。老字号企业秉持的创新精神往往体现在采纳创造性的观点并使之成为现实，以及贯彻实现这些观点的整个过程中。持续创新方能保持持久成长，没有创新就意味着死亡。创新不只是产出新的产品或服务，还包括执行新的业务程序，采用新的工作方法，鲜明的市场路线和企业战略。设计是非技术领域创新的核心要素，设计创新不仅意味着产生新的商品或商业机会，而且指以原创或是经过改进的产品、服务、流程等形式实现新想法在实践中的成功应用。因此，设计创新需要具备将创意、技术实施以及对用户需求的理解融合在一起的综合能力。

　　毫无疑问，当前老字号企业面临的挑战和机遇之一，就是如何将设计创新作为一项关键能力纳入企业经营中，确保以更好用、更好看、更具创新性的产品，以及更优化的流程和服务惠及更多消费者，从而保持组织长寿和基业长青。可以说，今天以及未来的企业，不应把设计看作一种外围的或专家的活动，而应视之为产业链中的重要一环，也就是将其视为企业在市场变化中的重要生存手段和发展资源。要有效地运用设计，一方面，就必须把设计放在一个宏观的、富于创新的产业环境中来看。在这一过程中，设计被视为一种有目的的创造性应用，以使企业的产品或服务包含更具竞争力的创新元素，使之在经营活动和流程中发挥创造潜力，如战略、行销、创建品牌、营运、发现新机会、趋势预测以及产品改进和降低成本等方面。另一方面，设计创新需要企业在保持传统和适应迅速变化的市场环境之间找到某种平衡。"老字号"的建设需要稳定和平衡，其设计创新的目的也是求得更高水平的稳定和平衡。不思进取、不求创新固然会导致企业落后甚至被淘汰，但过度、不遵循企业发展规律的改变也会破坏乃至毁灭企业，更不用说使之基业长青了。

中华老字号是数百年商业和手工业竞争中留下的珍品，拥有世代传承的产品、技艺和服务，具有鲜明的中华民族传统文化背景和深厚的工匠精神内涵，是赢得了社会广泛认同以及具有良好商誉的老店铺、老产业、老品牌。时至今日，许多老字号品牌凭借"良好信誉"、"匠人精神"以及"感知质量"而成为网红爆款，走进互联网和数字经济时代，重回大众视野。在消费升级的趋势下，以往一些强调商品外在物质形态的消费观正在悄然发生变化，消费者亟待建构与新时代生活和消费相匹配的价值观：一种与"炫富"没有紧密联系，而是强调精神的坚守、文化的自觉、共情的意义以及自我选择的新型价值观。这种强调商品内涵的新型价值观，将消费的意义指向对文化和设计的渴求。在这种背景下，文化品性与设计手段成为提高和维系受众之商品感知质量的主要因素，而要提高人们对商品的感知质量，则要在增加商品的吸引力，提高用户的忠诚度、购买产品的倾向性和重复性以及增强商品的市场竞争力等多个方面加以努力。

毋庸置疑，"老字号"的发展要"有中生新""守正创新"，一方面要依托传统品牌优势，另一方面要通过设计提高产品的文化感知质量来增加老字号发展动能，让老品牌依托设计焕发生机。"老字号"对"X世代""Y世代"，尤其是对"Z世代"的关注，不仅仅是对某一个消费群体的解读，更是对这个多元互联时代的解读，体现了其对这个迅速变化世界的敏锐度。这种敏锐度影响着人们的思考、判断和决策，由此影响了商品设计、沟通方式、品牌包装、新零售法则等各个商业环节，进而决定着"老字号"的发展和未来。

老字号品牌虽"老"，但在互联网和数字经济推动下，不少老字号借助新设计、新技术赢得了新用户，开拓了新市场，为其他"老字号"的发展提供了可资借鉴的方法和思路。当然，面对多变的市场冲击，老字号企业整体上还存在很多设计瓶颈和创新阻碍。根据商务部数据调查显示，目前已认定的中华老字号企业总计1 128家，而蓬勃发展中的企业仅占其中的10%，与日本等发达经济体之间存在较大差距。总体看来，大部分老字号企业存在创新发展的困境，如商品设计动力不足、组织结构陈旧、人力资本匮乏等，这些都成了阻碍"老字号"发展的障碍。

本丛书正是基于这样的思考，在山东省实施新旧动能转换重大工程的背景下，依托山东省教育服务新旧动能转换专业对接产业重大项目支持，针对老字号企业设计创新不足的现实问题而策划、打造的。新旧动能转换，究其本质而言是一场深刻的思想观念、生产方式、管理模式、运行机制变革。老产业要不断生发新动能，老字号要不断培育壮大，这既需要市场这个"无形之手"的推动，也需要政府"有形之手"的引导。为聚焦、服务老字号新旧动能转换，2019年3月，山东工艺美术学院与山东省老字号企业协会共同发起成立"山东省老字号文创产业创新成果转化中心"。该中心是山东工艺美术学院与山东省老字号协会着力构建设计驱动、集成创新、协同服务和互惠共赢产教融合平台的一项重要举措。通过该设计创新成果转化中心，我们加强与全省300余家老字号企业的深度合作，积极构建与推进"专业群+企业群+产业群"协同创新的专业对接产业实践模式，将企业需求转化为项目任务，同时将项目需求转化为企业发展的内容，从而实现高校与企业的深度融合发展，助力老字号企业在新消费和新零售背景下，通过设计创新拓宽产业链，提升价值链。

本丛书通过一些实际发生过的案例讲解相关设计方法，这些方法是对企业经营、产品开发、品牌建设、传播设计、创新管理进行的概括性、全面性总结。事实上，绝大部分的老字号企业在其漫长的发展史上都曾出现过主营业务的转型，它们的"长寿"秘诀和生命力来源就在于不断改变以适应环境，以及保持了不断创新的能力，包括凝聚、宽容、专注和设计等方面的能力。希望本套丛书能更好地帮助更多老字号企业提高认知和思维水平，以实现守正创新，基业长青。

受笔者的学识水平所限，书中存在的不足和错误，恳请读者、同行批评指正。值此付梓之际，笔者谨向山东省教育服务新旧动能转换专业对接产业项目管理方、山东省老字号企业协会、首都经济贸易大学出版社以及所有关心支持本书编写的朋友们致以衷心的感谢。

孙 磊

2022年5月1日

目 录

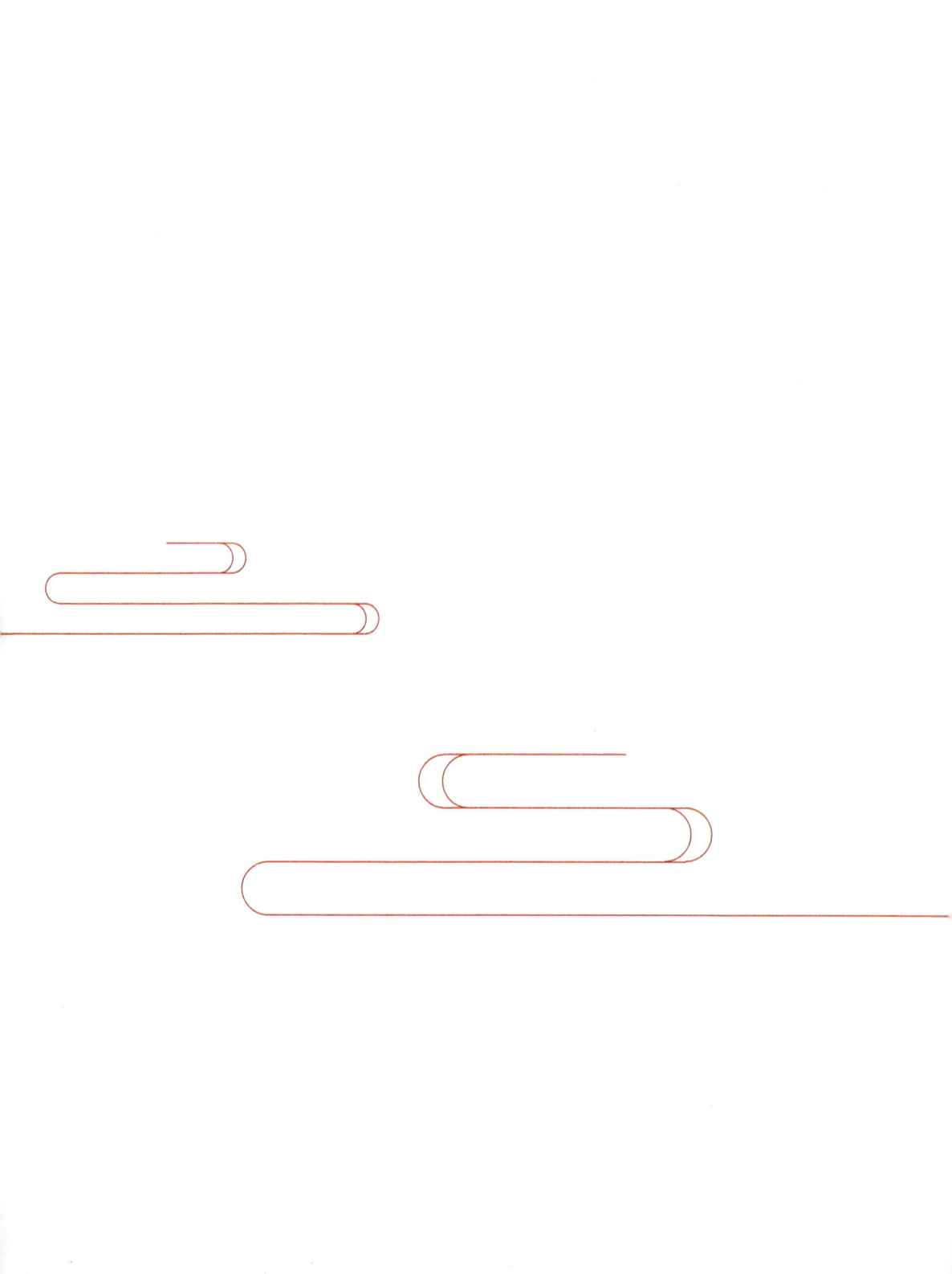

上 篇

老字号企业传播设计的策略与需求

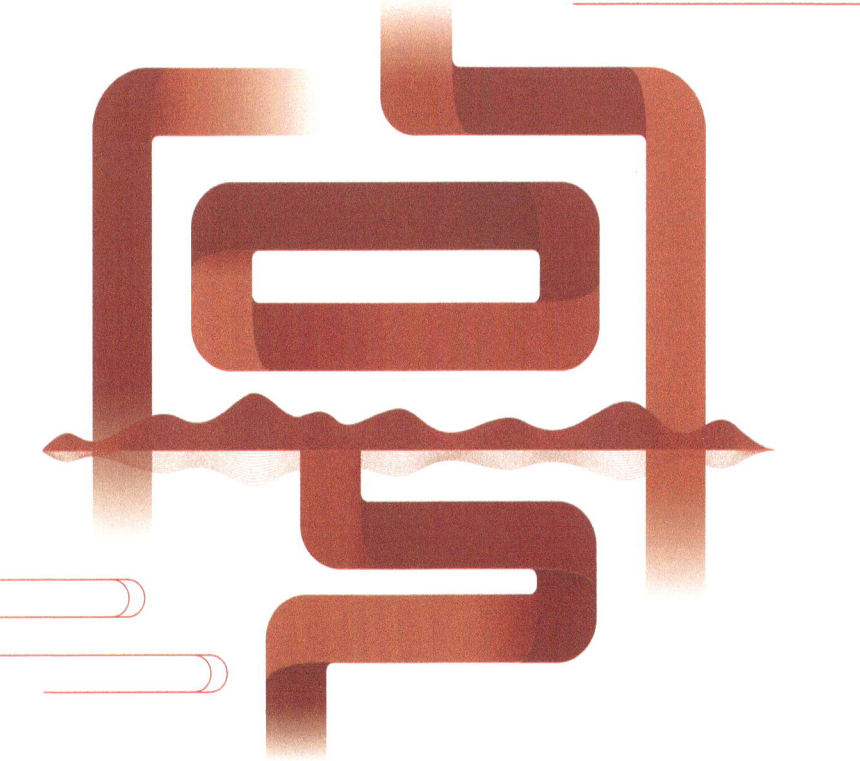

　　传播设计是以信息传达为目的的设计类型，老字号企业传播设计不仅仅是企业经营层面的商业活动，也是社会文化层面的优秀价值观传承活动。本篇主要从老字号企业传播设计的界定、内容、原则、策略等角度进行阐述，并特别提出中华老字号企业宏济堂作为本书创作实践部分的课题企业，详细归纳了其传播设计的需求方向。

第一章

老字号企业传播设计概述

第一节　老字号企业概述

　　提起中国品牌，很多人首先就会想到那些曾经陪伴或现在仍在陪伴我们的老企业和老品牌，从中药里的同仁堂、茶叶里的吴裕泰、绸缎里的瑞蚨祥、布鞋里的内联升、糕点里的稻香村、珠宝里的老凤祥，再到英雄牌钢笔、凤凰牌自行车、蝴蝶牌缝纫机、青岛牌啤酒，等等。这些老字号品牌承载了我们的难忘记忆和美好情感，是对中国品牌的生动诠释。但随着时代的发展，历史悠久的老字号企业和品牌也面临着产品创新不够、品牌传播不佳以及经营模式落后等诸多问题，老字号企业的保护传承与创新需要包括政府、企业等各方在内的共同努力。

一、老字号企业的含义

　　老字号是指历史悠久，拥有世代传承的产品、技艺或服务，具有鲜明的中华民族传统文化背景和深厚的文化底蕴，取得社会广泛认同，形成良好信誉的品牌①。我国是一个历史悠久的文明古国，千百年的社会经济发展，孕育了众多具有浓郁民族特色、匠心独具、享誉国内外的老字号。《关于保护和促进老字号发展的若干意见》指出，新中国成立初期我国约有老字号一万多家，分布在餐饮、零售、食品、酿造、医药、居民服务等众多行业，在满足消费需求、丰富人民生活、倡导诚信经营、延伸服务内涵、传承和展现民族文化等方面发挥了重要作用，在全国人民、海外华人和国际友人当中具有深远影响。

相较于国内的"老字号品牌"（time-honored brand），欧美历史悠久的企业多以"经典品牌"（classic brand）代之，如法国的达能、瑞士的雀巢、英国的联合利华、美国的可口可乐等，都是具有百年历史的经典品牌。日本拥有百年以上历史的老店则叫作"老铺"。日本的"老铺"有十万家以上，其中两百年以上的有三千多家，他们大多从事酿酒、和式甜点、酱制品、服装业、不动产业、旅馆业、餐饮业以及各种各样的制造业等。例如，日本皇室御用眼镜店村田眼镜铺店龄就有四百多年。

二、我国老字号企业的特点

中国的老字号企业大多创建于明清时期，涉及零售、餐饮、医药、食品、烟酒、服装、工艺美术、文物古玩等众多行业，以及书店、照相、美发、洗染、浴池等社区服务领域。这些老字号企业在封建社会经历朝代更迭、风云变幻以及战乱影响，虽积累了丰厚的品牌影响力，但也面临重重阻碍，坚持经营着实不易。新中国成立后，这些老字号企业经历公私合营、改革开放等多个历史阶段，展现出强劲的品牌生命力和与时俱进的时代韧性。

新中国成立初期，我国有16 000余家延续下来的历史性企业。20世纪90年代开始，国家有关部门开始通过称号评定的方式对老字号企业进行深度支持和科学管理。1990年，原国内贸易部认定1 600家为全国老字号企业；2006年，商务部认定434家企业为第一批中华老字号；2011年，商务部公布第二批中华

---

① 商务部、国家发展改革委、教育部、财政部、住房和城乡建设部、文化部、税务总局、工商总局、质检总局、国家知识产权局、国家旅游局、银监会、证监会、国家文物局，《关于保护和促进老字号发展的若干意见》（商改发〔2008〕104号），2008年3月31日。

老字号企业，中华老字号企业达到1 128家。除中华老字号以外，我国各省、自治区和直辖市还评定了大量的地方老字号企业。

无论是中国的老字号，还是欧美的经典品牌，抑或是日本的老铺，这些企业所传承的独特产品、精湛技艺和经营理念，具有不可估量的品牌价值、经济价值和文化价值。从国家级到省级，各类中华老字号企业承载着优秀的中华民族文化，是新时期开展诚信兴商、弘扬商业文明的核心内涵和宝贵财富。扶持老字号传承和发展信誉好、质量优的产品与服务，是扩大消费、满足居民消费需求、促进社会和谐、培育自主品牌的有效途径。引导老字号利用品牌优势做精做强，不断发展壮大，是走自主创新道路、实施名牌战略的重要任务。

中华老字号及地方老字号企业一般具有以下几个方面的特点。

（一）创立时间长，品牌历史久

顾名思义，老字号企业一般都具有较长的发展历史，创立时间较早。"中华老字号"评审标准中规定，"品牌创立于1956年（含）以前"。各省市老字号评定也至少要求品牌创立40年以上——凡被认定为老字号的企业，应经历过时间的检验和淘洗。两批中华老字号企业品牌历史都在百年以上，较长的如便宜坊烤鸭店，创立于明朝永乐十四年（1416年），距今已有600多年；较短的如海天调味，创立于1955年，距今也有60多年的历史，但其品牌来源"海天酱园"可追溯至清朝乾隆年间。

（二）产品质量好，服务特色强

老字号企业之所以能够长期存在，一个重要的原因是它满足了消费者某一方面的强烈需求，而且在长期的社会发展变化中，老字号企业在持续地提供着过硬的产品和高质量的服务。在中华老字号的评定标准中，品牌是否"传承独特的产品、技艺或服务"是极其重要的要求。老字号企业大多在其从事的领域内有自己的核心竞争力，尤其是顶级的产品品质。老字号企业选料精细，工序作业严谨。同仁堂的古训"炮制虽繁必不敢省人工，品味虽贵必不敢减物力"，吴裕泰的古训"制之惟恐不精，采之惟恐不尽"，都体现出老字号对于品质的坚守。无论是内联升千层底布鞋每平方寸纳81针的严格限定，还是荣宝斋装裱一幅普通中堂从托心开始至完成的整整17道工序，每一个步骤背后都是对顾客的承诺。很多老字号企业的负责人、一线生产者、技术工作人员同时也是国家或地方非物质文化遗产的代表性传承人。例如，贵州茅台酒厂第三任厂长邹开良、第四任厂长季克良均是茅台酒酿制技艺国家级非遗传承人，截至2021年，茅台酒厂国家级非遗传承人有18位之多。

（三）企业理念好，文化价值高

在历史的发展过程中，广大的老字号企业扎根民间，服务群众，其企业经营哲学世代传承，具有强烈的中华民族特色和鲜明的地域文化特征，有着丰厚的历史价值和文化价值，体现了中华民族的优秀传统文化。例如，同仁堂、陈李济、王老吉等医药类老字号品牌，均强调"济世救人"的善心美德。同仁堂坚持"同心同德，仁术仁风""修合无人见，存心有天知"，其创业者尊崇"可以养生，可以济世者，惟医药为最"，把行医卖药作为一种济世养生、效力于社会的高尚事业来经营。同仁堂以"仁"为本，陈李济以"诚"为先，存心济世，讲诚心、守诚信，坚持取信于民。陈李济两位创始人李升佐、陈体全因"拾金不昧"结缘，共创草药店，立约"本钱各出，利益均沾，同心济世，长发其祥"。草药店取字号"陈李济"，寓意"存心济世"。张一元取名自"乾卦"，意在以"元亨利贞"倡导顺应天道自然；吴裕泰取名自"泰卦"，意在以"小往大来"表示安泰与顺利。天福号的"人心自明，善如家人"，同升和的"同心协力，和气生财"，全聚德的"聚拢德行"，义利食品的"先义后利"，主张的都是"以德兴商，诚信为本"。

（四）品牌信誉好，社会信任足

正因为老字号企业过硬的品质、良好的品德，再加上历代皇家的加持认可，才使得老字号企业大多"具有良好信誉，得到广泛的社会认同和赞誉"。这些认同和赞誉又促使企业在经营中更加珍惜自己的名声，倍加努力改进生产和经营，进而造就了老字号企业长久的辉煌。例如，烤鸭要吃全聚德，羊肉要吃东来顺，买药就去同仁堂等。老字号企业在其自身领域内具有绝对的品牌号召力和影响力，这是与其在消费者心目中形成的品牌美誉度分不开的。

三、我国老字号企业的现状与困境

（一）我国老字号企业的现状分析

以行业领域看，目前我国现有的中华老字号企业中，食品加工业占比为33.3%，文化艺术服务业占比为15.9%，餐饮服务业占比为15.6%，零售服务业占比为11.3%，医药行业占比为9.2%。以食品、酒类、调味品等为主要业务的制造业占到中华老字号企业的三成。以老字号地域分布看，我国大多数中华老字号企业局限在沿海及内陆经济发达地区，其中：上海市以180家的数量位居第一，并遥遥领先第二位北京市的117家；江苏省、浙江省分别有96家和91家，居第三和第四位；山东省与天津市均有66家，同居第五位；广东省57家，四川省48家，辽宁省和福建省均有34家；而青海、宁夏等西部省区仅有一两家中华老字号企业。

从老字号企业实力及品牌价值来看，轻工制造类老字号企业规模与品牌价值最高，如白酒类的贵州茅台、宜宾五粮液等，但与其他企业相比，中华老字号企业依然规模与实力较弱。以下我们以2022年《财富》中国企业500强排行[①]、2022年中国企业联合会中国企业500强排行[②]以及2022年中国品牌价值评价信息排行[③]三个权威排行数据为例进行分析。

在2022年《财富》中国企业500强排行中，中华老字号企业上榜8家，分别是贵州茅台（第125位）、广州白云山（第195位，旗下潘高寿、王老吉为中华老字号），宜宾五粮液（第207位），老凤祥（第232位），云南白药（第340位）、青岛啤酒（第399位）、江苏洋河（第451位）、佛山海天（第457位），占全部上榜企业的1.6%，且全部位于100名之外。在2022年中国企业联合会推出的中国企业500强排行中，中华老字号企业上榜7家，分别是广州医药集团（第134位，旗下潘高寿、王老吉为中华老字号）、宜宾五粮液（第185位）、贵州茅台（第227位）、泸州老窖（第300位）、老凤祥（第377位）、稻花香（第379位）、山东招金（第439位），占全部上榜企业的1.4%，且全部位于100名之外。

在2022年中国品牌价值评价信息排行中，品牌价值在100亿元以上的中华老字号企业、品牌共有14家，分别是贵州茅台3 282.66亿元、江苏洋河738.35亿元、泸州老窖625.94亿元、海天味业562.28亿元、片仔癀370.19亿元、山

① 《财富》杂志.2022年《财富》中国500强排行榜.［2022—07—12］. https：//www.fortunechina.com/fortune500/c/2022—07/12/content_413677.htm.

② 中国企业联合会.中国企业家协会关于公布2022年中国企业500强的通知（中国企联〔2022〕12号）.［2022—09—05］.

③ 中国品牌建设促进会.2022中国品牌价值评价信息在京发布.［2022—09—05］. http：//www.ccbd.org.cn/content-12-528-1.html.

西杏花村232.66亿元、广州王老吉228.18亿元、江苏双沟195.74亿元、稻香村183.77亿元、东阿阿胶167.66亿元、烟台张裕165.88亿元、安徽迎驾贡酒128.31亿元、山东扳倒井120.77亿元、九芝堂106.81亿元，占所有百亿元品牌的10%，在18家千亿元品牌价值排行上，仅有贵州茅台上榜。

由以上分析可以看出，在以销售额为指标的企业排行中，中华老字号企业的产值低、规模小的劣势极其明显；在以品牌价值为指标的企业排行中，虽有如贵州茅台一样的进入千亿元品牌价值榜的企业，但总体数量少，且在此品牌价值排行榜中上榜的并非单个"茅台"商标的价值，而是对贵州茅台酒股份有限公司所有品牌的判定价值。由此我们认为，我国绝大部分老字号品牌并未把老字号自身的品牌价值充分激发出来，中华老字号品牌转化为企业综合实力的潜力巨大。

（二）我国老字号企业面临的主要困境

由于历史原因和体制转换的影响，我国老字号企业在发展中遇到了许多新情况和新问题。部分老字号企业组织化程度低，体制、技术、管理落后，市场开拓能力较弱，发展后劲不足。特别是长期以来，由于对老字号的重视和支持力度不够，缺乏合理的发展规划，保护措施不到位，继承和发展老字号传统特色技艺和文化方面缺少必要的政策支持，制约了老字号的发展。

以商务部认定的1 128家中华老字号企业为例，有一半以上为国有企业，绝大多数为中小型企业，部分为食品加工和制造业领域的大型企业。在这些老字号企业中，仍在不断发展壮大的占20%，其中有上市公司70余家。40%的老字号勉强实现盈亏平衡，多数企业经营状况欠佳，部分企业甚至空有品牌而无产品上市。大部分老字号企业存在产品创新力不足、组织架构陈旧、人力资源匮乏等问题，品牌老、产品老、管理运营模式老。一个"老"字，既有优势，也是劣势，第一时间从感官上就拉开了与"90后""00后"主流消费人群的距离。

1. 品牌保护力度不足

对于老字号企业来说，品牌价值是至关重要的。但是越来越多的老字号企业出现了商标使用权的纠纷，如我们所熟知的"南北稻香村之争"，这两家公司都是公认的老字号企业，一个主营南方市场，另一个主营北方市场，本来是互不干扰的，但是在互联网经济高速发展的今天，两家公司原有的地域格局被打破，商标作为重要的知识产权也引起了不小的矛盾，进而影响了企业的发展。其他如沪杭"张小泉"纠纷，国粹老字号绸布店"瑞蚨祥"遭遇商标侵权，以酸梅汤、糖葫芦闻名的"信远斋"发生商标争议，"同心楼""荣禄春""三阳泰"等具有百年历史的老字号频频被一些企业和个人注册商标，等等。更有甚者，一些投机取巧的商人为了获利，选择了直接冒充老字号的"捷径"，大量假冒伪劣产品出现在市场上，其产品质量和口味都极差，给专心做产品的老字号带来了沉重的打击。造成这些困境的原因，固然有历史遗留的问题存在，但也不可否认我国老字号企业商标保护意识不足和相关法律法规不够完善。

2. 品牌创新能力匮乏

老字号企业已经按照固有模式经营了几十年、上百年甚至几百年，这些企业凭借其独特的"绝招"，一直延续到今天，这其中有利有弊。利的是，这是一笔宝贵的财富，作为独特的先天优势，只要守住基本面，就可以长期持续经营；弊的是，这也让部分老字号企业固守传统，不太关注产品创新，也不关注消费者需求和市场变化，甚至被市场淘汰。大量的老字号企业还固守着师傅带徒弟的经营模式，没有系统科学的培训手段，无法实现企业人才的快速更新换代和蓬勃发展。反观国外的历史悠久企业、经典品牌，其传承不变的是品牌和LOGO，但是新形象、新产品和创新的运营管理思路与理念却一路与时俱进。例如，诞生于1886年的可口可乐共经历了四十八次改换口号，最近的一次是2017年，其品牌标志也一路演进，时刻紧跟时尚潮流，始终保持年轻态。

3. 品牌地域限制严重

我国老字号企业大多与特定的地域相关，尤其是占老字号企业60%以上的餐饮类老字号。餐饮老字号企业一般都守在固定地域，聚集在其创立的发源地。由于各地人们的生活习惯和饮食习惯不同，对于餐饮老字号品牌的地域限制是非常巨大的。自然地理条件确定了不同的用料配料、烹制方式等，离开了某个固定的区域，老字号企业往往就被认为失掉了自己的根本。这固然有一定的道理，但这也是导致老字号企业固步不前的主要原因。在交通不便和消费选择匮乏的年代，这样的保守经营或许尚可。但在信息时代和消费选择多元的情况下，老字号品牌就需要因地制宜，做出合理的创新改变。同时突出老字号餐饮企业的特色，与其他餐饮企业形成鲜明的差异特色，通过差异化的明确定位获得长期稳定的发展。

4. 品牌传播乏善可陈

在很长的一段时间内，老字号企业秉持"酒香不怕巷子深"的观念，认真做产品，创造了企业的辉煌。但在信息化的时代，单靠口耳相传已经无法满足企业快速发展的需要。许多中华老字号企业品牌宣传的力度不够，或品牌传播定位不明确，传播途径过于狭窄，小富即安，缺乏竞争意识和竞争压力。例如：过于注重对其传统特色的宣传，而忽视了老字号品牌的时代色彩；过于重视宣传古老文化，而忽视了现代时尚的融入，导致产品或服务不能吸引现代年轻人的关注。"张小泉拍蒜断刀"的事件说明，部分老字号企业对自身并没有明晰的传播定位，只是一味强调"老字号好，就是好"，一旦出现问题就会招致哗然与质疑，对品牌形象产生严重的负面影响。

四、我国老字号企业的机遇与挑战

老字号的"老"让时光给予品牌醇深浓厚、匠心独运的品牌文化，得到广泛的品牌知名度，但同时也让老字号失去了部分消费群体。老字号品牌有价值可传承，有余地待创新，这是老字号的机遇，同样也是老字号的挑战。尤其是在数字化科技、大数据营销、智能化生产、个性化消费的现代社会，老字号企业在政治、社会、文化、科技等多个方面面临着巨大的潜力和不小的挑战，这也正是我们有信心推动老字号整体复兴的关键所在。

（一）保护与传承并重的政策优势

国家向来重视老字号企业的发展问题，2008年由商务部牵头、十四个部委联合发出《关于保护和促进老字号发展的若干意见》的通知。通知明确提出，要"以市场为导向、企业为主体，坚持保护与发展并重、继承与创新并举的原则，为老字号发展营造有利的政策环境，保护老字号传统文化遗产，支持老字号企业体制、技术和经营管理创新，传承和弘扬老字号优秀文化，促进老字号在振兴发展中创造更多的社会、经济和文化价值"。在这样的指导思想下，国家确定了"做精做强一批、改造提升一批、恢复发展一批"的总体目标，并充分考虑和明确在"城市规划及城市商业网点规划""老字号知识产权保护""老字号文化遗产保护"等方面扶持老字号企业的政策和措施。

在此基础上，全国各省、区、市也相继出台本省、区、市老字号企业认定政策和保护措施。仅2022年，就有江苏、山东、广东等多个省份密集出台有关政策、措施，助推老字号企业高质量发展。江苏省商务厅等八部门联合出台《关于促进老字号创新发展的若干政策措施》，进一步促进老字号创新发展，加强老字号知识产权保护。山东省政府印发《关于促进老字号高质量发展的意见》，明确将老字号高质量发展纳入"好客山东　好品山东"品牌建设和质量强省整体布局，力争到"十四五"末，全省老字号企业整体营收规模超过3 200亿元，培育形成一批老字号骨干企业。广东省人民政府办公厅印发《广东省促进老字号创新发展行动方案（2022—2025）》，提出加强商标品牌保护、原址原貌保护、文化遗产保护，支持开发针对老字号的金融产品，支持老字号企业建立海外营销网点等。

（二）中华传统文化两创的文化红利

党的十八大以来，党和国家高度重视中华优秀传统文化的创造性转化和创新性发展。无论是理论领域的学术研究，还是实践领域的产业运作，抑或是个人生活领域的深度融入，每个人都与中华优秀文化结成更加密切的关系，传统文化成为社会的文化焦点，并与个人生活密切相关。脱胎于中华优秀传统文化的新中式美学成为人们的美学追求，并体现在影视作品、舞蹈戏剧、服装服饰、日常饮食、家用电器、家具汽车、家庭装饰、建筑空间等各个方面。荣宝斋提出的"新式文房"，瑞蚨祥提出的"原创中国国风潮"，都可归结为新中式美学的内核。

丰富的中华优秀传统文化资源与多元的当代文化品牌资源，成为老字号产品创新的土壤。深挖传统节日文化、联结文化遗产资源，成为老字号产品创新的一个途径。北京稻香村在元宵节、中秋节、七夕节等传统节日与故宫博物院联合推出糕点套盒，将宫廷糕点形制、中国色彩、健康食材结合，实现了口味与颜值的并重，成为年轻人喜爱的时尚美食。与《国家宝藏》栏目联名推出的博物馆中秋奇妙夜月饼礼盒，以胶片动画原理在包装中融入不同历史时期的中秋节知识，增添了文化感与趣味性。[①]

（三）重质为民、实在经营的理念认同

随着社会经济快速发展，人民生活水平大幅提升，消费需求从温饱型向

---

① 杨越明.老字号：在传承与创新中找寻平衡发展之道［J］.人民论坛，2022（14）：106–111.

品质型跃升，消费观念不断进步，消费需求日趋多样化，中国消费者的消费行为越发成熟、自信和理性。最明显的表现就是消费者对商品品质有了进一步的追求，品质消费成为消费新需求，品质已经成为拉动消费增长、推动产业升级的重要因素。中国青年报社社会调查中心的调查显示，对于品质更好的商品，72.1%的受访者认为能提升生活品质，58.4%的受访者认为它们经久耐用、性价比更高，48.7%的受访者感觉能提升使用体验，45.7%的受访者认为不危害身体健康。在消费端，消费升级趋势明显，越来越多的消费者开始注重品质消费，更愿意为质量买单。在供给端，企业越发关注品牌化和高品质，许多商家在增加优质商品供给的同时，更加注重产品应用场景的构建。

老字号企业长久以来传承下来的重视产品品质的理念正好契合了现代消费者注重品质的趋向和追求。例如：夏日驱蚊止痒，人们自然会想到六神花露水；在经历过各种大牌的化妆品之后，人们逐渐更加认同上海牌药皂的特效抑菌效果，更加喜爱百雀羚的平民化和国潮风；有一定生活经历的消费者，虽然并不厌烦耐克、阿迪达斯，但已经不再一味追捧知名品牌，反而开始对回力的硫化鞋产生浓厚的兴趣。在去除了繁缛的营销概念之后，人们越发对实际的高质量、高品质产生丰富的认可与喜爱。

（四）时尚化个性化消费的心理倾向

时下的消费市场，年轻人是不可忽视的潮流，尤其是1995—2009年出生的所谓"Z世代"人群更为突出。这些人群一出生就与互联网无缝对接，受数字信息技术、即时通信设备、智能手机产品等影响较大。他们消费个性更鲜明，消费观念更时尚，他们不喜欢盲从于上一辈人的观念和行为，而是喜欢处处彰显自我的个性。要做"Z世代"的生意，既要有明确的目标市场和精准定位，又要注意增加产品和服务内容的趣味性，尽可能多地赋予其文化内涵、故事性和想象空间，最后还要专注于选对的方向和选准的市场，一步一个脚印去深耕细作。

在满足消费者时尚化、个性化消费需求方面，许多老字号品牌都做出了有益的尝试。五芳斋品牌通过一系列创新举措，力图打造"有气质、最好玩"的美食品牌，围绕米粽推出"经典系列、文化系列、时尚系列、定制系列、双品牌系列、跨界系列"六类产品，满足不同消费群体的诉求。大白兔与美加净两个老字号联手打造的大白兔润唇膏一经上市便供不应求，北京珐琅厂与万事利合作生产的丝巾茶叶罐礼盒成为高端礼物；雷允上与国漫IP一禅小和尚联名推出健康茶饮新品，都曾引发热议。大白兔与气味图书馆跨界合作推出的短视频，给消费者传递的是对于美好纯真童年的质朴感受；百雀羚通过MV展现年轻人创业过程中残酷现实与美丽梦想的交织，激发起强烈的情感共鸣。由此看来，只要从满足消费者多样化需求角度不断进行产品和运营创新，就一定能让老字号"更青春"。

（五）数字化智能化技术的积极应用

带有互联网基因的线上平台与带有体验经济特征的线下店铺，成为老字号传播创新的场景。在线上场景，得益于互联网经济的发展，电商平台凭借便捷性、互动性，成为人们接触老字号产品的优先渠道，抖音等短视频App对老字号非遗技艺的创新呈现也有助于消费群体的拓展。在老字号线上渠道消费者中，"80后""90后"所占比例较大。在线下场景，融观光、休闲、科普、手作、购物等于一体的老字号观光工厂或是体验工坊逐渐成为消费热点。通过特色空间塑造以及互动体验植入，实体空间功能从"买"变为"游"。北冰洋义利园区的亲子烘焙体验，北京珐琅厂的景泰蓝纹样绘制体验，张裕、红星等酒厂提供的自酿酒体验等，均让老字号的匠心精神在消费者的亲身体验中有效传播。

数字化智能化技术不仅体现为老字号品牌的传播助力，更在生产和渠道等多个方面为老字号品牌的发展提供无限可能。宏济堂与医院合作，利用互联网、物联网等新技术，创新推出"智慧中药房"全链路创新，为患者打通诊治、开方、审方、煎制、配送的快速通道，使患者不出家门就可以拿到想要的中药。五芳斋结合新科技打造的24小时营业无人智慧餐厅，让消费者在互动游戏中强化品牌形象，进而对热门商品的流量进行整合，智慧门店与普通门店相比，营业额同比增长40%，客单价增长14.5%。新时代数字技术为老字号品牌创新发展和全面复兴插上了腾飞的翅膀。

第二节　老字号企业传播设计概述

一、老字号企业传播设计的含义

传播可以是一个瞬间的行为，更应该是一个持续的过程，所以传播设计可以理解为在传播过程中发生的所有的设计行为、活动和作品。要准确理解老字号企业传播设计的含义，我们可以从三个关键词的角度逐次阐述：传播、传播设计和老字号企业传播设计。

（一）传播的含义

传播译自英语communication，而communication对应的中文释义有十几种之多，如交往、交流、交通、通信以及传播等。国内外学术研究领域关于传播（communication）的定义有上百种，大致的侧重点有：强调传播是信息的共享，强调传播是有意图地施加影响，强调传播是信息交流的互动过程，强调传播是社会信息系统的运行，强调传播是社会关系的体现。但无论是从哪个角度对传播下定义，其基本意思是"与他人建立共同的意识或观念"。我们择几个典型的传播定义予以说明。

从语义学角度看。《说文解字》释"传"为"遽也"[1]，指送信的快车或快马；"播"为"种也，一曰布也"[2]，意思是传布。《现代汉语词典》将"传播"解释为动词，意为"广泛散布"[3]。《韦伯词典》中"communication"的释义排在第一位的是"通过共同的符号、标志或行为系统在个人之间交换信息的过程"[4]，《大英百科全书》则将"communication"归为"社会行为"，即"个人之间通过一个共同的符号系统进行的意义交流"[5]。

从心理学角度看，韦弗（W.Weaver）认为，传播是一个心灵影响另一个心灵的全部程序[6]；史蒂文森（H.Stevenson）认为，传播是一个有机体对于某种刺激的各不相同的反应[7]；奥斯古德（C.Osgood）认为，传播是一个系统（信源），通过操纵可选择的符号去影响另一个系统（信宿）[8]；施拉姆（W.Schramm）认为，传播是对一组告知性符号采取同一意向（的行为）[9]；霍

---

① 许慎.说文解字［M］.北京：中华书局，1963：165.

② 许慎.说文解字［M］.北京：中华书局，1963：256.

③ 中国社会科学院语言研究所词典编辑室.现代汉语词典［M］.6版.北京：商务印书馆，2012：199.

④ https://www.merriam-webster.com/dictionary/communication.

⑤ https://www.britannica.com/topic/communication.

⑥ 施拉姆，波特.传播学概论［M］.2版.何道宽，译.北京：中国人民大学出版社，2010：37.

⑦ 施拉姆，波特.传播学概论［M］.2版.何道宽，译.北京：中国人民大学出版社，2010：167.

⑧ 施拉姆，波特.传播学概论［M］.2版.何道宽，译.北京：中国人民大学出版社，2010：62.

⑨ 施拉姆，波特.传播学概论［M］.2版.何道宽，译.北京：中国人民大学出版社，2010：89.

夫兰（C.Hovland）、贾尼斯（I.Janis）和凯利（H.Kelley）认为，传播是指某个人（传播者）传递刺激（通常是语言的）以影响另一些人（接受者）行为的过程①。

从社会学角度看，格伯纳（G.Gerbner）认为，传播就是通过信息进行对社会的相互作用②；郭庆光认为，传播是信息的传递，或社会信息系统的运行③。希伯特认为，传播不是一个被时间和空间所固定的静止的实体，它是一个恒动过程，用以运送意义，传递社会价值，并分享经验。库利（C.Cooley）认为，传播是人与人关系赖以成立和发展的机制，包括一切精神象征及其在空间中得到传递、在时间上得到保存的手段④，如表情、态度和动作、声调、语言、文章、印刷品、铁路、电报、电话以及人类征服空间和时间的其他任何最新成果。

从传播学角度看，传播更多地被认为是大众传播。一般认为，传播可分为自我传播、人际传播、群体传播、组织传播和大众传播五种类型。大众传播是指特定的社会集团通过报纸、杂志、书籍，广播、电视、电影，以及互联网等大众传播媒介，以文字图像符号等形式向不特定的多数人表达和传递信息的过程。马勒茨克（G.Maletzke）认为，大众传播是公开的、面向分散群体的、利用科技手段发送的、间接的、单向的⑤。但互联网的出现改变了大众传播的单向性，因此大众传播也具有了互动性。

从以上传播的各种定义和解读中我们可以明确：传播是一种活动，是一种信息的传输活动；传播活动发生在两个对象之间，其中一个是发出者，另一个是接收者，但二者角色并不固定，发出者在某种场景下也会成为接收者，而接收者亦可能如此转化；传播需要一定的介质，它可能是内部的器官（自我传播），也可能是个体的语言与肢体动作（人际传播、群体传播、组织传播），也可能是更普遍性的技术性媒介（大众传播）。

① 霍夫兰，贾尼斯，凯利.传播与劝服［M］.张建中，李雪晴，曾苑，等译.北京：中国人民大学出版社，2015：8.

② 施拉姆，波特.传播学概论［M］.2版.何道宽，译.北京：中国人民大学出版社，2010：137.

③ 郭庆光.传播学教程［M］.2版.北京：中国人民大学出版社，2011：3.

④ 施拉姆，波特.传播学概论［M］.2版.何道宽，译.北京：中国人民大学出版社，2010：3.

⑤ 施拉姆，波特.传播学概论［M］.2版.何道宽，译.北京：中国人民大学出版社，2010：166.

（二）传播设计的含义

设计是人类独有的创造性活动，通常我们以设计的目的为标准，可以将设计分为三种类型：产品设计、环境设计和视觉传达设计。产品设计是以使用为目的的设计，它着力于解决人与自然之间的关系。人创造可供使用的工具以改造自然，如原始人的石器、现代人的机器等，皆是为使用而设计出来的。环境设计是以居住为目的的设计，它着力于解决社会与自然的关系。人聚居在一起构成社会，社会与自然之间构成环境设计，如建筑、庭院乃至城市等。视觉传达设计是以传达为目的的设计，它着力于解决人与社会的关系，如报纸、广播、电视、电影、网络等媒体设计。个体可以表达自己的观念，以影响其他人，社会主导者传播规范观念以影响所有人，进而维持良好的社会组织秩序。

如此看来，传播设计其实就是视觉传达设计。之所以冠以视觉之名，是因为在人这一有机生命体中，视觉器官在个体信息接收中的作用和地位最为重要。人通过视觉认知的信息占到全部信息的70%以上，再有20%来自听觉，其他途径占10%。因此，传播设计更是视听融合的设计，它的基本要素涵盖了文字、图形、色彩、声音和交互。人类社会的传播介质经历了实物—图形—语言—文字—印刷—电波—网络的发展历史。这些介质承载着信息，在人类发展历史上发挥了重要的作用。这些介质很难与传播设计的内容要素完全一一对应，但两者的外延是一致的。传播设计本质上是内容信息的处理与传播介质的创造。

文字是传播的基本要素，在人类的传播历史上，文字作为传播工具，出现于实物和图形之后，但在漫长的传播历史中，作为最基础、最高效的传播媒介，文字的地位始终牢固如一。文字是形、音、义相结合的符号，在传播设计中，人们通过文字及其字体的变化构成画面，表达内涵，并通过独有的形式效果吸引受众，达到传播信息的目的。

图形诞生于文字之前，但又因为文字而产生多样变化和多层寓意。传播设计中的图形，不仅仅是供观看的图像，更是承载了信息的图式符号[①]。视觉图式符号比文字具有更显著的直观传递性和良好的记录功能，图式符号中那

_____

① 冷先平.艺术设计传播学［M］.北京：高等教育出版社，2018：193.

些可供观看获得的图像、图形、图画和图案等符号，在传播设计中因其贴近生活，富有感情而显得通俗易懂，具有文字要素无法比拟的传播优势。

色彩作为传播设计的基础要素和重要媒介，具有独特的象征意味、表情功能和明晰的认知功能。马克思、恩格斯认为，色彩的感觉是一般美感中最大众化的形式[①]。色彩会影响人们的情感和知觉，赋予传播接受对象客观事实之外的更多内容。当人们客观地知觉色彩时，看到的是客观实物真实的物理现象；当人们需要主观地知觉色彩时，就会借助色彩的象征、表情和认知等诸多传播功能在头脑中混搭，来建构符合主题愿望的设计表达[②]。而我们在进行传播设计时，也经常会利用这一规律和现象，有意识地激发起受众的主观感受，以达到良好的传播效果，如用红色包装以传达产品的辣味，用透明包装以传达产品清凉的感觉等。

在传播设计中，声音的重要性同样不容忽视，声音设计可以有效地为一个场景确定情绪和感觉。虽然从一般的数据上看，人们通常认为声音信息只占到人接受信息的20%，但实际上，在某些传播设计媒介和作品中，尤其是影视作品中，声音与视觉同样重要。传播设计中的声音具体有人声、音乐和音效三种方式。人声是由人发出的声音，人声的基础是文案语言，好的文案语言是人声发挥奇效的前提。音乐是一切和谐的由乐器演奏出来的声音，音乐具有强烈的情感渲染力，这对传播设计至关重要。音效是事物自然或人为制造发出的声音，如风雨雷电、集市喧闹声等，前者为自然音效，后者为人工音效。音效可以交代背景、烘托故事，有利于气氛的营造。

交互之于传播设计的价值，并非在一个瞬间，而在于过程。早期人们理解的传播是单向的信息传送，并不考虑反馈的效果。在我们看来，从传播活动诞生，交互行为就一直存在于人与人、人与自然物品之间。但计算机的出现彻底改变了交互的性质，用户界面、键盘、鼠标使个人计算机成为人机交互设计史上最伟大的理念和产品。交互使传播设计更直接高效，也更具趣味性和游戏性，并成为现代传播设计最为显著的特征和要求之一。

（三）老字号企业传播设计的含义

老字号企业传播设计是基于老字号企业品牌形象塑造与推广目标，整合

①　马克思，恩格斯.马克思恩格斯全集：第十三卷［M］.北京：人民出版社，1972：145.
②　冷先平.艺术设计传播学［M］.北京：高等教育出版社，2018：194.

利用各种传播设计手段，如平面的、影像的、交互的等，进行创意性设计和戏剧化传达的设计活动。

老字号企业传播设计有特定的主体和对象。老字号企业传播设计的主体是有着较为悠久历史的老企业、长寿企业。这些企业或多或少都有着丰富的品牌故事，也在当下市场经济中面临着这样那样的问题和挑战。它们都不是新企业，但都面临着重新创业创新的困境。现在，老字号企业传播设计的对象是普通消费者，尤其是年轻一代的消费群体，它们对"老"有着天然的抵触，对"新"有着自发的向往。而这一部分群体承担了社会消费的大量内容，是不容忽视的消费力量。

老字号企业传播设计有明确的目标和要求。老字号企业传播设计是以推动老字号企业品牌年轻化为主要目标的，其最终目的是希望老字号企业能够顺应市场发展的新特点和消费变化的新规律，继续保持产品的先进和品牌的活力，继续在国民经济和人民群众社会生活中发挥经济支持、精神激励和文化传承的重要作用。因此，如何在产品研发、企业管理、品牌塑造、营销创意等多个层面实现"出新"是老字号企业品牌设计的核心要求。

老字号企业传播设计有丰富的内容和领域。单纯的传播设计主要涉及信息的戏剧化传达，但落实到老字号企业的目标与要求上，则涉及更多内容领域：往前追溯至老字号企业的产品创新，往后延伸至老字号企业的营销开展。我们称之为老字号企业传播设计的内容与活动设计。内容是传播的前提、基础，活动是传播的拓展、丰富。这两项领域连同传播形象设计、传播媒介设计构成了老字号企业传播设计的主要内容。

二、老字号企业传播设计的内容

老字号企业传播设计是一个从文本、形象再到媒介、活动的过程，也是一个从信息发散到信息聚敛，再到信息发散的过程，是一个从文本创意，到视觉创意，再到整合创意的过程。具体来说，文本包括老字号企业的产品、故事和话题等，形象包括标识、图形、插画等，媒介包括屏幕海报、动态营销与多媒体交互等，活动包括事件、公关与促销等。

（一）传播内容设计

产品是企业创新的基础和核心，有了好的产品，才能有好的品牌与传播。

老字号企业在漫长的历史发展过程中，一直以产品创新为主基调。因此，在当下的老字号企业传播设计过程中，一定不能忽视的是传播创新的产品。例如，百雀羚当年风靡上海滩的经典产品是油包水配方圆形小铁罐，而新时代作为国货潮品主打的是天然不刺激的科技新本草。20世纪30年代的油包水配方科技，应用于至今畅销的冷霜；20世纪80年代水解活性技术，应用于超级大爆品珍珠膏；与全球生物科技巨头合作，结合东方草本，产生持续畅销的天然不刺激的百雀羚草本：只有产品不断创新，品牌形象塑造与品牌传播才能持久不衰。

老字号企业最不缺的是故事，但要注意的是，这样的故事是否符合现代消费人群审美观念和情感需求的故事。品牌专家李光斗认为，"老字号"无一例外地都拥有一块引以为荣的金字招牌，但这块金字招牌只能说明历史，却不能代表现在，更不是天然的"聚宝盆"①。许多老字号企业喜欢宣扬自己"诚信经营""历史悠久"的故事，这样的故事固然重要，但已不能代表现代优秀品牌的全部，尤其是对于年轻群体来说，过多陈述"历史悠久"带来的是固守老本、不思创新、陈旧落后的不佳联想。

话题是传播的发动机和增效器，没有话题的传播是寡然无味的。每一个知名的老字号企业，在经营发展过程中，都曾是社会话题、文化风尚或时代话语的引领者，无论是饭店、药店，还是食品、服装。但时代变迁之后，"老"限制了企业的想象力、话题力和传播力。五芳斋推出王者荣耀、漫威联名粽子；大白兔发布奶糖味润唇膏并开办网红打卡专卖店；全聚德与故宫文创联手，开设"全聚德·宫囍龙凤呈祥"主题餐厅；青岛啤酒推出深夜食堂；等等。这些举措有的来自产品联名创新，有的来自消费观念倡导，有的来自沟通方式创新，本身都带有强烈的话题性。

（二）传播形象设计

老字号企业传播设计是以视觉形象为核心展开的创造性活动，传播的基础是表意准确、内涵丰富、形式凝练、风格时尚的创意图形，包括文字、标识、图案或插画等。

多数老字号企业都有历史悠久的招牌，这些以书法字体形式存在的招牌

---

① 李光斗.故事营销［M］.北京：机械工业出版社，2020：97.

构成了老字号企业传播设计的基础品牌字体。围绕招牌字体的设计创新较为常见，也具有极大的创作空间和创新潜力。老字号"张小泉"牌匾文字据称为乾隆所提，在企业的发展过程中，品牌字体经历了多次的组合变化，以适应不断变化的消费者审美需求（图1.1）。

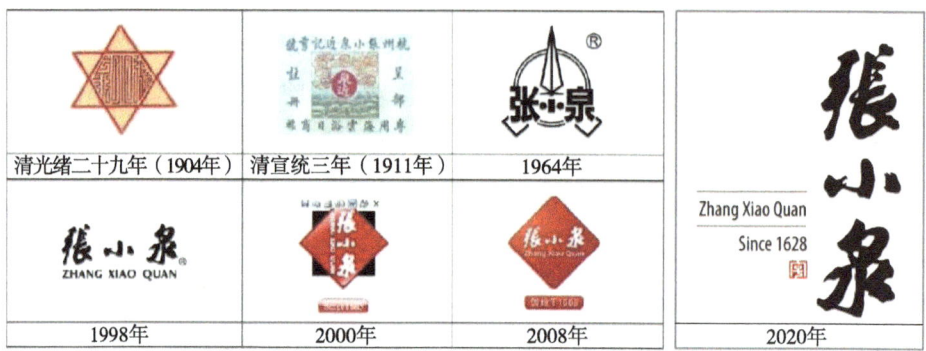

清光绪二十九年（1904年）	清宣统三年（1911年）	1964年
1998年	2000年	2008年	2020年

图1.1　1904—2020年张小泉的字体与标识变化

相较于招牌字体的传承性，老字号企业在文字与图形组合上的设计创新更为常见。如图1.1所见，张小泉标识图形融合了牌匾文字、拼音、辅助图形、色块、品牌诞生年份以及中华老字号Logo等，这些元素在不同历史时期，分别或组合出现在企业的品牌标识形象中，传达着不同时代的企业经营战略和消费者审美情趣。

图案与插图设计是老字号传播设计的半成品，它承接了品牌标识与媒介设计的过渡，在信息量、凝练度、延展性和讲故事上居于前两者之间。它是品牌标识的场景化和故事化，又是媒介设计的基础素材与核心视觉。在青岛啤酒白啤产品上市传播设计中，潘虎包装设计实验室的设计师创作了具有浓郁的21世纪初期欧洲新艺术运动风格的线描黑白插画，这些插画作品借鉴1906年青岛啤酒获慕尼黑博览会金奖的证书形象，将大麦种植、青岛形象、啤酒酿造等元素融合起来，展现青岛啤酒白啤产品的悠久积淀和雄厚实力（图1.2）。图案与插画元素在青岛啤酒白啤产品的瓶贴、外包装、平面及影视广告等多个领域内贯彻使用，保持了传播设计的统一性和整合力。

（a）1906年青岛啤酒获慕尼黑博览会金奖证书　　　（b）青岛啤酒白啤包装图案设计

图1.2　青岛啤酒白啤包装图案设计

（三）传播媒介设计

标识、图形、插画是传播设计的基础，它们需要在具体的媒介中得以应用和呈现，否则无法发挥传播设计的意义和价值。老字号企业传播设计的媒介包括二维的平面媒介，如海报、平面广告、户外广告、产品图册、宣传单页等；三维的立体媒介，如包装、文创产品、展厅、店铺等；四维的影视媒介和交互媒介，如电视广告、动画、短视频、微电影、表情包、App等。之所以影视媒介与交互媒介是四维的，是因为在这类媒介形态中，时间的历时概念被强化和呈现出来，并成为增强传播效果的特色环节。

加拿大传播学家、媒介理论研究者麦克卢汉在《理解媒介：论人的延伸》一书中提出"媒介即人体的延伸"[1]理论。他认为，任何媒介都不外乎是人的感觉和感官的延伸或扩展，"我们的感觉器官和神经系统凭借各种媒介而得以延伸"。例如，文字和印刷媒介是人的视觉能力的延伸，广播是人的听觉能力的延伸，电视是视觉、听觉和触觉能力的综合延伸，网络媒体是人脑的延伸，手机媒体是人体感官的延伸。

基于媒介延伸理论，我们可以认为，平面媒体极大地延伸了人的视觉能力，促使视觉集中于文字，带来报纸、杂志、期刊等媒介高度深度化的信息

---

① 麦克卢汉.理解媒介：论人的延伸［M］.何道宽，译.北京：商务印书馆，2000：20.

传播。平面媒介集中于细节，并把细节从整体中分化抽象出来供受众详细深入地阅读和接受，而立体媒介可以理解为平面媒介的多种组合。影视媒介则不仅扩张了人类的视觉和听觉，而且因其强烈的现场感和接触感而扩展了人类的触觉。它需要人类同时使用听觉能力和视觉能力，使得原本被文字媒介打破的感官失衡状态重新回到平衡。因此，影视媒介具有视听兼容的共时性和强烈的现场感。网络媒体集文字、图片、声音、视频等多种媒体于一体，并以数字化的形式加以存储和传输，如同人脑神经元一样存储记忆和调动感官，并可以由主体自主选择观看的内容。因此，其具有多媒体综合性和自主个人化的特征。现代手机媒体既延伸了视觉和听觉——可以在线观看文字、图片和视频，又延伸了触觉——可以通过数字呈现各类信息及通过VR技术身临其境，还延伸了手脚——可以摆脱时空的限制，在任何时间、任何地点传递并接受信息。手机媒体将人体的感官发挥更上一层楼，突破了人类只能在固定时空延伸感官的局限，开始超越时空，随时随地、便捷移动地延伸感官，传递信息。因此，其具有超越时空的移动化和便捷性。

（四）传播活动设计

活动是营销的重要形式，在老字号企业传播设计中，围绕着品牌传播目的组织和开展各类事件营销、公关关系维护和促销是非常必要的。在这些活动的组织过程中，设计的参与至关重要，它能有效凝聚活动信息，以生动有趣的形式激发起参与者的兴趣，达到提高品牌知名度、增进品牌认知度、形成品牌忠诚的目的。

事件营销是通过策划、组织和利用具有新闻价值、社会影响以及名人效应的人物或事件，吸引媒体、社会团体和消费者的兴趣与关注，以求提高企业或产品的知名度、美誉度，树立良好品牌形象，并最终促成产品或服务销售目的的手段和方式[①]。2020年，台湾地区老字号企业"胡须张"卤肉饭联手德国经典品牌博朗剃须刀，策划了"夜袭胡须张AKA帮你刮胡子"事件（图1.3）。一群人半夜把胡须张Logo上的胡子给剃掉了，引发新闻的追踪报道，两个老字号企业的联合掀起事件营销的高潮。事件营销主要靠媒体主动报道，但同样需要必要的设计，以给媒体提供有新闻价值的素材，比如"胡须张"

---

① 杨学成，陈章旺. 网络营销［M］. 北京：高等教育出版社，2014：39.

事件中的夜间偷拍视频、剃掉胡须后的品牌Logo等。

图1.3　夜袭胡须张AKA帮你刮胡子

公共关系是指企业的外部社会关系，如企业与所在社区、社会团体、新闻部门、政府机构、顾客、公众等的关系，其任务是通过企业为社会服务的各种表现及多种宣传方式，使社会对企业产生良好印象和友好态度[①]。传播设计在其中起着沟通和协调组织与社会的关系，并影响社会舆论的作用。2021年，洋河股份作为中国航天事业合作伙伴，借中国空间站的发射之际，携手百度，利用百度观星盘精准定位目标人群，以"技术科普+多元AR互动"的方式与航天大事件相融合开展公关活动（图1.4）。活动既有AR形式的空间站沉浸式虚拟线上体验，又有国潮市集线下活动，平面设计、交互设计、空间设计等多种设计手段融合运用。

促销是企业最经常使用的营销活动之一，它是营销者向消费者传递有关本企业及产品的各种信息，说服或吸引消费者购买其产品，以达到扩大销售量的目的的一种活动。它具有迅速的吸收作用、强烈的刺激作用和明显的邀请性。促销活动的传播设计一般称为销售点广告，泛指销售场所墙壁上、天花板上、橱窗里、通道中、货架上、柜台上张贴或摆放的各种广告物和产品

① 程继隆.社会学大辞典［M］.北京：中国人事出版社，1995：593–594.

模型。我国大量老字号企业为销售类企业，因此，它们对售点广告设计更为重视，并不断推陈出新。2019年，中华老字号北京稻香村推出网红甜品店"稻田日记"（图1.5）。店铺从品牌形象设计、甜品菜品设计、店铺装修、广告物料到服务方式等都与稻香村传统门脸明显不同，受到广大年轻消费者的青睐。

图1.4　洋河股份携手百度开展公关活动

图1.5　稻香村"稻田日记"高端甜品店

三、老字号企业传播设计的原则

老字号企业传播设计是基于品牌传播目的，采用多种设计手段和媒介类型的整合设计传播活动。老字号企业不仅是商业经济的一分子，更是社会文化的重要组成部分，承担着传承传统商业文化，弘扬优秀传统文化的目的。因此，老字号企业传播设计的原则既包含商业性、效率性的要求，又考虑了文化性、社会性。

（一）统一性原则

老字号企业传播设计属于企业营销传播中的重要组成部分，在一定的时间阶段内，它应该有统一的主题概念、统一的传播口号和统一的视觉形象规范，并且保持相对的稳定，以确保品牌以同一个声音发声。

（二）整合性原则

老字号企业传播设计整合运用了多种设计手段和媒介形式，这些设计手段和媒介形式涵盖二维平面、三维立体、四维影像等。通过整合手法的运用，多角度、多层面、立体式、无死角地与消费者生活形成接触，传播企业品牌形象。

（三）效率性原则

作为商业活动的一分子，老字号企业在传播设计上需讲求较高的实效性和转化率。"品效合一"要求我们在实施传播设计时，既要考虑品牌形象的塑造，又要关注产品销售的增长。只讲"品"或只讲"效"，对老字号企业来说都是偏颇与不合理的。

（四）年轻化原则

当代社会年轻人的消费潜力不容小觑，赢得了年轻人，就赢得了助力企业未来发展的生力军。老字号企业传播设计创新的关键就在于如何使老字号企业摆脱"老"带来的负面影响，以年轻化的形象、理念和手段，让年轻消费群体爱上老字号。

（五）个性化原则

个性化是要求老字号企业传播设计充分考虑各类人群、媒介的特点，有针对性和适应性地进行传播设计创意与应用。不能把"年轻"仅仅看作是人口统计特征上的岁数小，而应该将其看作从生理特征到心理特点、价值观念的全面个性化。

（六）社会化原则

老字号企业是国民经济和群众文化生活的双重财富，老字号企业传播设计既要考虑企业发展需求，也要兼顾社会文化传承。尤其是大量老字号企业代表了诚信、勤劳、爱国、友善等价值观念，需要我们在进行传播设计时予以充分考虑并适时弘扬，这也是老字号企业品牌塑造与经营发展的重要正资产。

第二章

老字号企业传播设计策略

作为企业品牌经营的重要手段，品牌形象的传播设计至关重要，而策略制定又是传播设计的前提和基础，是决定传播设计正确与否的关键所在。好的策略能够确保传播设计正确而有效，即便设计表现力较弱，但依然有一定的正向影响力。若策略方向出现问题，那么设计表现力越强，品牌的积极影响力则可能越差。在年轻化消费、时尚化消费等新消费浪潮影响下，老字号企业愈发感受到固守传统产品开发规则与品牌传播策略的式微与无力，也愈发迫切期待在传播内容、传播表现和传播媒介上的创新。

第一节　传播设计策略

我们认为，当下企业传播设计的立足点仍是广告的创意。而从现实的情况看，无论是发展新概念还是形成新构想，几乎所有的创意活动都是从相关信息的输入开始的，然后才有可能开始演绎推理和想象组合。在这些与未来解决创意问题密切相关的信息中发现新的看法、新的价值、新的灵感火花。所有的广告创意活动都源于信息的输入。广告创意不是简单的拍脑袋的结果，它是广告运动整个系统中的一环，向上承接广告调查和分析，向下开启广告设计表现和媒体选择。现代科学广告运作告诉我们，广告创意是建立在对产品、广告主、消费者、市场以及竞争者这些信息的详细研究和占有的基础之上的，我们对这些资料的研究汇总和占有所形成的结果就是广告策略。

一、明确战略

在进行广告设计创意或者撰写文案时，最容易出现的失误是着急铺开一张纸，或者打开电脑，在什么前期准备工作都没有做的情况下，就开始匆忙地去写标题或者尝试构图和造型，即一开始就在语言和形象上下功夫。实际上，这种做法的效果并不好，甚至是完全错误的，在没有弄清楚人们购买这个或那个商品或服务的真正原因之前（不管是什么原因），你创作的广告都是无的放矢。杰出的广告创意都是先从跑腿开始的，在各种问题中挖掘，逐渐彻底了解销售情境，做了充分的准备之后，才开始撰写文案或者进行图像的绘画和设计。

广告战略就是在跑腿、分析过程中形成的。对于一次广告创意来说，先确定明确合理有效的战略方向非常重要。以反对年轻人酒后驾车的公益广告创作为例，一般在创作这样的公益广告时，其创意的战略方向大多是强调酒后驾车的危险性，即可能丧失生命，设计的标题有"开车切勿饮酒"之类。实际上酒后开车的问题并非一定在这儿，尤其是对于许多年轻人来说，即使面对反复警告和无处不在的反对酒后开车的广告，酒后驾车的情况仍然时有发生。面对这一问题，老是坐着冥思苦想是找不到答案的，只有走出去，与人交流，从社会角度和心理角度开展研究，才能有所发现。通过深入地研究其实我们可以发现，不要酒后开车的广告，大多数都在强调公路上开车有死亡的危险。这个观点在一般人看来是非常有杀伤力的。但是对于年轻人来说并非如此，年轻人生命旺盛，正处于憧憬和理想的时期，对于他们来说，死亡是个遥远的字眼，在他们心中还没有人失去生命之后可能产生的恐惧；相反，对于他们来说，因为酒后驾车被吊销驾照的危险和麻烦在心理感受上比失去生命要恐惧得多。尤其是对于西方年轻人来说，这种感觉更为强烈。驾照在某种意义上是年轻人独立和成年的重要标志，失去它，将意味着失去独立，意味着要面对同龄人的鄙夷和轻视，要承受来自同龄人的巨大压力。所以，反对酒后驾车的广告其实可以选择一个更有效广告方向。这其实就是广告战略的选择不同。

那么，什么是广告战略呢？我们知道，一个广告实际上由两个部分组成：说什么和怎么说。说什么的问题就是你的战略问题，包括主攻方向、广告的大创意、卖点；怎么说就是广告战略的实施问题，即战略的独特表现形式，如形象、语言、图案设计和所使用的媒体。我们也可以把这二者称为战略和战术。

那么，如何才能形成一个有效的战略呢？我们认为，至少应该在三个方面下功夫，即产品、消费者、市场。产品：你卖的到底是什么？乍一看上去，这个问题简单，实际上并非如此，很多时候我们因为过于主观和武断，而不能很好地把握和了解它。消费者：你要把产品卖给谁？你有没有确定哪些人是产品的最佳消费者？你对这些人有多少了解？推销产品的关键是理解人们与这些产品的关系，了解他们希望从这些产品中得到什么，你的产品能满足什么需要，它能解决什么问题，等等。市场：你的产品和广告如何融入它周围的市场环境？没有任何销售是在真空环境中进行的。市场上可能会有和你的产品相似的其他产品，你的产品所属的产品类别以前已经向消费者作过广告。简而言之，各种产品消费者都见过，而且全部都用过。那么你的产品如何在市场上脱颖而出？消费者为什么要选择你的产品，而不选择其他的竞争品牌？

这些问题对于广告创意至关重要，而且它们之间都是相互关联的。在弄清楚你到底要卖什么之前，你不可能确定自己的目标市场；但是在确定目标市场并认清消费者的需要之前，你不可能知道该向消费者做什么承诺。在分析你的竞争对手所占据的市场地位，成功地把你的产品和他们的产品区分开来之前，你也不可能制定出有效的广告战略。要把这些问题都明确并不是一件容易的事情。每一个广告和商品所面临的环境都各有差异，所以我们不可能用一种统一的格式来回答所有的问题。良好的广告创意应该完满地占有以上材料，形成准确的广告战略，进而创作出良好的广告作品。

二、研究产品

在形成广告创意的过程中，创意人员必须充分获取信息，把自己变成一个通晓产品及其所属产品类别的专家，尽可能地获取超量信息。DDB公司在为大众微型轿车创作传奇般的广告战役之前，首先派出创作团队前往德国沃尔夫斯堡的制造厂，开展前期准备工作。威廉·伯恩巴克说："我们日复一日找工程师、生产人员、业务主管以及装配线上的工人谈话，我们全程跟踪从金属熔化到铸造成发动机的全过程，直至每一个零件都安装到位。"经过这一番功夫之后，他们才找到了销售诉求：这一款大众轿车是"诚实"的车——简明、实用、做工好到令人难以置信。所以，只有先对产品进行了深入和细致的研究，广告创意才能有的放矢，有内容。

（一）研究产品信息

了解产品的成分和效果，看商标，研究包装。如果可能，亲自用一用：穿它，吃它，驾驶它，用它来沐浴。对它进行深入研究。对该产品所属的产品类别做尽可能彻底的了解。

开展调查，问人们为什么使用或者不使用这种产品，听取他们的实地反馈。如果可以，召集目标人群进行焦点座谈。对消费者进行产品调研的方式多种多样。

一是打电话或者发邮件给企业，索取有关资料。如果企业有800或者400的免费电话，则可以跟他们的一线员工进行深入的交流，拨打电话可以避免员工不愿意透露一些信息。尽量搜集企业的宣传材料。另外，其他竞争品牌的相关宣传材料也尽量去掌握。将该产品类别内的所有产品的广告等材料都尽量搜集和研究，积累起自己的档案来。

二是访问当地零售商，了解你的产品及其竞争产品的情况。和一个零售商谈上10分钟，就可能得到大量信息：购买者的类型，谁是你的大客户，主要竞争品牌的竞争优势和劣势，乃至整个市场的状况。

三是进行图书馆研究。如果不能充分得到有用的产品信息，你可以想办法从图书馆等方面获取。如果你要推销的是维生素，你不妨到当地书店去逛一逛，浏览一下保健书籍。其实，许多杂志的封面文字具备非常强的广告传播力，如有关维生素产品的"你知道你的身体每天都缺乏8种重要的维生素吗？"等。

（二）挖掘产品卖点

20世纪50年代，世界广告业正处于以"产品为中心"的时代，告知性的强行推销广告在广告活动中占据统治地位。到了60年代，由于经济进入衰退时期，市场不景气，强制性的广告推销受到消费者的强烈抵制。

面对这种形势，为了改变市场的不景气局面，各个企业以强化差别化策略作为市场竞争的武器，而广告成为产品实施差别化策略的强有力手段。广告如何为产品差别化发挥作用呢？广告界有种种做法和理论学说，其中影响最大、流行最广的是"selling point"（销售重点）这个概念。

所谓销售重点，是指商品自身所具有的并能打动消费者的设计、特长、机能、材料等富有魅力的东西，主要体现在产品服务的特质、品质、性格之中，是能为使用者带来方便和满足感的东西。日本电通的《广告用语事典》则将之定义为：产品服务的特征、性格、品质之中的可为使用者提供方便和满足感的东西。电通认为，在广告制作时，寻找和发现对消费者诉求的"销售重点"至关重要。例如，60年代是日本工业化时代的开始。电视机那时在市场上刚刚出现不久，还远未普及。这是一个能生产什么就能卖什么的时代。在这个时代，这种车哪里好，那种电视机哪里有变化，或者东西是哪里产的，规格是21英寸的还是26英寸的，如此等等，就是我们所要经常注意分析的销售重点。我们可以注意到销售重点的背景和特点：大量生产时代、大量消费、产品比较畅销。在这个时候广告的分析要点是产品的品质、性能、外观的差异。

在实际操作中，销售重点的分析要着重解决以下几个问题：检验广告商品或服务与同一类商品或服务的共同属性；从各个角度调查和列举其机能和特性；与竞争产品作比较，注意其共有优势和特征；体会产品设计中的新思路和新技术；确定产品所在的生命周期位置；将其特性与人们生活中发生的效用相联系，归纳在一张纸片上。

可以用列单子的方法，把产品本身所具有的功能和特点，不用辨别其价值地一一罗列在纸上，这一过程的完成需要团队的合作，需要开拓思路去发现产品的每一个价值点。罗列的结果是诞生了一张列满产品特点的单子。这些都是产品可能为消费者接受的优点，但是下一步必须明确的是：哪些特点是最应该被提炼出来，作为产品的诉求点的内容？

在了解了产品本质的基础上进一步确定产品的诉求点，这就是差别点的选取过程。从产品的所有卖点中，依据不同的价值判断，选取有用的一组卖点，能体现产品的一种价值取向，可作为产品的诉求点。其中的选取过程，可依据两点来做判断：一是选取产品对消费者有价值的独特之处，或优于同类产品之处；二是依据同类产品的市场机会点进行判断和取舍。

上述分析方法的好处在于：与竞争对手的产品作比较，发现差异点。然而，在竞争激烈的市场环境里，要发现广告商品与竞争对手商品的差别是相当困难的。在这种场合下，在分析的初始阶段，就要注意到商品的辅助因素，诸如品牌、包装、价格等，以及企业规模与社会地位。在考虑商品机能特性的时候，尽量从消费者的角度来观察：列举与消费者能发生直接效用的机能；从直接效用延伸到更深更宽的层面——消费者的生活需求；当发现效用不足时，再进行商品使用场景的市场细分。

（三）确定广告概念

但是随着时代的进步，尤其是进入70年代以后，随着自动化时代、信息时代的到来，社会生产接近饱和，社会趋向于成熟化，企业间技术差距缩小，各企业产品质量同质化程度已相当高。在这个时候，单纯地宣传产品的优点已经很难提高销售额。这时，在商品和广告方面，如果不考虑商品的概念就很难制作广告。于是，了解商品特质、发掘商品潜在价值成为广告界的关键词。

广告概念是指为制造畅销品所想出与消费者联系起来的商品推销和宣传的好主意。在制造新产品时，很需要有如何才能将产品卖出去的主意，这就是商品理念。这个理念的关键就是要摆脱销售重点所在的视角——产品的视角，转到消费者的视角上来——商品的视角。

广告概念作为市场营销计划和广告表现的出发点，意义相当重要。例如，广告创意人员为柯达胶卷推出了"记录生活中美好一刻"的广告概念。这个概念就脱离了简单重复产品优点的局限，将产品的使用同消费者的体验和生活经历结合了起来，这样就有利于进行广告推广，生成系列的广告创意。

三、分析消费者

企业经营的最终目的是将生产的产品转化为能够被消费者所接收和使用

的商品，进而从消费者身上获取利润。这一目的能否实现主要取决于消费者是否愿意购买你生产的产品。因此，在市场营销中，首先不是要考虑生产什么和销售什么，而是要弄清楚消费者希望购买什么以及他们购买的行为特征，这些就是广告创意中消费者分析的重要工作内容。分析消费者的目的在于：找到他们，了解他们的需求心理，创造适当的机会，以合适的方式传达信息，达到广告目的。

（一）确定消费者

消费者是购买和使用商品或服务的人和团体。为了个人和家庭生活需要消费商品和服务的人称为个人消费者；相应的，购买商品和服务用于生产性消费，以及进行转卖、出租或其他非生活性消费的企业和社会集团就是集团消费者。在广告创意中，我们主要研究和分析个人消费者。

根据对某一商品的消费者状态，我们把消费者分为潜在消费者、准消费者、显在消费者、惠顾消费者和种子消费者等几类。潜在消费者指消费者具有的买点与企业的现实卖点完全对位或部分对位，但尚未购买企业产品或服务的消费者。准消费者是指对企业的产品或服务已产生了注意、记忆、思维或者想象，并形成了局部购买欲，但未产生购买行动的过客。显在消费者则是直接消费企业产品或服务的那部分人群。惠顾消费者则是常客，是经常购买企业产品或服务的惠顾者，他们对品牌忠诚，具有强烈的产品情结。种子消费者是由常客进化而来的，他们是除自己反复消费外，还为企业带来新消费者的特殊消费者，他们具有产品情结的忠诚性、消费购买的排他性、购买行为的重复性以及品牌口碑的传播性等特点。

在媒体广告创意中，我们要特别注意显在消费者、惠顾消费者和种子消费者的情况。能否让每一个显在消费者满意决定了企业营销推广的开拓力度。据研究，一个不满意的消费者会直接或间接影响40个潜在消费者，使企业失去40笔可能业务。惠顾消费者是产品的基本消费队伍，有关研究表明，留住一个常客的费用仅是开发一个新消费者费用的1/7。因此，企业应通过广告策划着力培养自己的常客队伍，形成庞大的忠诚群体。种子消费者是可以为企业带来新消费者的群体，它的数量往往决定了企业的兴旺程度和前景。

（二）了解消费行为

消费者行为指的是消费者为获取、使用、处置消费物品或服务所采取的各种行动，包括先于且决定这些行动的决策过程。现代市场经济条件下，我们研究消费者行为，不仅要了解消费者是如何获取产品和服务的，还要了解消费者是如何消费产品，以及产品在使用寿命结束之后是如何被处置的，因为消费者的消费体验、消费者处置淘汰和过时产品的方式和感受都会影响下一轮消费者的购买。

消费者行为包括：购买者，即构成某产品的市场的群体；购买对象，即消费者购买了什么样的产品；购买目的，即消费者为什么产生购买行为（背后可以追寻的是消费者的购买动机）；购买组织，即参与购买的群体和个人；购买行动，即消费者购买行为的具体过程，包括店铺选择、购买时机、品牌选定、货币支付等；时间和地点，即在什么时间购买以及在什么地方购买；等等。

消费者行为具有多样性、复杂性、可把握性和可引导性的特点。多样性表现为不同的消费者在需求、偏好以及选择产品的方式等方面各有侧重，即使是同一消费者在不同的时期、不同的情境以及不同产品的选择上，其消费行为也具有较大的差异性。消费行为的多样性决定了消费行为的复杂性，同时，消费者所面临的多种内部和外部因素也影响了消费者的具体购买行为。例如，消费行为受消费动机的影响，但消费行为背后的动机却是隐蔽和复杂的，同一种动机可能促成不同的行为，同一种行为也有可能来自多种动机的综合作用。消费行为虽然错综复杂，但也并非完全不可捉摸。

在广告创意中，通过精心设计的调查完全可以准确地了解和掌控消费者的复杂消费行为，因为在各个具体的消费行为背后是具有可以归纳的共性的，这个共性就是消费者的需要。需要促使人类产生各种各样的消费行为，这是消费行为规律的共性。能够掌握和洞悉消费行为，我们就可以尝试对消费者的购买活动进行引导。当消费者对自己的潜在需要以及可以满足这一需要的产品并不十分清楚时，企业可以通过提供相应产品与服务或传播相关信息的方式来触发和彰显这一需要。从这个意义上说，消费行为是可以被激发和引导的。当然，我们也应该注意广告活动中引导消费行为的前提是产品和服务确实能够给消费者带来实际的利益，同时我们的引导行为又是完全合乎法律和社会道德规范的，不然广告行为会带来适得其反的后果。

（三）明确消费行为背后的心理意义

美国人本主义心理学家马斯洛认为，人的需要是分层次的，从低到高分别是生理的需要、安全的需要、爱和归属的需要、尊重的需求以及自我实现的需要。

生理的需要是人类维持自身生存的最基本要求，包括饥、渴、衣、住、性等方面的要求，它对应了消费者生活必需品的消费市场，在消费心理上，人们普遍追求食品从数量型消费向质量型消费转化，由原料型向半成品、成品型转化，方便食品、快餐文化以及现代化炊具成为最吸引消费者的产品。

安全需要是人类要求保障自身安全、摆脱事业和丧失财产威胁、避免职业病的侵袭、接触严酷的监督等方面的需要，它对应了人们保健用品的消费市场。在这一市场上，人们热衷于购买药品、卫生用品、保健食品、保健器材以及保险服务，注重安全性的考量。

爱和归属的需要表现为：人人都需要伙伴之间、同事之间的关系融洽或保持友谊和忠诚；人人都希望得到爱情，希望爱别人，也渴望接受别人的爱；人人都希望归属于一个群体，希望成为群体中的一员，并相互关心和照顾。这对应了社交产品市场，包括服装消费、饰品消费、烟酒茶咖啡等饮品的消费等。人们多给这些产品注入了大量的情感要素，把他们当作传情达意、表达情感的手段。

尊重的需求指一个人希望在各种不同情境中有实力、能胜任、充满信心、能独立自主，同时希望有地位、有威信，受到别人的尊重、信赖和高度评价。尊重的需要对应那些能够满足人们的自尊心、荣誉感之类的产品，包括工艺品、古玩、美食、时装以及各种高档耐用消费品，另外还包括旅游、娱乐、参加各种聚会等享受性消费行为。

自我实现的需要是最高层次的需要，它是指实现个人理想、抱负，发挥个人的能力到最大程度，完成与自己的能力相称的一切事情的需要。它对应的产品包括学习用品、书籍、用于智力开发和终身教育的用品以及各种具有个性的用品等。那些能够体现个性特点的产品尤其受到现代人的欢迎和喜爱，他们将产品和品牌作为自我表现的媒介和个性展现的载体，这类产品尤其需要设计创意新颖独特的广告、包装以及特殊的品牌形象。

同时，我们也应该注意到，有时候消费者购买某个产品并不是简单地执着于其中某一种需要的。例如，购买乐事薯片这个产品，低层次来说是为了在饿的时候能够填饱肚子，这是一种生理的上的需要，而当我们把这产品定位为年轻人都爱吃的食品时，那就是为了体现一种归属感，它还是女人最爱的食品，那就是性别化了的，另外，它还象征独立的成年人吃的食品，是一种可以满足成就感的办公室食品，是体现了父母对孩子的精心养育的专门买给孩子的零食等。

（四）目标消费者描述

为了使广告创意更加生动和便利，我们经常会使用一种消费者描述的方法来进行广告创意的准备。消费者描述是对某一商品或品牌的典型消费者群体进行的个性化和生活化描述。这种描述包括消费者的年龄、性别、职业、家庭结构、社会阶层、时尚风貌、生活方式、个性特征、人际交往、个人喜好、媒体习惯等多个方面的特点。以下就是对某一青少年产品的描述。

朵拉是一位15岁的少女，她有一大堆洋娃娃和布偶，有很多牛仔裤和T恤，喜欢假装和男生是哥们儿，但总会偷偷"爱"上其中一个。朵拉大部分时间都很乖巧，偶尔会为一点坚持而任性嘟嘴，是爸爸妈妈的掌上明珠，崇拜老爸，腻歪老爸，有时会和妈妈闹别扭。

朵拉的个性是一分钟之前还笑得世界乱转，一分钟后马上决堤泛滥。她是一个喜怒哀乐以秒来变化的女孩，情绪随人、事、时、地、物、天上星星、地上蚂蚁、小狗狗掉落的白毛、小猫咪迷离的眼神、黄玫瑰上滴落的露珠，以及不小心掉落的花瓣等作180度急转弯。

朵拉好想快点独立，做女强人、单身贵族，可以穿新潮漂亮的衣服。她喜欢收集明星偶像的照片、海报，不喜欢战争，不喜欢史泰龙和施瓦辛格型的肌肉男生。看电影或电视节目，内容并不重要，谁演谁唱才是重点，可以为演唱会逃课，或通宵排队。

通过消费者的生活描述，我们可以从中发现一个鲜活的形象。在广告创意中，只需要围绕这个鲜活的人物形象展开创意与想象就可以了，这样必定可以保证广告创意沿着正确的方向开展，不至于偏离目标消费人群。同时，把从消费者的详细描述中发现的生活细节放到广告创意中，更能激起购买者的情感共鸣和心理认同。

四、撰写策略报告

广告创意策略报告有简单和复杂两种样式，简单的广告创意策略报告主要包括以下三个要素：一是你承诺了什么实惠？也就是你的产品的卖点是什么？二是你对产品作出了什么承诺？三是他们为什么会相信你？

这三个方面是策略报告的基本方面，在我们研究一个产品时，可以根据产品具体情况概括出简短的广告宣传用语。例如，广告以现有的橙汁饮用者为目标，广告语设计为"让他们相信，无论白天还是晚上，橙汁在任何时候都是有益的。证据是：营养、解渴、补充能量，所有这一切在一天中随时都是需要的"。这种广告创意很简单，也容易打动消费者。另外还有"广告以具有环保意识的家用清洁剂使用者为目标，让他们相信，墨菲四油皂具有彻底洁净作用又不损害环境。理由：它不含刺激性去污成分或者碱，它是百分百纯植物油"。再有，"广告以18岁到34岁的高消费阶层妇女为目标，让他们相信，利米特德·埃克斯普雷斯服饰能在职业和社交方面祝他们成功。理由：其品牌风格是追赶时尚、自信、赶时髦的"。

然而在实际的创意工作中，仅仅依靠一些简单的策略信息，创作出来的广告可能不够完美，所以有时候还需要根据以上策略报告的三个基本要素扩展出更为详细的几个方面，即产品主要事实、广告问题、广告目标、目标消费者、竞争态势、主要消费实惠、论据，等等。

第一，主要事实。广告创意总是从一个简单的事实出发的，这个事实是从有关产品、市场、竞争对手等一切信息中梳理出来的，是与广告关系最为密切的要素。许多广告策略家的观点是一致的：策略思考从寻找有关产品的主要事实开始。为什么呢？因为它能启发我们看到必须解决的广告问题。一个产品可能具备多种方面的特征和优势，这都是所谓的产品事实，但是我们在广告创意过程中，其出发点大致都是一个集中的，最能体现产品特征的，最能使消费者产生震撼的点，即产品的主要事实。

第二，广告问题。这个主要事实能给你什么启示？你的产品与消费者有关的最大问题是什么？例如，在研究红牛饮料时，你发现的主要事实可能是消费者对此品牌不了解：他们不知道价格高出一般饮料好几倍的小铁罐里的液体是给儿童喝的还是给成人喝的，是一般性饮料还是功能性饮料。这时你的广告问题就明朗化了：你必须在消费者心目中树立起红牛自己的地位，让它同市场上的其他饮料区别开。

　　第三，广告目标。找出主要事实，理解了广告问题之后，用一个广告目标把这种理解表达出来。你想对消费者施加什么影响？广告目标说到底是传播目标：你希望人们如何理解、相信或感受你的产品。广告目标不同于营销任务，你不能将诸如销量或者利润提高20%这样的任务当作广告的目标。这是因为，营销任务的实现并不是广告自己就能完成的，它可能还要依赖一定的经济环境，以及其他除了广告之外的许许多多的因素。拿红牛广告来说，它的目标是树立起消费者对于红牛作为功能性饮料的基本认识，让那些长期处于紧张工作状态中的人们意识到红牛是他们抵挡疲劳、焕发活力的良好伙伴。

　　第四，目标消费者。你要把这个讯息传播给什么人？你的目标是哪些产品用户？界定目标受众要尽可能具体，不能光用人口统计数据表示。他们有什么心理特征、生活方式和态度？你能勾画出试图说服的消费者的轮廓吗？例如，红牛的消费者是一般的碳酸饮料使用者、果汁饮料使用者还是功能性饮料使用者？是20多岁，还是年纪更大的消费者。你要面对的是持何种具体态度的消费者？他们在生活中存在着哪些让他们感到困惑的事情？他们如何处理这些事情？

　　第五，竞争态势。你的产品在市场居于什么地位？人们现在对你的产品看法如何，你希望人们对它持何种看法？它应该在什么产品类别中竞争？它的竞争对手是谁（包括直接和间接的）？例如，红牛主要跟百事可乐、可口可乐等碳酸饮料竞争，还是跟果汁饮料竞争？红牛是否应该自己闯出一个产品类别来进行销售和推广？一种产品属于什么类别决定了这个产品必须跟什么样的产品展开竞争，这是广告创意策略的重要组成部分。

　　第六，主要消费实惠。如果说目标是你的愿望，实惠则是从消费者的观点看问题：你的产品能提供什么实惠，它能解决什么问题？这是你制定策略的重点。别忘了我们的问题可能是多种多样的，如产品问题。对产品的需要也是越来越细致。例如，我们需要能够防止牙龈出血的牙膏，需要不会造成空气污染和身体伤害的清洁剂，需要味道比较不错的饼干。另外，还有消费者问题。例如，我们希望能更好地享受业余时间，我们需要更多的爱和尊重，我们都想取得成功。对于红牛来说，可以打动消费者的卖点可以是：它是渴望运动人群最适宜的补充身体所需各种成分的饮料，也可以让人们相信喝红牛是成功人士面对紧张的工作状态的最好的应对。

第七，论据。如果你承诺了一种实惠，你的证据是什么？如果你的产品能解决一个问题，它是如何解决的？靠提高蛋白质？靠一个特殊开关？靠含薄荷糖的喷雾剂？靠性诉求？靠德国工艺，靠的是什么？没有证据作为支持，你无法让人们相信什么。这种证据有时称为理由。

第二节　传播设计创新

企业传播创新的基础是企业品牌的创新。品牌创新是企业针对市场变化，或创造出新的品牌，或创造品牌新的应用，或引进、转让品牌资产来实现品牌管理的活动。品牌创新也可以是企业通过创造出竞争对手所不具备的先进技术和手段，提供比竞争对手更加完善全面的服务，满足顾客更新更高的需求，来保持和发展品牌的一种全新的经济活动。

一、品牌创新的基本策略

《中国广告》杂志社社长兼总编辑鲁培康先生认为，所谓品牌创新，从战略思维上讲，首要也是终极的目标，是建立品牌价值差异化；从战术方法上讲，是充分利用不同营销模式，从多个维度提升品牌价值。那么，品牌创新的具体策略有哪些呢，鲁培康认为包括以下七个方面。

第一，以产品创新建立核心差异。无论企业把各种创新喊得多么响亮，产品或服务创新都是企业最基础性的工作。产品是营销的基石，是品牌的核心，也是创造顾客价值的根本，如果一家企业连产品都做不好，其他创新也将徒劳无功。但是，生产什么产品则是营销的首要命题，产品的真正成功，是营销者既满足了市场需求，又创造了新的客户价值主张的结果。

第二，以技术优势提高竞争壁垒。产品极为重要，它是营销的出发点，但是，产品同质化是任何企业都可能面对的难题。要提高市场竞争力，打造人无我有、人有我新、人新我优的产品体系，最重要的方法是以技术创新为产品加持。诸如设计专利、高新技术、材料质地、制造工艺等，这些核心要素将构成品牌竞争的更高壁垒。

第三，以精益服务丰富产品价值。服务是构成顾客总价值的重要组成部分，是管理水平、人员素质、品牌文化等企业软实力的综合体现。在产品同质化、技术趋同化越来越高的当今，服务是企业丰富产品价值，提升顾客体验的最好方法。它既是一堵差异化竞争的无形壁垒，也是一把品牌创新的情感利刃。

第四，以企业文化塑造柔性实力。企业文化是企业的柔性竞争力，它的核心是企业价值观，而价值观的核心是价值排序，它是对企业生态系统中各价值主体的利益分配。企业都喜欢高喊顾客第一，实际上，不能保证员工第一，哪能做到顾客第一？企业的产品、技术、服务差异化，在终极意义上，竞争对手都可以模仿、超越。唯有企业的软实力，能让竞争对手望洋兴叹。

第五，以精准传播实现效果倍增。企业创造的所有市场价值，都需要有一套科学的传播方案，通过媒介准确地传递给目标市场。随着传播环境和媒体形态的颠覆性变化，一网打尽式地进行整合营销传播已经全面失效，取而代之的是以技术为主导的垂直营销传播。这种全新环境所造就的市场价值在于，传播越精准，效果越倍增。这不仅为品牌传播节省了战略资源，也为品牌创新拓展了更多空间。

第六，以重新定位再造品牌差异。如果说定位是营销战略的逻辑起点，那么，重新定位就是企业应对战略失灵而采取的品牌再造过程，也是品牌争夺更大市场份额的心智之争。在营销思想史上，正是定位理论戳穿了"产品会死、品牌永生"的谎言，它认为一旦产品在竞争中退市了，其品牌也终将消失。因此，它主张以多品牌策略对抗产品生命周期，强调"认知大于事实、局部大于整体"，这对于强化产品认知、再造品牌差异，有化繁为简的价值。

第七，以模式创新提升让渡价值。模式是企业开展经营活动、实现市场目标的理念、规则与方法体系。常言道，有地图者不迷路，有模式者不盲目。有效的模式建立在企业对外部环境的准确把握和内部资源的优化配置上。掌握模式，不仅能够比竞争对手更快地发现环境变化、价值流动与利润转移，还能够比竞争对手更准确地识别变化和紊乱背后的稳定与秩序。但是，并没有一个适用于任何企业且一成不变的模式，也没有一种模式会永不过时。因此，今天的品牌创新更需要融合到模式创新的综合要素与方法体系之中，从而创造更高的顾客让渡价值。

鲁培康通过这七个方面，大体上讲清楚了品牌创新的基本做法与基本思路，这七个方面涉及了企业的产品、服务以及企业文化，这是企业创新发展的内向型要素；也涉及企业的品牌定位、品牌传播与模式创新，这是企业创新发展的外向型因素。

二、品牌年轻化：品牌形象创新

什么是品牌年轻化？通俗地说，所谓品牌年轻化，就是在年轻消费者购买力越来越强的背景下，品牌自身更加倾向于迎合这部分消费者的偏好。

（一）品牌为什么要年轻化？

首先，在当下的社会环境中，网络成为最重要的媒介形态，年轻人是网络媒介中最活跃的群体，掌握着媒介的话语权，制造并且影响舆论。品牌方的目标用户群体可能不是年轻人，但必须承认的是，如今的年轻人作为网络的最重要参与者，既能够制造话题又能够影响舆论。这意味着即便你的目标用户群体是中年人，但是在大众舆论的影响下，如果年轻人说"不好"，势必会影响中年人对品牌的看法和认知。退一步说，即便从品牌公关和企业发展的角度看，时下的年轻人对于品牌的"无感"或者"零好感度"，便相当于一颗定时炸弹，未来可能因为某个话题而激起他们的反对、反感或者攻击。年轻化已经越来越成为一种品牌塑造与传播的政治正确。

其次，品牌年轻化是品牌延长产品生命周期的必然要求。以可口可乐为例。可口可乐的客户群体既涵盖小学生、中学生，也涵盖二三十岁的年轻人和各类中年人，甚至连90多岁的"股神"巴菲特都是可口可乐的忠实粉丝。这就意味着，你拥有的消费者越年轻，你的产品的生命周期也就越长。通常情况下，如果消费者是在20岁的时候喜欢上的可口可乐，日后很难会突然选择百事可乐。不仅是饮料，像服装、餐饮以及日用消费品牌，都大体如此。所以，越是老字号产品，越是企业历史悠久的产品，越需要注意品牌的年轻化。从另一个角度讲，品牌能够既历史悠久，又不断创新，往往都是品牌年轻化的功劳。

最后，品牌年轻化是提高品牌知名度的内在要求，能够有效地强化品牌的价值。大家都有这样的认知，那就是"今天你不是我的目标消费者，但不代表明天不是"。但是，如果营销不从年轻人群、潜在人群抓起，等到他具备成为你目标用户资格的时候，很可能就已经投入别的品牌的怀抱之中。汽车和奢侈品品牌就是最好的例子。年轻人或许暂时买不起汽车，但都知道奔驰宝马更加高档，他们只是暂时没有购买力支持，但不代表不是产品的潜在消费者人群；即便是中学生、大学生，也都知道LV、香奈儿是顶级品牌，部分人甚至会在拿到第一份薪水后，就会去买一件自己心仪的奢侈品或者轻奢品。因此，"品牌年轻化"也是提升品牌知名度和强化品牌价值的手段。

（二）如何实现品牌年轻化？

如何将品牌年轻化？消费者的主力群体年轻人已经发生了深刻的变化，他们不信价值观，信人设。而品牌，从更本质的意义上讲，是消费者对企业所提供产品服务的认知，是产品的人设。因此，品牌的年轻化可以从品牌角色、品牌价值、品牌传播、品牌建设四个角度来进行。

一是品牌角色的年轻化，即扮演从劝服者到同理心，再到同行者的品牌角色。

劝服者是品牌角色的第一层次。劝服者的通常做法就是教育消费者。这个背后的逻辑就是我的产品和服务好，我比你懂，我要教育你，说服你，然后让你认可我的东西并且付费。现实情况是劝服者在年轻人群体中已经不奏效，因为年轻人的成长环境和他们个体化的特征决定了不会认可这种一高一低的沟通模式，他们认可的是平等。

同理心是品牌角色的第二层次。同理心在劝服者的层面又向前走了一步。但是，它的问题在于说得多，做得少，或者只说不做。说到底同理心也是一种说教，表面上说我理解你，我认同你，我支持你，其实都是虚而不实。而今天的消费者希望的是品牌说到做到，不能只说不做。

同行者是品牌角色的第三个层次，也是品牌角色的最佳表现形式。同行者的关系在"行"，就是你要有同理心，这是最基本的，然后再体现在自己的行动当中，绝对不能只停留在嘴上。例如，运动类App Keep的广告说"自律给我自由"，如果只有这么一句话，那就是同理心，但是Keep还告诉你，我的App可以帮你做到这一点，你可以从我的App内容里一目了然地发现这一点，我们可以一起坚持，一起行动，这就是同行者了。

二是品牌价值的年轻化。品牌好感度、美誉度等传统指标、旧指标在今天已经不适用了，美誉度、知名度是建立在整体基础上的统计结果。而今天的消费者都是个体，他们更多地讲究自主性，他们会回到自己的空间中去评判价值。在现今社会，个体需要的是相关性，他们会去思考；你的品牌价值跟我有什么关系？他们是凭借这个品牌和自己的相关性来做评判的，不是看你声量多大，请的明星多厉害，而是看跟自己的相关性有多强。我们之间有什么连接吗？如果没有，那么我选择视而不见。

从事品牌传播的人都知道"万物皆媒"的说法，即什么都是媒体，哪儿都有广告。但问题是当万物皆媒的时候，人的感受能力会下降，最终会忽略99%的广告，结果只能是"万物皆媒"变成"万物皆没"。

三是品牌沟通的年轻化。现在品牌沟通的主流做法是价值观导向。然而其最大的问题是，今天的年轻人已经不信价值观宣传了。他们信什么呢？信人设，信真诚、完整的人设。人设需要方方面面的建设，包括公共关系、广告、产品、体验等。例如，韩国有一个以"天然"为卖点的化妆品品牌Innisfree，有一位女性消费者说Innisfree的体验店特别好，里边洗手的池子都是原木做的，特别符合这个品牌的调性和定义。通过这几句话，我们可以看出，年轻人不会因为你的包装上写着天然草本就觉得你天然草本，而是要通过你的产品、店面去感知。

四是品牌建设的年轻化。产品是属于企业的，但品牌是属于消费者的。品牌的价值锚点来自品牌跟你的生活和文化的相关性。什么才是最好的相关性？最好的相关性就是彼此共生。因此，我们必须摒弃一个认知，即品牌建设需要由品牌自己来做。观察现在做得好的品牌，我们就会发现它们在打造品牌时都是非常开放的，它们对消费者开放，对合作伙伴开放。例如，很多品牌喜欢做联名款，期待实现品牌共创，这种操作会出现很多让消费者觉得有价值的新体验，这些体验超出了消费者的期待。以淘宝的造物节为例，当不同的群体在一个平台上做一个活动的时候，品牌和消费者之间就形成了文化生态的共建。

由此可见，品牌的年轻化非常重要，不仅老字号企业、历史悠久的企业需要年轻化，一些新的企业更需要同年轻族群持续沟通，这是由当下的媒介传播环境决定的，也是由品牌塑造与经营的本质特征决定的。

三、传播戏剧化：品牌年轻化传播创新

品牌设计和传播的戏剧性遵循一个共同的娱乐本性，其目的在于引起接受对象和消费者足够的重视和注意，以至产生记忆、认同，最终促成消费。这一脉络是非常清晰和明确的，但在网络媒体可以提供的多种技术条件和传播形式下，其操作方式和手段却是多种多样的。

（一）广告电影＋互动网站传播

广告电影+互动网站传播是指为企业主拍摄品牌广告电影，并围绕品牌电影所传播的主题建设拥有互动和讨论区功能的体验性网站，让消费者自由访问网站，观赏并下载品牌广告电影，参与网站的互动活动。以力士洗发水"金纯魅惑"品牌传播为例，该活动首先拍摄了以好莱坞影星泽塔琼斯为主角的广告电影，讲述了泽塔琼斯同伙伴窃取高科技生物制剂，并将其用于洗发水，帮助万千女性拥有亮泽滋润的秀发的惊险刺激的故事。广告片集惊悚、悬疑、浪漫于一体，有颇多看点引人关注。片中泽塔琼斯与男主角搭档飞车，更有不少亲密镜头惹人遐想。围绕帮助女性获得迷人秀发这个主题，活动策划人员建设了"力士星炫之城"活动网站，所有的女性消费者都可以在网站上上传自己的秀发照片，通过网友公开票选，赢取参观好莱坞影棚并拍摄自己的短片的机会。

其他诸如可口可乐在2005年拍摄了以SHE、刘翔、潘玮柏、余文乐为主角的《要爽由自己》五分钟广告电影，表现青年男女相互爱慕与想尽花样的追求行动。雅虎中国更早在2003年就召集国内三大名导陈凯歌、张纪中和冯小刚花费3 000万元为其搜索引擎业务拍摄了三段广告电影，并建立专门网站供网友下载观看和讨论。这些以广告电影为主体内容，以互动网站为传播平台的品牌传播方式不仅仅引起了消费者对故事本身的兴趣，更在网站的互动和体验中加深了对品牌的印象。

（二）网络衍生品传播

网络衍生品主要指网络用户在使用互联网过程中经常接触和用到的各种工具和媒体形式，如聊天时使用的QQ表情、游戏过程中使用的各种道具、电脑桌面背景和屏幕保护程序等。

日本电通公司为日本著名时尚品牌UNIQLO（优衣库）推出了一款跳舞少女的电脑时钟屏保。该品牌的内在含义是指摒弃不必要装潢装饰的仓库型

店铺，采用超市型的自助购物方式，以合理可信的价格提供顾客希望的商品。价廉物美的休闲装"UNIQLO"是Unique（独一无二）和Clothing（服装）这两个词的缩写，以为消费者提供"低价良品、品质保证"的经营理念，在日本经济低迷时期取得了惊人的业绩。

在品牌传播方面，优衣库也同其品牌设计风格一样，舍弃了传统的媒体推广，采用更年轻化、时尚也更简洁有效的传播策略。从2007年开始，优衣库的品牌设计与传播团队启动了"基于舞蹈的在线时钟"的品牌推广。优衣库邀请全球年轻的舞者身穿优衣库的服装在全世界主要大城市广场或街道上翩翩起舞，然后拍摄视频在YouTube中发布，各博客主可以将这个视频链接到自己的网络地盘里，作为Flash时钟，或者下载为屏保。这个活动短时间风靡了50多个国家，其屏保舞蹈内容先后推出了巴黎、东京等近十个版本。屏保Flash有时钟画面和少女舞蹈画面两种，两种屏保画面每隔5秒钟分别交替出现。整个屏保形式新颖，音乐节奏动感悦耳，模特形象亮丽清新，很受年轻人喜爱。

这个活动为电通公司赢得了当年度的戛纳广告节网络营销和推广大奖。实际上其精髓就在于通过网络衍生产品——屏保，将网络衍生品作为触发器，制造品牌的争议性或游戏性的话题，激发消费者互动，由消费者来创造和传播话题内容，并且主动交叉复制和大面积传播，从而使得消费者在体验中感受品牌。

（三）悬疑视频＋信息网站传播

有的品牌在推广活动开始之时，首先在视频网站发布和上传悬疑视频，以引起消费者足够的兴趣和好奇，并在视频中留下些许线索，引导消费者带着疑惑循着线索去探索答案。一般线索和搜寻都会指向一个特定的网站，在消费者主动解疑的过程中，品牌的信息和形象得到暴露和传播。2006年，盛世纽约公司为美国著名时尚品牌红犀牛ECKO做的品牌宣传就采用过这一策略。

ECKO是美国著名涂鸦艺术家马克·艾克（Marc Ecko）创立的一个嘻哈文化时尚品牌，其产品包括服装、饰品、鞋包、手表、内衣、电动游戏、杂志、设计创意等。在这场名为"Still Free"的品牌传播策划中，盛世团队首先在YouTube等全球各大视频网站发布了一则悬疑视频。视频显示：深夜里几个涂鸦爱好者翻过栅栏，躲过警察，顺利靠近停机坪里的空军一号，并在其机体上喷涂"Stillfree.com"的字样。视频发布后，受到了来自全球各地的强烈关注和质疑，甚至美国政府都不得召开发布会，澄清空军一号经过检查并没有发现被涂鸦的痕迹。原来这一切都是ECKO品牌传播团队的自导自演，他们租下了一架大飞机，并涂成空军一号的样子，再自己拍摄了"空军一号"遭袭的视频。视频中出现的"Stillfree.com"是专门为此次品牌传播活动设立的网站的名称，网站中向大家详细介绍了本次活动的策划过程、目的以及视频拍摄过程中的花絮，在网站首页的醒目位置还标有红犀牛的品牌标志。因为悬疑视频的迅速传播，网站在三个月的时间里访问量超过1 000万，并使红犀牛品牌迅速成为全球消费者谈论的话题。

（四）事件营销＋博客传播

事件营销也叫活动营销，是企业通过策划、组织和利用具有名人效应、新闻价值以及社会影响的人物或事件，引起媒体、社会团体和消费者的兴趣与关注，以求提高企业或产品的知名度、美誉度，树立良好品牌形象，并最终达到产品或服务的销售目的的手段和方式。2009年全球最好的事件营销案例就是由澳大利亚昆士兰旅游局举办的招募大堡礁看护员的案例。

该活动由澳大利亚昆士兰旅游局于2009年1月发起，面向全球招聘大堡礁岛屿看护员，大堡礁岛屿看护员将生活在大堡礁海域中面积最大的居住岛"汉密尔顿岛"上，工作包括：通过每周的博客、相簿日记、上传视频及接受媒体跟踪访问等方式，向全世界报告其大堡礁的探奇历程；给大堡礁水域超过1 500种以上的鱼类喂食；以清洗装有自动过滤器游泳池的名义下水畅泳；借参与航空邮递服务的机会从高空俯览大堡礁美景。昆士兰旅游局还为看护员提供极为舒适的居住环境和令人羡慕的高薪。招聘活动得到了全球范围内的热烈响应，在短短40多天的时间里，"世界上最好的工作"总共收到全球200多个国家的34 684多份申请。最终一位来自英国的小伙子本·索撒尔成为最后的胜者。

在"世界上最好的工作"活动开展过程中，网络这个新媒体被主办方利用得相当充分。昆士兰旅游局不但建立了制作精良的活动网站，并且还设有英语、日语、韩语、中文（简体和繁体）和德语等不同语言版本。旅游局在全球各个办公室的员工也被要求到各自国家的论坛、社区中发帖，让消息在网友中传播。此次活动的参赛规则是全世界任何人都可通过官方网站报名，申请者必须制作一个英文求职视频，介绍自己为何是该职位的最佳人选，并将视频和一份须简单填写的申请表上传至活动官方网站。而官方网站的合作伙伴就是鼎鼎大名的YouTube，借助YouTube在全球的巨大影响，活动本身又得到了进一步的传播。

环环相扣的互联网应用层出不穷，主办方又设计了经网络投票决出"外卡选手"的环节，入选50强的选手会不断拉票，而关注活动的人会为自己心仪的选手投票，来自中国台湾的王秀毓就因远超对手的得票数而成为唯一进军面试的"外卡选手"。主办方在投票过程上也进行了精心设置，跟国内常见的点击一个投票按钮不一样，投票人要先输入邮箱地址，然后查收一封来自"昆士兰旅游局"的确认件，确认后再行使投票权。其实通过确认，参与投票的网民都会好好浏览一下这个做得很漂亮，实质上是旅游网站的招聘网站，大堡礁的旖旎风光马上就开始让人心旷神怡。更重要的是，投票者的邮箱未来都会不定期地收到来自大堡礁的问候。试想，在有钱又有闲的情况下，谁会不动心。同时，主办方还充分利用Twitter（推特）、Facebook（脸书）、Flickr（雅虎旗下图片分享网站）等Web2.0网站，使活动的影响力不断延伸。通过这些热门的网络应用，全球更多的人可以看到应聘成功的本·索撒尔所拍摄的照片视频、发布的探索汇报，并和他进行互动和沟通，这无疑又进一步扩大了大堡礁在全世界的影响力。

整个推广活动，昆士兰旅游局仅花费170万澳元，但产生的公关价值却在1亿澳元左右。这项品牌传播活动也得到了全世界专业人士的好评，分别获得了2009年One Show全场大奖以及整合品牌传播类金铅笔、克里奥广告节"创新媒体类"金奖，在当年度的戛纳广告节上也赢取了公关类、直效营销和互动类三个全场大奖，以及旅行旅游休闲业、最佳利用网络、数字媒体和社会媒体四个分类别的金狮奖。"世界上最好的工作"品牌传播之所以能够成功，就在于看到了网络这种新媒体的力量，通过内容创新、沟通方式的创新去有效吸引消费者，让消费者主动投入时间与品牌进行互动联系，让其在获得良好品牌体验的同时，不知不觉地将品牌或产品的价值点植入心中。

（五）单纯网站的趣味传播

在web2.0的媒体环境，网站不仅仅是传播企业理性信息的媒介，更是品牌同消费者进行趣味沟通的重要舞台。具有悬念、趣味性以及互动设定的网站本身就可能成为吸引消费者关注的焦点，进而引导消费者认识并深入了解品牌。华为就做了这样简单、低调但相当成功的品牌传播尝试。

2009年4月，全国各大门户网站首页的醒目位置都出现了这样一支神秘的广告，既没有产品信息，也没有品牌信息，只是一组不断跳动的数字。在点击这支广告后页面会切换到一个名为"www.3gplanet.com"的网站，首页是来自全球各地的画面以及一组不断跳动增加的数字，还有"世界就在你身边"的广告语，人们只从"3gplanet"中大约联想到这可能是与3G有关的产品，其他则一概不知。与此同时，随着这支广告的出现，在各个网站的论坛上也展开了与之相关的讨论，网友们纷纷猜测：这究竟是哪家3G厂商的大手笔广告？广告所要宣传的诉求概念是什么？广告上所提到的"4月16日敬请期待"到时又能给大家一个怎样的惊喜？一时间大家众说纷纭，各式各样的帖子引发了网友们议论的热潮。

4月16日谜底揭晓，原来这次广告活动的发起者是3G终端厂商华为技术有限公司。之前广告上面的数字代表的是全世界范围内通过华为产品感触3G技术的人数。用户点击网页中的"中国3G体验行动"，3D的地球模型会自动调转到中国地区，数个带有头像的小标签赫然出现，点击每个标签，标签都会自动展开。点击灰色标签，用户可以看到体验者使用3G后的体会以及3G对他生活的改变。点击红色标签，用户可以在了解体验者各种心得体会的同时，还有机会看到他们体验3G的视频直播。

在这个颠覆性的、迷宫般的品牌传播创意中，华为通过趣味性的网站建设和悬念设置，将消费者的眼光牢牢拴住，借助新媒体环境创造性地将品牌形象深深刻进消费者心中。

（六）病毒短片传播

病毒短片传播源自病毒式网络营销，是指通过用户的口碑宣传网络，使依附于视频短片上的商品信息像病毒一样传播和扩散，利用快速复制的方式传向数以千计、数以万计的受众。要实现有效的病毒传播，在短片的创意、设计、拍摄以及发布上都要细细考量，做到针对有效人群，击中心理要害。因此病毒传播往往都以情感短片、幽默短片为主。

2008年获得龙玺广告全场大奖的台湾奇摩搜索"搜寻旧情人"系列广告

短片就是这样一个案例。该系列短片一共十集，分别为《520公交车》、《旧爱还是最美》《假嘻哈真感情》《女警是对的》《是谁在穿高跟鞋》《过去还是过不去》《时间还停留在曾经》《问世间情为何物》《在世界中心呼喊爱情》，以及大结局合辑。十集广告短片讲述了九位主人公难忘旧爱、迷恋旧爱的感人故事，每个短片最后都配以"想找旧情人，请上雅虎奇摩搜索"的广告语，将一个理性的搜索引擎同每个人内心深处隐藏的感情之殇结合起来，让人顿觉惆怅入怀，内心起伏不已。

台湾KYMCO机车Racing在2009年也推出了颇受目标消费者喜爱的《弯道情人》广告短片。Racing是一款面向20岁以下年轻人群的摩托车，在前期调研中，创意团队发现这个年龄段的年轻人大多非常喜欢自己的摩托车，甚至在网络上称摩托车为自己的小老婆，同时他们又大多喜欢上网，看偶像剧。因此，品牌团队就创作了这样一部集偶像、爱情、冒险、时尚于一体的广告短片。一个男生同女朋友争吵，后者将包丢下桥，被汽车带走。男朋友迅速骑上摩托车，追赶汽车并最终将包取回。在广告短片中，男友对女友的感情，以及男友在骑摩托车过程中穿越障碍、蛇形骑行、急速转弯等各种高难度动作都令目标消费人群大呼过瘾，同时也将摩托车的各项优良性能展示无疑。短片在网站发布后，引来了网络上的一片追捧，有人主动将视频传至YouTube网站，一个月内访问量达到111 724次，在谷歌输入《弯道情人》有292 000个查询结果，在雅虎有1 042个博客讨论该短片，KYMCO官方网站创下最多141 353次浏览记录。话题的火爆甚至引起台湾通信管理部门的注意，裁定该短片有驾车危险行为，要求该片只能在晚间9点到早晨6点播出。短片还被动脑杂志、联合时报、雅虎、中国时报等媒体作为专题介绍，获得了额外的媒体效应。紧接着，创意团队又推出了《弯道情人》感谢篇，感谢片中"摔不坏的包包"、"同级车最大马力14匹"、"三段可调后双避震"、"双活塞前后碟刹"以及"同级车最大37度过弯倾角"，并特别感谢片中出现的"9只小猪"和各位网友，感谢篇将趣味性、幽默感同摩托车性能很好地融合在一起，让摩托车品牌独特的USP进一步展现和强化。《弯道情人》短片也取得了显著的实效，KYMCO摩托车上市三个月，销售8 904台，并使KYMCO成为台湾摩托车销售第一名的品牌。

（七）社会关系网络（SNS）传播

社会关系网络英文为social network site（SNS），简单来说是指根据社会学中的六度分割原理，以认识朋友的朋友为基础，无限拓展人脉关系的交际和交流网站。国内较早出现的SNS网站包括开心网、人人网（校内网）等，国外著名SNS网站则包括Fexion、Facebook等。

2009年麦当劳联合人人网展开了一场与目标群体进行深度情感沟通的SNS品牌传播大战。每年6—8月，是麦当劳最为重要的暑期营销阶段。面对如此长的时间跨度，"见面吧"活动的开展时间被设计成不同阶段，各阶段的目标各有侧重而又紧密相连。在品牌传播互动环节上，充分发挥人人网的真实人际网络关系的优势，让每一个活动参与者积极主动去带动和影响周围好友，使每一个用户成为传播源，扩大影响范围。

其具体传播过程为：首先，号召用户修改状态，支持真实见面。6月10日到6月23日是活动的预热期。在这一阶段，鼓励用户改变他们在人人网的在线状态，支持真见面。为了给予足够的物质刺激，麦当劳决定当有10万用户更改状态时，就将在全国范围内推出一周限时全场半价的促销，以吸引更多年轻人走进麦当劳店内消费。这种公益唤醒的方式大大出乎预期。在预热期开始的第一个星期内，就有超过12万的用户通过人人微博客"见面吧"修改了签名状态，年轻人半价活动在高昂的参与热情下成功开展。其中74%的用户在他们的状态中自发地提到了麦当劳或"见面吧"。其次，让用户与用户制造101个"见面吧"的理由。鼓励用户见面，并写下真挚感人的见面理由、评选美好友谊故事、分享甜蜜爱情故事等，向好朋友发出"见面吧"的邀请！一系列见面的理由，迎合了年轻人们重视友情、喜欢与朋友分享的心理特点，深受用户欢迎！将近60万封见面邀请被发送，近400万个网友登录了活动主页，产生了超过700万的活动主页的浏览量，提交了总共120万个见面理由，更有超过7万个甜言蜜语被发送，让更多的年轻人分享到友谊的甜蜜。最后，使用足够的物质刺激，激发了用户参与热情。用户参加线上活动，不仅向好友表达了见面的愿望，而且也有机会得到麦当劳提供的种种"见面礼物"。当人人网有10万用户修改状态支持真实见面时，麦当劳宣布在全国范围内开展一周限时全场半价的年轻人促销。同时，只要参加活动，自愿填写手机号码就可获得电子优惠券。活动最终有超过8万人留下了手机号。此外，手机版人人网也有优惠券文字链可供点击下载到手机，这样的方式更是抓住了"移动中的人人网用户"，让"在路上的人"随时受到激励而直接进入门店消费。活动中共计超过12万的手机电子优惠券和普通优惠券被下载，大幅增长了麦当劳的门店销售。这次活动创造品牌与销售的双赢神话，根据尼尔森的跟踪调研，"见面吧"共计吸引人人网2 144万名用户关注或参与了此次活动，有超过50%的活动参与者到麦当劳进行了消费，直接参与活动的用户对麦当劳品牌好感度提升了30%，超过了麦当劳包括"我就喜欢中国赢"在内的之前所有的活动。

第三节　传播设计案例

　　案例分析可以帮助我们了解媒体传播设计的过程、环节和考虑要素，并思考不同媒介条件下，媒体传播从概念到点子，再到具体设计表现的完整逻辑和具体细节。以下选取了近年来在传播设计方面的几个典型案例，其中多数为国内外各大广告节、创意节获奖作品，或已经落地实施，并获得了较大的实效。

一、北京三里屯史前恐龙展媒体创新传播

　　北京三里屯village是由香港太古地产投资打造的一个开放式购物区，现在它已经成为北京的潮流地标，潮牌、潮店、潮人汇集于此，成为名副其实的时尚朝圣地。2011年，受中国文化部、辽宁古生物博物馆的委托，代理公司要在十一黄金周期间在三里屯举办一场史前恐龙展。

　　如何将三里屯转型成博物馆，把史前恐龙化石与前卫时尚风这看似风马牛不相及的两个元素组合起来，同时保持三里屯一贯的酷感及形象，还要在人流销售大战中取得胜利，是这次活动的最大难题。

　　麦肯光明广告公司的创意人员选择将恐龙带到2011年的时尚前沿（图2.1）。于是，化古老为潮物，潮玩史前大恐龙成为这次活动的出发点。他们制作了一款名为let's play XXL的手机APP，消费者下载这款"时尚恐龙"的程序，并对准遍布三里屯的巨幅户外广告，不同种类的恐龙就会破墙而出，现

图2.1　三里屯太古里"潮玩大尺度"

身手机屏幕，效果十分逼真震撼。消费者还可以在应用程序中将恐龙的皮肤根据自己选择的图样进行个性化设计。每个人都可以有自己独特而时尚的恐龙，同时，他们还可以在社交网络上与自己的朋友分享。

为了增加活动的可玩度和吸引力，活动还设置了现场搜寻游戏环节：在三里屯设法找到六张海报，搜寻6只时尚恐龙，将获得一款限量版的超大号包包作为奖励。一时间，潮玩恐龙成了人们热议的话题。短短三周内，创造出价值约500万元人民币的在线媒体新闻。三里屯客流量增加了40%，而消费者的参与度更是激增了670%。限量版的超大恐龙包包更是在社会化媒体成为一种时尚，为了满足需求，甚至重印了五次。

互动参与是这次活动的关键词，贯穿全程的互动有三个层次：消费者与虚拟时尚恐龙的人机互动，消费者利用社交网络的人人互动，消费者在三里屯现场搜寻6只时尚恐龙的游戏互动。尽管预算有限，但传播效果辐射深远：从现场辐射扩散，利用场内定点海报、AR技术、赠品换领，让消费者体验三里屯的南北两区，再经由他们社交网络分享，成为品牌营销传播大使。

二、喜茶产品创新与整合营销

关于定位，喜茶的官方表述是：以白领阶层、年轻势力为主流消费群体，致力于打造全新的饮品形态，将传统奶茶与健康茶文化融合于一体。对于大多数年轻人来说，茶是父母那一代人的饮品，再加上茶本身口感有些苦涩，茶道又给人一种复杂的印象，和现在年轻人崇尚时尚，热爱生活的方式相反，"喜茶"虽然也有一个"茶"字，但从定位中我们也不难看出喜茶是将奶茶和传统茶文化融合在了一起，从年轻人喜欢的奶茶入手，进而转变茶在人们心中的形象。

喜茶在网络上的爆红也要归功于它的一个发明——芝士奶盖茶。阿里山的金凤茶、从北印度发掘的红玉茶王，加上使用澳大利亚进口块状芝士等等这一系列高大上的词组戳中了现代年轻人追求高品质、新鲜感的心理。在原创芝士茶的基础上，喜茶还引入了"更健康"的概念，研发出低脂芝士茶系列，"低脂"两个字可以说一下子就击中了年轻女性的内心，为那些喜欢喝奶茶又担心发胖的消费者提供了一个新的选择。

作为芝士现泡茶的原创者，喜茶的产品拥有独特的口味和超高的颜值。为拍照而设计的喜茶茶杯，更加细高，不仅单独摆放拍照符合当今的审美品位，手握拍照更容易让女性用户双手变得漂亮。透明的茶杯可以直接看到饮品层次感和品质感，茶杯盖上的心形杯塞，更是可爱又温暖。这些符合当下年轻人审美的细节和包装设计，使得喜茶不像是一杯奶茶，更像是能工巧匠打造的艺术品。所以从产品上来说，喜茶从一开始就在制造这种高端感和惊喜感，吸引消费者产生购买欲。于是，有人总结，一杯喜茶的正确打开方式：①排队数小时买茶，②买完单拍照，③照片上传社交平台，④品尝。喜茶确实让许多年轻消费者手捧茶杯，心甘情愿地拍照发朋友圈，这种自发传播的口碑效应，远比花重金做广告来得更有效果。

此外，与喜茶面向高端市场、作为社交货币满足消费者的社交需求不同，喜茶还推出了子品牌喜小茶，喜小茶主打"鲜奶+料足"的高性价比，满足大众市场以及多数消费者追求实惠的心理，开拓了下沉市场。

在品牌个性方面，喜茶的售价区间为25~40元，高于普通奶茶，但略低于星巴克，属于一种大多数年轻人消费得起的"奢侈与时尚"。这一定价策略，既区隔了普通大众，又独立于高端经典饮品，给年轻中产划分了饮品界的一个时尚阶层。喜茶一直想让喝茶这件事有更多的可能性，并且坚持原创，支持艺术创造，让喝茶真正成为一种生活方式。因此在品牌体系化打造上，喜茶已逐渐向生活方式类品牌靠拢。

在店面设计上，喜茶完全符合时尚定位，虽然布局风格类似星巴克，但各方面设计，都比星巴克更适合上镜拍照，这种高颜值室内装修也引发了目标人群大量的自发传播，黑金店、PINK 店、LAB 概念店等的推出更是给消费者带来前所未有的新鲜感。

在品牌形象的设计上，喜茶也推出了自己独特的IP形象——简笔画小人，虽然简单，但很有记忆点，让消费者看到这些用黑色线条勾勒的小人就能联想到喜茶。此外，喜茶还和多位独立插画师合作，通过绘画语言表达喝茶的乐趣，创作出了一系列符合喜茶品牌理念的系列原创插画（图2.2）。

图2.2　喜茶产品系列海报

在跨界营销方面，喜茶是较早开展跨界合作的品牌，与它合作的品牌一定是当下流行，而且年轻人喜欢的。比如，喜茶和OCT-LOFT国际爵士音乐节的合作，这种小众音乐节吸引了很多独具个性的年轻人；另外，在喜茶和W酒店的跨界合作中，推出了一系列联合设计的产品，如手袋、行李牌、礼盒、调酒器。喜茶的周边产品大多带有强烈的品牌标记和美学风格，不仅可以帮助喜茶与消费者加强情感联系，还能深度占领消费者心智。

三、六神"爱上夏天"广告微电影传播

六神是国内知名日化品牌，伴随中国消费者20多年，但由于品类所限，再加上目标人群的成长造成了品牌的老化，另外，六神花露水每年都会遭遇因恶意攻击或媒体误导而带来的负面影响，品牌的领导地位由此受到一定影响。

六神媒体广告的目标是使品牌年轻化，让更多年轻消费者喜爱六神。其广告策略则延续六神"夏日里的一抹清凉和舒适"这一品牌形象，将广告主题升华为"爱上夏天"，使消费者由爱上夏天过渡为爱上六神，建立夏天与六神不可分割的联系，进而提升品牌的偏好度。此次广告传播活动主要面向年轻人，因此，在媒体选择上，以社交媒体为核心，同时兼顾传统媒体。

广告表现形式以一支动画微电影为主。在微电影中，将花露水的历史、六神品牌的信息、消费者的集体回忆、当时的网络热点、年轻消费者热衷的语言和词汇等，配以生动趣味的动画、有质感的配音和恰到好处的文案，整体调性欢快、轻松。

在媒介策略及执行上，以新浪微博为中心媒介，辐射视频分享平台、热门社区和奇趣集合媒体。在2012年6月底开始刊播动画微电影《花露水的前世今生》，前三天上传至优酷等主流视频网站，并以少量的新浪微博热门机构账号转发，三天后即产生了爆发式的传播，大量的社会名人，知名微博、网络社区、人人网的用户等进行了转发，并在第一周获得了电视媒体等的关注，第二周陆续有平面媒体和网络媒体进行自发性的专题报道，这些媒体的关注进一步推升了传播效果，整个传播的高峰期一直延续至9月中旬。

动画微电影的传播效果惊人，《花露水的前世今生》点击率超过2000万次，互动转载超过40万次。在消费者对视频的评论中，几乎全部是正面评价，在参与评论的消费者中，超过95％的人反映，通过该作品加深了其对六神这一品牌的好感。

第三方独立机构易观网的数据显示，《花露水的前世今生》从发布日开始连续12周排名微电影传播效果第一名，并且遥遥领先其他品牌的微电影。此外，该微电影还入选了2012年十大互动视频案例（广告门）、2012年优酷年度创意视频（唯一商业微电影）、中国广告长城奖文案优秀奖。

四、雕牌新家观线上线下融合品牌传播

2016年3月8日，全国8城地铁共驶出38列"新家观号"专列——北京、上海、广州、深圳、杭州、武汉、沈阳、苏州的地铁上齐齐被"雕牌新家观"体的插画装扮一新。80张年轻、走心、张扬个性的新家庭观点海报将整列地铁装点得妙趣横生，个性独特的插画风格瞬间抓住乘客的眼球。通过地铁

插画可扫码更可看到全套80个新家观，同时也直接可跳转电商渠道实现销售（图2.3）。

图2.3　雕牌新家观1.0

作为国内最老牌，知名度最高的日化品牌之一，雕牌因"妈妈，我能帮你干活了"等形象广告，一直给人深深的情感印记。随着时代变迁，当下年轻族群的传播语境已然发生改变。以80、90后为主的新一代家庭需要全新的情感共鸣，那么问题来了，雕牌该如何继续走心，与新一代消费者建立共鸣，刷新品牌形象？

以80、90为主组建的新一代家庭，基本以独生子女为主体，很多陈旧的家庭观念对他们已然不再适用，更平等、更直接对话、更互爱的新家庭观念是新一代的特点。深刻洞察到这点的雕牌，展开了这场全新、走心的"雕牌新家观"品牌刷新营销活动。

3月8日，打开上海《新民晚报》，充斥每一版的"雕牌新家观"，将话题再度升温。几十个报花加全版的篇幅实现了整份报纸的全覆盖，人们随处可见张扬个性的新一代家庭观点，新颖的刊登方式、新锐的内容，形成了强烈的反响与话题，成为朋友圈热门刷屏事件。两个热点事件先后引爆，形成传播双核，传播声音的层层叠加。

雕牌地铁及报纸事件，被李小鹏、李安琪、陆毅、鲍蕾等明星曝光，他们在微博上互动，将"雕牌新家观"在微博上引发全网热议，引发大批粉丝及KOL关注，"雕牌新家观"迅速登上微博热门话题榜。精选的"雕牌新家观"也以短视频形式在秒拍等视频网站上线，每条有趣的观点均用轻松的视频方式进行演绎，引发进一步话题扩散。

与此同时，一部《五千年家观简史》视频在各大视频网站上线，以幽默逗趣的方式梳理了中国五千年来家庭观念的变化。病毒式的视频内容，也为#雕牌新家观#引发网友的关注与吐槽、转发及分享。此外，在#雕牌新家观#微博热门话题专区，更多人纷纷卷入，越来越多的新家观内容被网友讨论与共创。

配合此次大手笔的投入，雕牌终端也以"三月女王节"主题活动在全国家乐福、大润发等销售终端及电商展开销售攻势。此次营销活动，能看到作为国内日化龙头纳爱斯的魄力，此次"雕牌新家观"传播对品牌升级塑造或带来全新市场反响及销售拉力。

2017年3月8日，雕牌新家观2.0版本——雕牌雕兄说上线（图2.4）。同年3月8日，一只集机智、幽默、自黑耍贱的雕兄横空出世，在"3.8女王节"大放异彩。这是雕牌继2016年新家观火爆后，在年轻化道路上的又一次主动出击。凭借其"暖萌贱"的性格，雕兄在整个女王节的营销战役中收获好评无数。据雕牌内部数据统计，3月8日整合传播启动期间，瞬间造成"现象级"的轰动效应，单一视频点击超5000万，微博话题页浏览量超4亿，微博快速涨粉超60万，微信20多万，成功晋升品牌金V。短短十天，自传播已经引发数十万人关注互动，成为新浪微博近年少有的突出案例，被新浪微博大力宣传。而其人工智能支持的微信公众号"雕牌雕兄说"上线以来，用户参与度呈波段式增长趋势，配合传播资源的引流，最高日访问量超过 20万，全天 24小时均有用户参与互动；聊天截图被越来越多人分享和二次传播。短短十天，自传播已经引发数十万人关注互动。

图2.4　雕牌新家观2.0

互动营销公司英扬传奇凭借"雕牌新家观2.0——雕牌雕兄说"品牌传播案例包揽了2017年金投赏奖的金银铜奖。

五、"全聚德·宫囍龙凤呈祥"北京首店

为了更好地传播历史文化、传承非物质文化遗产技艺，推动老字号企业的传承与发展，寻求共同创新与转型，中国全聚德（集团）股份有限公司北京全聚德王府井店与北京故宫文化传播有限公司联袂打造"全聚德·宫囍龙凤呈祥"北京首店主题餐厅。餐厅将餐饮、文化、科技、艺术相结合，享受美食美景、体验数字艺术、感受传统文化，打造美好生活的消费新场景。将厚重绵长的历史文化与时尚浪漫的现代艺术巧妙地结合在一起，营造一段美好时光的沉浸文化之旅（图2.5）。

图2.5　"全聚德·宫囍龙凤呈祥"北京首店

主题空间打造。全聚德王府井店，在餐饮空间植入宫囍龙凤呈祥主题文化IP，项目二层是以"宫囍玫瑰"为主题的爱情文化艺术餐厅。利用数字多媒体技术，打造万家灯火、时光隧道、玫瑰花园、幸福密码墙、薪火相传、诗情画意、御园盛景、美人倚栏八景空间设计，展现了全聚德和宫囍龙凤呈祥的品牌文化特色，营造出情缘得聚、时尚浪漫的用餐氛围。项目三层是以"盛世牡丹"为主题的多功能喜文化宴会厅。餐厅顶部以金属材质"喜字帘"为装饰，寓意着"喜从天降"，配合独家定制的"宫囍龙凤呈祥"主题婚礼设计，为新婚佳人打造沉浸式大婚体验，并进行全息影像展示，增强顾客体验

感和观赏性。

联名菜肴定制。菜品设计以"五味""五色""五季"为主线展开，在充分挖掘中华饮食文化经典的基础上，进行提取与创新；在制作手法与呈现上，用更年轻化、时尚化的表达方式，吸引年轻人的眼球与味蕾，巧妙地诠释"宫囍龙凤呈祥"的文化内涵。以"五行、四季、三圆、两极、一个家"为设计理念，推出的15款颜值与美味兼具的甜品和饮品。产品设计融入了故宫红墙雪景、麒麟造型、传统文化等元素，定制具有历史传承和文化内涵的联名菜品，让顾客充分感受到中国餐饮文化氛围，传递美好祝愿。

互动营销体验。在换装体验区，顾客可在换服梳妆完毕后，沉浸式体验区打卡拍照、用餐，与亲朋好友共同体验"穿越"之旅。幸福密码墙以盲盒形式进行特色菜品及文创产品的销售。另外，饭店还将推出全聚德·宫囍龙凤呈祥专属定制的文创伴手礼，让顾客通过近距离接触文化，亲身感受文化与精神，增强文化自信。

"全聚德·宫囍龙凤呈祥"北京首店创造性设计了店内八景，使饭店空间体验感更强，更贴近年轻人个性特点。

第一景是万家灯火。进入餐厅迎宾区，36盏玫瑰花造型吊灯映入眼帘，仿佛一朵朵流动的玫瑰音符自天而降，流光溢彩，梦幻热烈。看万家灯火，眸中繁华万千，口中至味清欢。其设计灵感源自故宫博物院藏《玫瑰花图扇页》，以此点亮"宫囍玫瑰"万家灯火万家情的主题。

第二景是时光隧道。穿过半弧形交叠的"序廊"，开启一场"时光之旅"，"回"字形的动线设计中，隐藏着12个历史上与故宫及全聚德相关的时间节点，客人识别二维码后即可在手机上了解背后的故事。

第三景是玫瑰花园。玫瑰花园是就餐区，坐落在餐厅的中央核心区域。在这片绚丽的花园里，四组灵动的玫瑰花束罩灯盛情绽放，花园中四根立柱上缠绕着红丝线，象征"千里姻缘一线牵"，即牵来贵客相聚在此的缘。玫瑰花园的护墙上，融入宫殿建筑中三交六椀槅心花纹装饰，也是宫囍龙凤呈祥项目的一个象征符号。四周垂檐的形状，既取了故宫建筑屋脊的轮廓，又是全聚德"全"字的剪影。

第四景是幸福密码墙。这是餐厅为客人准备的一份特殊礼物。设计源自故宫博物院藏"玉堂富贵栽绒壁毯"，画面包含玉兰、海棠、牡丹、灵芝、山石等的图案，有"富贵长寿""好运吉祥"的寓意。设计将传统艺术画作解构重组，既有古意，又见时代风貌。幸福密码墙由136个箱格组成，内部按"四季"分为四个区域，寓意为四季相伴、事事顺意。客人可以通过扫码开启盲盒，获得礼物。

第五景是薪火相传。此处为全聚德非遗烤鸭技艺展示区。通过实景加数字全息技术结合的方式，将现代科技手段与传统烤鸭技艺结合，还原1864年（清同治年间）全聚德师傅制作烤鸭的过程。观众仿佛置身于百余年前的全聚德烤炉前，体验中国传统美食技艺的博大精深。旁边区域为现场片鸭展示，形成虚拟与现实、古与今的对照。

第六景是诗情画意。此处为餐厅卡座区，设置了爱情主题诗词的展示墙，光影投射间，在卡座区墙面上，金色沙粒慢慢变幻成一首首经典爱情诗句，如星星点点般的光，照亮心间。

第七景为御园盛景。此处为"听雨""莳花""寻幽"等雅间，餐厅雅间名称取自中国十大雅事，进入雅间静谧的光亮给顾客带来轻松舒适的就餐环境。在用餐的同时，可以通过装饰花窗观赏故宫的园林美景。在包房"莳花"中，设有茶席，可在此品茗、赏景。四时之景不同，移步换景，而乐亦无穷也。

第八景为美人倚栏。此区域为换装拍照体验和文创展示区。选取故宫藏图《十二美人图》和《十二月行乐图》中"消夏赏蝶"和"腊月赏雪"两个场景，供客人换装留影。在许愿树的见证下，贵宾在这里许下美好心愿，每一段人生故事的发生与延续，恋爱、求婚、庆生等每一个重要的时刻，都在这里留下美好的记忆。在文创区中央的巨幅画面中，层层祥云与巍峨的故宫建筑交相掩映，瑞鹤、吉鹿云间起舞，呈现一派祥瑞和气之景。

六、百雀羚"一九三一"广告长图文

2017年，百雀羚与微博大号"局部气候"合作，发布了一部以"一九三一"为名的广告（图2.6）。一位女地下党，接受组织的任务，杀死了目标对象——"时间"，最终点出广告的主题"百雀羚，始于1931年，陪你与时间作对"。

该广告赶在母亲节前发布，是为了推广百雀羚母亲节特别定制款美妆产品"月光宝盒"。顾名思义，这似乎是一款能让人"回到过去"的美妆产品。其所选择发布的时机、目标消费者也不言而喻了。与"局部气候"以往的风

图2.6 百雀羚"一九三一"广告长图文

格相同，广告以"一镜到底."的长图为载体，展现1930年代的上海世俗画面，同时夹杂一些小知识。

广告所推销的不仅是母亲节特别定制款"月光宝盒"，也在兜售一个令人印象深刻的品牌形象。这实际上有赖于它所营造的可供反复消费的怀旧叙事，这种氛围令我们时代的历史怀想、城市魅惑、性别镜像以及无休无止的欲望得到长久的撩拨与抚摩。

广告团队创造了一种"博物学"兼"极简史"的营销策略，这有别于段子手广告人那类脑洞清奇、以无厘头图文出奇制胜的策略。长图广告，犹如一枚彩蛋意外地摊开在眼前，不断向前铺展，它迎合着城市白领读者对于趣味知识的好奇，又完全适应手机时代轻松愉悦的阅读传播方式。可是，广告的走红，并非全在形式上的新颖，它的一镜到底博得喝彩毕竟是借助了老上海怀旧的灵韵。这股潮流自20世纪90年代至今长盛不衰，如今又借广告之壳高调还魂，病毒一般在都市年轻人的私人社交网络之中蔓延开来。

广告的成功，首先来自对老上海怀旧脉络集大成式的创意呈现。百雀羚创立于1931年，故事便以初创的时间点来命名。身着绿色旗袍的摩登女郎阿玲——一位神秘、优雅的女特工，是此绿色系化妆品牌的人形化身。她清晨梳妆完毕，走出石库门洋楼，问候弄堂街坊，行经商铺，与贩夫走卒擦肩而过。20世纪30年代上海的全景风俗画，如同"清明上河图"一般徐徐展开。借着执行暗杀的悬念，这位谜样的城市漫游者——高挑而性感的摩登女郎，在线性的叙事时间里完成了一日的空间游移：海派西餐厅、四大百货公司、照相馆、电影院（上映的《渔光曲》）。女郎的视线如同导游一般指引着游客——产品潜在的顾客，又将民国社会的知识科普牵引而出，比如工资之别、食品物价，以及"一夫一妻"婚姻法的制定情节。总之，借都市漫游者的空间记忆术，广告将"老上海"的摩登事物与细枝末节一一展现。

广告利用消费者的怀旧心理和区别于欧美品牌的别具一格的品牌特色，唤醒他们过往存于大脑深处的记忆，从而促成消费者购买蕴含了怀旧元素的创新型现代改造产品。"一镜到底"长图片适应了手机屏幕，符合手机受众向下滑动的阅读习惯，同时让叙述的故事情节有连续性，通过不断设置悬念吸引读者往下拉，以紧跟故事的发展。这种故事叙述的方式，有别于强制性观看广告。故事情节衔接自然得当，而结果的巨大反差，让受众更加印象深刻。主打怀旧营销，唤起消费者内心的怀旧心理，有利于培养品牌忠诚度，从而激发购买欲望。软广的植入，富有创意，好玩有趣之余，还极易转发传播。就其阅读量和转发量而言，无疑是成功的。广告长图文在微信平台上的总阅读量达到3 000万次以上，加上微博、客户端、网页等平台的关注度，曝光量在1亿以上。但就转化率而言，据统计本次广告营销转化率仅有0.000 08，这说明在老字号传播设计过程中，注重品效合一仍是需要不断争取的目标。

七、青岛啤酒夜猫子项目社会化整合营销

阿里文娱《95后夜猫子报告》指出，以"95后"为代表的年轻人夜间活动集中在22：00—02：00，熬夜已成为年轻人的日常生活。2019年"双11"之际，一向深谙年轻群体喜好的青岛啤酒，在之前推出"深夜食堂"（图2.7）传播活动的基础上，为熬夜一族推出了"夜猫子啤酒"升级版活动。

图2.7　青岛啤酒"深夜食堂"（2017年）

　　传播上，不仅以"夜猫子奇幻夜"创意TVC吸睛推广"夜猫子啤酒"，进一步提升了品牌影响力并逐步占据深夜啤酒市场，更邀请实力歌手华晨宇担任首席"夜猫子"，建立起"深夜—青岛啤酒"的固有联想，引爆话题，多重覆盖年轻群体。此外，还打造了夜猫子博物馆快闪活动，覆盖线上线下多个消费者兴趣圈层，整合多渠道资源曝光，引爆"双11"声量及销量。

　　青岛啤酒携手时尚品牌KARL LAGERFELD推出"夜猫子"MUSE系列（图2.8），全新升级"夜猫子啤酒"活动，打造时尚潮流周边，并线下开设"夜猫子潮晚店"，用多种沉浸式新玩法刺激夜猫子的生活迸发新的激情与创思。在潮晚店内，青岛啤酒设置了多项趣味游戏，标志性巨型"夜猫子"是前来打卡的年轻人们最好的合影对象。还推出人气超高的灵感盲盒机，消费者能通过盲盒机抽取青岛啤酒×KARL LAGERFELD跨界合作的"夜猫子"MUSE系列产品，产品除了华晨宇和perper的隐藏款"花花盘"，还有6款"夜猫子"MUSE盘和1款"夜猫子"MUSE小啤包，这些都是最新时尚单品，受到潮流人士的热烈追捧。

图2.8　青岛啤酒"夜猫子"MUSE系列（2018—2019年）

　　潮晚店现场还配有特调酒饮。使用扭蛋点单机能随机收获一杯特调鸡尾酒，每一次消费的背后都是未知的精彩。同时，青岛啤酒还邀请了米其林大厨，针对青啤口感特别研发了精致美食，让现场每位夜猫子都能享受全新美味，感受灵感碰撞。

　　青岛啤酒致力于给年轻人带来最新鲜最潮流的消费体验，开设"夜猫子潮晚店"线下体验店，开启线上小程序、与潮流App得物合作，基于线上+线下联动，与当代年轻夜猫子产生更深的共鸣，让他们都享受到开启灵感、相遇缪斯的新奇体验。

第三章

老字号企业传播设计需求

我国老字号企业众多，传播设计需求巨大。为了更好地阐述老字号企业传播设计创新的理念和方法，我们以中华老字号企业宏济堂为对象，通过课题实践的方式，基于其品牌形象传播设计的需求进行针对性的创作。

第一节　宏济堂品牌发展历史

宏济堂创始于1907年，具有110多年的历史，在传承精华、守正创新的基础上，高起点建立了现代化的中医药健康城，完成了由传统制造型向科技先导型的跃升，在多个方面形成了核心竞争力。宏济堂是山东省百年中药制药实体企业，山东省百年品牌重点培育企业，其产品涵盖医疗产品、OTC产品、配方颗粒、饮片、阿胶、保健品等系列。"宏济堂中医药文化"为山东省非物质文化遗产，宏济堂阿胶曾获山东首届物产博览会"最优等"金牌、巴拿马国际博览会"优等"金牌。宏济堂是我国首批中华老字号、中华民族医药百强品牌，国家高新技术企业，其"人工麝香研制及其产业化"项目获得2015年度国家科技进步奖一等奖，代表了中药创新的最高水平。2017年，宏济堂获评亚洲品牌500强，品牌价值160亿元。

一、宏济堂的发展历史

宏济堂的历史发展可分为四个时期，分别是：宏济堂创始发展期（1907—1949年），宏济堂中药厂期（1949—1968年），现代技术发展期（1968—1999年），品牌企业重塑期（1999年至今）。

（一）宏济堂创始发展期（1907—1949年）

此段时间宏济堂的主要事件包括：1907年，北京同仁堂乐家后人乐镜宇在济南创办宏济堂；1909年，乐镜宇在东流水街54号开办宏济阿胶厂；1911年，在舜皇庙街建立宏济堂栈房；1914年，宏济堂阿胶获山东省物产博览会最优等金牌；1915年，宏济堂阿胶获巴拿马国际博览会优等金牌。1920年，在经二路纬五路建立宏济堂第一分店（西号）；1935年，在经二路纬一路建立第二分店（中号）。

此时期的宏济堂为传统的中药店，延续着同仁堂的业务内容。1923年，乐镜宇撰《宏济堂药目》，全面记载了宏济堂早年经营的药品目录及宏济堂成立经过。书中收录宏济堂自制膏、丹、丸、散、露、锭、酒等五百六十余种。以病证为纲，分风疾、伤寒、瘟疫、暑湿、燥火、补益、脾胃、泻痢、眼目、妇科等十三门，每门下列药品，药下列主治病症、服法等内容。

（二）宏济堂中药厂期（1949—1968年）

此段时间宏济堂的主要事件包括：1955年，宏济堂公私合营，称"公私合营宏济堂药厂"；1957年，原属宏济堂药厂的三个药店移交济南市药材公司，厂店分离；1960年，公私合营宏济堂药厂与永昌药厂、艮一堂药厂、济南阿胶厂合并为济南公私合营宏济制药厂；1966年，更名为济南人民制药厂；1968年，济南人民制药厂阿胶生产所用物资移交至东阿县药材公司和平阴县药材公司。

宏济堂阿胶生产物资的拆分对我国现代阿胶产业发展产生了巨大的影响，正是1968年宏济堂阿胶业务的拆分，才造就了我国阿胶行业三大品牌宏济堂阿胶、东阿阿胶、福牌阿胶的分立，其中宏济堂阿胶来自拆分之后的济南人民制药厂，东阿阿胶来自原东阿县药材公司，福牌阿胶来自原平阴县药材公司。

（三）现代技术发展期（1968—1999年）

此时期的主要事件包括：1975年，开始研制人工合成麝香酮；1980年，更名为山东济南中药厂；1981年，人工合成麝香酮获山东省卫生厅科技成果一等奖；1990年，人工合成麝香酮通过国家一类新药评审；1991年，被评为山东省高新技术企业；1994年，人工合成麝香酮开始试生产；1995年，被国内贸易部评为中华老字号；1999年，更名为济南宏济堂制药有限责任公司，恢复"宏济堂"名号。

此时期的宏济堂技术上突飞猛进，进入企业现代技术积累最为丰富的时期，企业发展也进入新时期，尤其是人工合成麝香酮技术的发明，为宏济堂后续的跨越式发展奠定了良好基础，并推动了宏济堂品牌的重新塑造。

（四）品牌企业重塑期（1999年至今）

此时期的主要事件包括：1999年宏济堂恢复名号，并于2002年加入力诺集团，成为力诺集团旗下企业；2005年，"宏济堂"商标获"山东省著名商标"，通过ISO 9001、ISO 14001、GB/T 28001三项体系认证；2006年，被商务部评为首批中华老字号。"宏济堂"获认定"中国驰名商标"；公司技术中心被省经贸委认定为山东省技术中心；2007年，宏济堂隆重举行成立100周年庆典仪式；2009年，通过新原料药蒙脱石GMP认证。2011年，宏济堂中医药文化产业园奠基，宏济堂入围中药工业企业50强；2012年，更名为山东宏济堂制药集团有限公司；2016年，"人工麝香研制及其产业化"项目荣获国家科技进步一等奖；2017年，获评亚洲品牌500强，品牌价值160亿元，入选CCTV国家品牌计划；2018年，列入山东百年品牌重点培育企业；2019年，入围中华民族医药百强品牌企业榜单50强。

此时期的宏济堂，品牌建设成为首要目标。2016年6月16日，山东品牌建设大会提出："要把青啤、张裕、宏济堂等企业和产品的经验总结好、交流好，让全省人人了解，户户知晓。"2017年2月6日，山东省十二届人大六次会议《政府工作报告》提出："企业、政府、社会各个方面一起努力，把青岛啤酒、宏济堂、德州扒鸡、周村烧饼等老字号的牌匾擦得锃亮，把品牌叫得更响，把产品卖得更好，花更大力气支持品牌在海内外闯出更大天地。"

二、宏济堂的品牌形象

（一）宏济堂品牌文化理念

宏济堂的百年理念为"宏德广布，济世养生"。此理念与同仁堂"同修仁德，济世养生"有相似之处。民国十二年（1923年），《宏济堂药目·镜宇自序》载："几经筹措，如数缴还官帑，承受管业，更定商号，为宏济堂，取'宏业济民'之意。""宏济"即"宏业济民"之意。公司现在将其释义为"宏德广布，济世养生"。

宏济堂的百年业训为"修合无人见，存心有天知"。此业训与同仁堂相同。"修合"一词最早出自北宋《太平圣惠方》，即"是以医者必须殷勤注意，再四留心，不得委以他人，令其修合"。这里的"修"相当于现在的前处理环节，"合"相当于现在的制剂过程。"修合无人见，存心有天知"的字面意思是在没有监管、他人不知情的情况下，中成药的炮制依然要凭良心，自觉做到药材地道，斤两足称，制作遵法。它体现的是一种高度的道德自律和谨严的行为准则。

宏济堂的百年堂训为"炮制虽繁必不敢省人工，品味虽贵必不敢减物力"。此堂训亦传承自同仁堂，最早出自清朝康熙四十五年（1706年）乐凤鸣编著的《乐氏世代祖传丸散膏丹下料配方》序言："遵肘后、辨地产，炮制虽繁必不敢省人工，品味虽贵必不敢减物力。"炮制是中药的必要程序，目的是提高药效、降低药物的毒副作用与方便存储。古时候主要用火来炮制称"炮炙"，后来增加了用酒、醋、盐、蜜等方法炮制，"炮炙"渐变为"炮制"。

"两个必不敢"的本意是无论制作过程多么烦琐，工艺多么复杂，为确保疗效显著，不敢有半点松弛而节省步骤；无论中药配方的成本多么高昂，药材多么稀缺，为出珍品，不敢有半点吝啬而省物料。"两绝不能"是旨在保持足够功效的含义，无论多么复杂的处理和程序，我们绝不能懈怠，节省步骤；无论药用材料多么昂贵和稀有，我们绝不能对药用材料偷工减料。"两个必不敢"体现的是以诚信精神为基础的质量观。"两绝不能"代表的是建立在品质基础上的诚信价值。

药材选购、用人分别有"五不要"和"五不登堂"之说。药材选购"五不要"是指：不是一等货不要，陈货不要，有杂质的不要，非药用部分不要，产地不是最佳的不要。用人"五不要"是指：不孝敬父母者不要，不忠实朋友者不要，对人无礼者不要，不讲信誉者不要，不讲仁义者不要。用人"五不登堂"是指：贪财者不登堂，贪名者不登堂，术庸者不登堂，懒学者不登堂，轻穷者不登堂。

（二）宏济堂品牌标识形象

宏济堂品牌标识从1907年至今先后经历过十个不同的版本，其主体图形有乐字、宝鼎、三喜、鲁字、宏济堂书法字、宏济堂英文、乐镜宇头像等。

1907—1918年，宏济堂沿用了同仁堂的说明书和商标，其中的商标即"螭虎灵芝乐字"商标（图3.1a）。标识由"螭虎"、"灵芝"和"乐字"三个元素组成，"螭虎"在中华民族的古老文化中代表神武、力量、权势、王者风范，同仁堂使用"螭虎"，跟其长期服务于清王朝皇家有关；"灵芝"是中药中的典型药材；而"乐字"代表了宏济堂的创始人乐家。

1957年，宏济堂所辖"公私合营宏济阿胶厂"与"济南天一堂阿胶厂"合并为"公私合营济南阿胶厂"，使用"宝鼎"注册商标（图3.1b），鼎上有"东岳泰山"铭文。"鼎"在中国文化中象征尊重、盛大，也代表庄重的承诺，"东岳泰山"既表明宏济堂立足山东，又代表其对病人健康的承诺重于泰山。

1960年，公私合营艮一堂制药厂（后合并到宏济堂）使用"三喜"注册商标（图3.1c），商标中有地球经纬线，显示了当时对中药企业的国际影响期待。1966年，宏济堂改名为"济南人民制药厂"，使用"鲁"字商标（图3.1d），"鲁"字周围缀以人参等中药材，体现浓厚的中医药企业特征。1990年使用过的注册商标有浓郁的现代企业特点，几乎看不出中药文化的传承（图3.1e）。这与当时成为高新技术企业，注重现代医药技术研发的企业发展理念有很大的关系。

1999年，企业更名为"济南宏济堂制药有限责任公司"后，恢复了"宏济堂"名号。新标识沿用了宏济堂创立时商标中的"螭虎"形象，去掉了中药材形象，同时组合了书法体竖排"宏济堂"文字与宏济堂英文"HONGJITANG"以及创始年份"1907"（图3.1f）。新标识注重了宏济堂的历史传承，并结合了国际化特色，体现了现代中医药企业的鲜明品牌定位。该标识目前也在宏济堂阿胶产品（OTC）中使用。

2002年，宏济堂使用"神方"牌注册商标（图3.1g），主要用在药品上，后逐渐统一为宏济堂1907标识。2008年，宏济堂"螭虎""1907"组合标识

（图3.1f）在68个国家和地区注册，成为宏济堂通用国际商标。2009年，宏济堂注册乐镜宇头像商标（图3.1h），并主要使用在医疗药品上，2015年，企业注册获批宏济堂1907组合标识（图3.1i），该标识选取了企业名称和创始年份两个核心要素进行组合，简单明了，易认易记。2017年，企业注册了宏济堂1907组合标识的改进版（图3.1j），即增加红色垂花花蕊图案背景，调整字体为白色，该标识为目前企业各类产品中使用的统一标识。

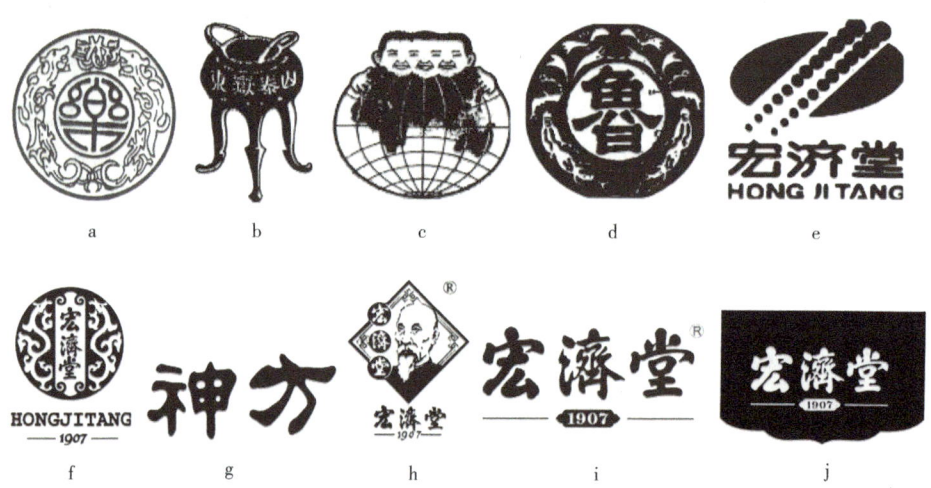

图3.1 宏济堂历次品牌标识形象

三、宏济堂的品牌营销

在对抗2019年底暴发的新冠疫情过程中，中医药发挥了重要的作用。人们对中医药的认知逐渐加深，中医药的地位也迅速提升，中医药从业者更信心倍增。宏济堂生产的安宫牛黄丸、复方西羚解毒胶囊等经典中成药，以及新上市的金贝口服液、排毒清肺合剂等10款产品被国家卫健委、山东省卫健委列为治疗方案推荐用药，为抗击疫情发挥了重要作用。宏济堂制药集团董事长高元坤曾表示："面对来势汹汹的新冠肺炎疫情，我们理应积极承担企业的使命，展现企业的担当，在抗击疫情中做出应有贡献。"在这种情形下，宏济堂顺势推出"世界中医药，百年宏济堂"的品牌新定位。

"百年宏济堂"的定位是宏济堂历史传承的重要财富，也是宏济堂一直坚持和强调的品牌形象。2020年11月，宏济堂拍摄的美丽中国音乐电影《心有天知》在中央电视台首映，成为宏济堂百年系列的重要传播作品和传播事件。

该片以"百年宏济堂，千秋做好药"为创意主题，讲述了乐镜宇济南创办宏济堂，用心制好药，九提九炙制成九天贡胶，赴巴拿马博览会夺得金牌的传奇故事。

"世界中医药"的定位源自于宏济堂近年来的国际化战略。宏济堂制药集团近年来围绕大健康全产业链迅猛发展，已构建起药、健、食、医四位一体，以及集现代医药生产、中医药文化传播、健康养生休闲、工业观光旅游于一体的大型中药产业，成为代表民族产业参与全球经济竞争及国际文化交流的医药健康领域知名品牌。

在"世界中医药，百年宏济堂"的品牌传播定位下，宏济堂在2021年启动"双品牌渠道赋能计划"，谋划从OTC到大健康产品体系，从品牌距离、市场落地、团队服务支持等多个方面赋能终端，提升合作伙伴的竞争力和盈利能力，共同创造新零售赋能，实现新供给，催生新业态，共话新发展，共赢新未来。

具体来说，2021年起宏济堂品牌营销是以宏济堂阿胶为重点、雏凤精等产品为辅的品牌、产品、渠道的战略营销，在满足高净值、高品质、高聚焦、强学术、强品牌的同时，采用前店后厂、双向赋能的形式，与连锁药店达成合作共赢。同时，宏济堂与分众传媒合作，在头部城市楼宇进行广告覆盖，在地方，联合核心合作伙伴在电视台进行品牌广告宣传，全面助力营销升级。

未来品牌营销中，宏济堂推崇以模式创新打造软实力，助力老国货复兴。宏济堂提出，作为历史悠久的非物质文化遗产，阿胶更应该顺应时代发展潮流，积极将品质阿胶+产品植入现代年轻人生活方式中，全面打造阿胶滋补轻量养生时尚新零售模式，让阿胶滋补广谱化、轻量化、便捷化、即食即用，对接中青年消费群体。与此同时，品牌营销模式也将不断创新，借助新媒体采取短视频、直播营销、文化植入软营销等多种品牌营销新模式，辐射年轻、精英群体，向年轻消费者讲述阿胶品牌故事。

第二节　宏济堂品牌传播需求

宏济堂品牌传播需求，是建立在对宏济堂品牌历史、宏济堂洞察的健康与养生趋势、宏济堂阿胶的主要产品以及宏济堂阿胶传播战略等多项内容分析基础之上的，是宏济堂品牌塑造的关键问题所在。

一、宏济堂品牌发展的四件大事

在宏济堂品牌发展历史上，有四件大事值得提及，同时这四件事情也是宏济堂品牌发展的关键节点。其一为宏济堂在济南创立；其二为宏济堂阿胶获巴拿马金牌；其三为宏济堂人工麝香酮的研制成功；其四为宏济堂大健康产业的确立。这体现了宏济堂的四个特色优势：一堂（宏济堂）、一金（巴拿马金牌）、一奖（国家科技进步奖）、一园（宏济堂大健康产业园）。

宏济堂由北京同仁堂后人乐镜宇老先生1907年在济南创立。同仁堂为清朝皇家药堂，宏济堂相当于是把京城皇室药方带到济南，并在济南深耕110余年。在宏济堂人看来，这深刻体现了"济"的概念：既是济世的济，也是济南的济。同仁堂作为中华传统医药文化瑰宝，第一次走出京城落户济南，而宏济堂也很好地传承了中华文化瑰宝，在济南一直坚守中药领域，并使其文化在中药领域发扬光大。

中国的阿胶制作有着两千多年的历史，但是工艺都不够完善，存在着阿胶腥臭的问题。1909年在宏济堂进入阿胶领域后，很好地发现和解决了阿胶腥臭的问题。阿胶之前的制作周期是三天，宏济堂1909年制作阿胶时将其拓展为九天，并对取水、熬胶等工艺进行了改良，发明了"九提九炙法"或"九昼夜精提精炼法"，彻底改变和提升了阿胶品质。由于该工艺操作程序十分繁细复杂，为便于胶工记忆传播，将工序编成了口诀："冬至剥毛，惊蛰起灶，铜锅银铲，桑柴火烧，九提九炙，九昼取膏，工序九九，繁而不少，春分阴曝，立夏成胶。"1915年宏济堂将九天贡胶带到美国旧金山的首届巴拿马太平洋万国博览会，并获得优等金牌，从此宏济堂阿胶扬名海外。

宏济堂研制成功人工麝香酮是宏济堂发展历史上的大事之一，开辟了宏济堂现代高科技制药企业的新征程。麝香是鹿科动物麝的雄性香腺囊中的分泌物干燥而成的珍贵物品，具有芳香开窍、活血通经、消肿止痛三大功效，对中风、跌打损伤、惊厥、瘫痪等疾病有很好的疗效，是急救和治疗多发病、疑难病症不可缺少的中药。我国应用麝香治病有两千多年的历史，它与牛黄、阿胶一道被《神农本草经》列为上品。在2 700种中成药配方中，有近300种离不开麝香。巨大的市场需求量和高昂的价格致使麝被过度猎杀。一边是无可替代的药效，一边是濒临灭绝的国家一级保护野生动物，面对两难选择，当时的宏济堂——济南人民制药厂决定研发天然麝香替代品。1975年宏济堂开发研发人工合成麝香酮；1981年，人工合成麝香酮获山东省卫生厅科技成果一等奖；1990年，人工合成麝香酮通过国家一类新药评审；1994年，人工合成麝香酮开始在宏济堂制药试生产，第一年产量只有25公斤；2016年"人工麝香研制及其产业化"项目荣获国家科技进步一等奖。40多年过去，宏济堂人工合成麝香酮终获国家科技最高奖认可，这是中药领域第一个国家科技进步奖。而宏济堂作为全国唯一生产人工麝香酮的厂家，每年生产的麝香酮，制成人工麝香后，已经可抵250万头麝的提取量。

宏济堂大健康产业园位于济南东部高新区，2015年正式投入使用，建立中医药产业园是宏济堂进军大健康产业的重要标志。园区集现代医药生产、中医药文化传播、健康养生休闲、工业观光旅游、影视影像拍摄于一体，包括中药、阿胶、博物馆、中医院、药膳及酒坊等健康产业板块。园区目标是构建"药、健、食、医"四位一体的大健康产业链，进行中成药、膏方、保健品及食品等健康产品的研究与开发，以及医药健康旅游服务及中医药文化的传播，进而打造一个生态优越、文化积淀深厚，集科普、公益、健康养生休闲于一体的中医药文旅产业健康示范园区。

二、宏济堂阿胶的产品系列

宏济堂阿胶产品涵盖阿胶片、阿胶糕、阿胶膏、阿胶粉以及阿胶周边产品等类型。其中：阿胶片产品为阿胶系列高端保健品与OTC产品，有宏济堂阿胶片（黑黄金）、宏济堂牌阿胶片、OTC阿胶、阿胶片（书盒）、鹿骨胶等；阿胶糕产品为即食类阿胶食品，主要为阿胶固元糕、娇小姐阿胶糕（核桃芝麻/红枣枸杞）等；阿胶膏产品为膏状阿胶产品，主要为阿胶玫瑰膏、阿胶黄精膏、阿胶酸枣仁膏、阿胶雪梨膏、阿胶茯苓膏、阿胶黄精膏等；阿胶粉有小罐粉、复合阿胶速溶粉（山楂味）、阿胶速溶粉（小黑罐）等；阿胶周边产品包括糖、枣、茶、粉（粥）、燕窝等多种轻便食品类型，其中粉类冲调谷物产品、茶产品最多，粉类为代餐粉，包括罐装与杯装的核桃芝麻黑豆粉、红豆薏米粉、魔芋代餐粥（粉）等，茶类包括袋装与盒装的荷叶冬瓜茶、人参五宝茶、酸枣仁茯苓百合茶、红糖姜茶、桂圆枸杞茶、金菊罗汉果茶、酸枣仁茶、四季茶等，宏济堂健康燕窝系列有产品多款。

在宏济堂阿胶旗下所有产品中，小罐阿胶粉与阿胶代餐粉系列产品是其市场推广的重点产品，其营销传播设计也是企业产教融合定制课堂的主推课题。宏济堂通过市场观察研究，认为当下健康养生存在几个较为明显的趋势。首先，在养生人群上，40岁以上中年人的养生观念比较平稳，"90后"的养生意识不断提高，关注养生话题及相关产品的年轻人成为宏济堂阿胶及其周边产品的主要消费人群。其次，年轻人的养生产品越来越注重植物化，即越来越愿意选择天然植物的食品作为养生饮食。最后，年轻人越来越注重养生的便捷性，即产品容易食用，如粉类、茶类等便于冲泡的产品，同时采用袋装包装，容易携带，方便使用。

三、宏济堂阿胶营销设想

（一）宏济堂的产品创新

企业在交流过程中提出了多个产品的创意，涉及产品创新如何与国潮结合，如何与济南结合等，实现"宏济堂阿胶+国潮+济南+年轻人"的融合。具体产品思路如将产品作为济南伴手礼来思考：参考小罐茶的产品模式，组合八种口味阿胶粉，如大枣味、枸杞味等；包装采用济南八景或鹊华秋色图的插画式表现去创作。小罐粉单个包装是单个图形，但组合起来可以构成一幅整体的画作。

（二）宏济堂的营销创新

由过去的"阿胶+""+阿胶"转变为"宏济堂+""+宏济堂"。"宏济堂+"是指将过去的中药阿胶转变为所有的健康产品，这是扩展产品。"+宏济堂"是指线上线下品牌的联合跨界，跟燕之窝结合、跟面膜结合，跟互联网品牌跨界，跟天猫结合，将天猫的头部效应利用起来。在销售过程中，将原先的医院、商场、超市、药店渠道"老四样"变为"新四样"，即网红带货、视频直播、微商、线上线下的融合服务通过私域流量扩展。

（三）宏济堂品牌年轻化

宏济堂提出要基于市场的变化进行设计，尤其是产品所面对的消费者在发生变化。消费者越来越年轻，传统的重滋补概念转变为无时无刻、无处不在的轻滋补、轻养生的概念。这就需要对品牌进行年轻化的改造升级。

　　具体的做法是：产品方面，过去的产品原来都是药品，以中药为主，现在向食品，尤其是健康食品领域进军，面向年轻人的群体，推出奇亚子代餐粉、红豆薏米茶、小罐粉等年轻化的产品；过去的阿胶都很复杂，吃起来很麻烦，现在非常简单。渠道方面，坚持在做直播，请大V造势，同时对销售渠道进行更多年轻化对接和多元化改变。外在形象上，包括品牌形象、产品包装等各个方面均吸纳更多年轻化的理念。

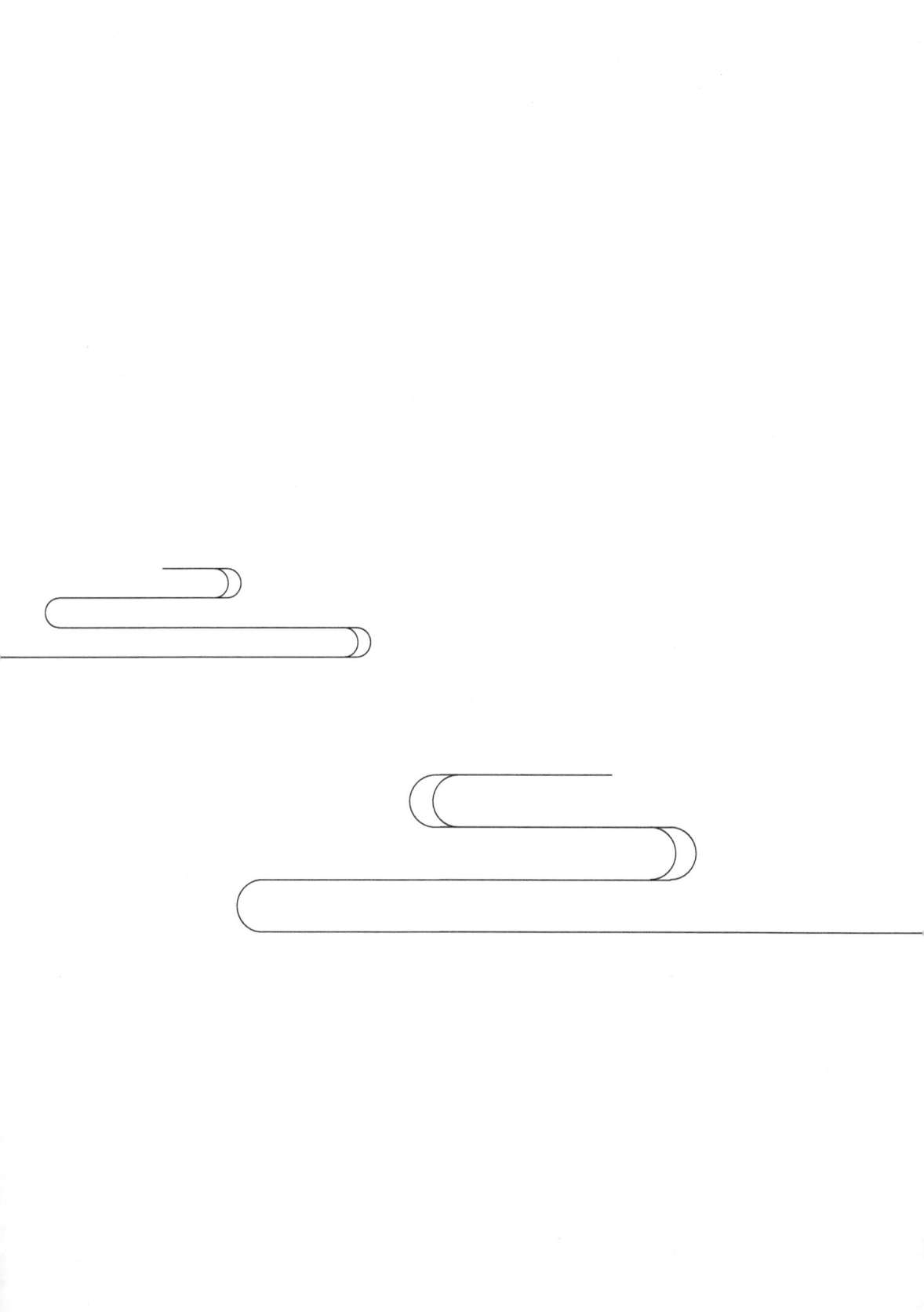

中 篇

老字号企业传播设计的工具与过程

老字号企业传播设计需要大量的工具进行支撑，在掌握良好的工具基础上，相关创作与传播工作才能更为高效。本篇主要阐述老字号企业传播设计工具和传播设计过程。其中：传播设计工具不仅有感性发散的创意工具，也有理性聚敛的分析工具；传播设计过程则包括调研分析、确定策略、核心图形创作、媒介应用设计四个阶段。本篇在理论探究的基础上，强化了实例的阐释与分析，尤其在传播设计阶段，全程通过创作实例进行详细说明。

第四章

老字号企业传播设计工具

工欲善其事，必先利其器，掌握好用且高效的工具是完成创意设计任务的重要前提和基础。随着创意设计活动的领域越来越宽广，创意设计活动的工具使用也从注重感性思维的创意发散工具使用，扩展到注重理性思维或感性理性思维融合的分析聚合工具与创意发散工具的整合使用。具体来看，老字号企业传播设计的工具就包括了政策分析工具、市场调研工具、创意思维工具和服务设计工具四类，这四类工具虽在思维方式上各有侧重，但都兼顾了创意设计过程中理性思维与感性思维的综合运用。

第一节　政策分析工具

政策分析既包括国家和社会层面的政策分析，也包括企业个体方面的政策分析；既包括对政策内容的分析，也包括政策影响的分析。在企业传播设计中，我们主要采用PEST法、SWOT法、经营单位组合分析以及政策指导矩阵等方法。

一、PEST 法

PEST分析是指宏观背景的分析，宏观背景又称一般背景，是指一切影响行业和企业的宏观因素。不同行业和企业根据自身特点和经营需要，对宏观因素分析的具体内容会有差异，但一般都应对政治（political）、经济（economic）、社会（social）和技术（technological）这四大类影响企业的主要外部因素进行分析。这种分析方法，称为PEST分析法。

（一）政治（political）

政治背景包括一个国家的社会制度，执政党的性质，政府的方针、政策、法令等。不同的国家有着不同的社会性质，不同的社会制度对组织活动有着不同的限制和要求。即使社会制度不变的同一国家，在不同时期，由于执政党的不同，其政府的方针特点、政策倾向对组织活动的影响也是不断变化的。

政府的政策广泛影响着企业的经营行为，即使市场经济较为发达的国家，政府对市场和企业的干预似乎也有增无减，反映在反托拉斯、最低工资限制、劳动保护、社会福利等方面。当然，政府的很多干预往往是间接的，常以税率、利率、汇率以及银行存款准备金为杠杆，运用财政政策和货币政策来实现宏观经济的调控，以及通过干预外汇汇率来确保国际金融与贸易秩序。因此，在制定企业战略时，对政府政策的长期性和短期性的判断与预测十分重要，对政府发挥长期作用的政策应有必要的准备，对短期性的政策则可视其有效时间或有效周期而做出不同的反应。

市场运作需要有一套能够保证市场秩序的游戏规则和奖惩制度，这就形成了市场的法律系统。作为国家意志的强制表现，法律法规对于规范市场和企业行为有着直接规范作用。立法在经济上的作用主要体现在维护公平竞争、维护消费者利益、维护社会最大利益三个方面，因此企业在制定战略时，要充分了解既有的法律规定，特别要关注那些正在酝酿之中的法律，这是企业在市场中生存、参与竞争的重要前提。

老字号企业一般与国家和民族长期共存，对社会政治制度的适应性较强，因此比较容易受到政治制度和政府政策的影响与左右，也比较容易被政府接受而得到政策的关注，这是老字号企业发展的优势所在。因此，老字号企业积极的公司政治行为可以为企业创造更多的商机。在我国，老字号企业应结合本企业、本地区的实际，积极利用企业政治行为，尤其是充分利用老字号企业自身所拥有的独特优势，结合当前国家对于"中华老字号"和"非物质文化遗产"的重视程度，以及政府推出的一系列优惠措施和政策扶持，经营有利于自身发展的政府环境，促进老字号企业的长久发展。

（二）经济（economic）

经济背景主要包括宏观和微观两个方面的内容。宏观经济主要指一个国家的人口数量及其增长趋势，国民收入、国民生产总值及其变化情况以及通过这些指标能够反映的国民经济发展水平和发展速度。微观经济主要指企业所在地区或所服务地区的消费者的收入水平、消费偏好、储蓄情况、就业程度等因素。这些因素直接决定着企业目前及未来的市场大小。

需要重点关注的关键经济变量有GDP及其增长率、贷款的可得性、可支配收入水平、居民消费（储蓄）倾向、利率、通货膨胀率、规模经济、政府预算赤字、消费模式、失业趋势、劳动生产率水平、汇率、证券市场状况、外国经济状况、进出口因素、不同地区和消费群体间的收入差别、价格波动、货币与财政政策。

在我国，老字号企业与经济发展的关系密切。一方面，老字号企业能够有效推动当地经济发展；另一方面，当地经济发展水平又影响着老字号企业产品和服务的消费。二者之间是良性互动的。需要特别指出的是，互联网经济的发展对老字号企业的经营产生了重要的挑战，也带来了较大的机遇。互联网经济改变了传统商业的销售模式，这对以实体店铺为主要销售渠道的老字号企业来说冲击较大，网络销售、互联网思维、现代时尚观念等都对传统老字号企业提出了挑战，迫使老字号企业在产品研发、企业营销、品牌塑造等方面积极转型应对，以适应互联网经济的新特点和新需求。

（三）社会（social）

社会文化背景包括一个国家或地区的居民受教育程度和文化水平、宗教信仰、风俗习惯、价值观念、审美观点等。文化水平会影响居民的需求层次，宗教信仰和风俗习惯会禁止或抵制某些活动的进行，价值观念会影响居民对组织目标、组织活动以及组织存在本身的认可程度，审美观点则会影响人们对组织活动内容、活动方式以及活动成果的态度。

关键的社会文化因素包括妇女生育率、特殊利益集团数量、结婚数、离婚数、人口出生死亡率、人口移进移出率、社会保障计划、人口预期寿命、人均收入、生活方式、平均可支配收入、对政府的信任度、对政府的态度、对工作的态度、购买习惯、对道德的关切度、储蓄倾向、性别角色投资倾向、种族平等状况、节育措施状况、平均教育状况、对退休的态度、对质量的态度、对闲暇的态度、对服务的态度、对外国人的态度、污染控制对能源的节约、社会活动项目、社会责任、对职业的态度、对权威的态度、城市城镇和农村的人口变化、宗教信仰状况。

在我国，老字号受到重视，不仅仅是因为其具有经济和商业价值，更因为其具有文化和历史的价值。实际上，老字号已经成为中华民族传统文化的重要组成部分，成为传统民间商业文化的代表。老字号都是我国数百年商业和手工业竞争中留下来的优秀代表，反映着数代人艰难坎坷的奋斗历程。当然，辉煌的历史只代表老字号企业的过去，它能否继续成为适应社会发展的先进文化的代表，还要看它能否在坚守过去优秀传统的基础上做到与时俱进、不断创新。

（四）技术（technological）

技术背景除了要考察与企业所处领域的活动直接相关的技术手段的发展变化外，还应及时了解国家对科技开发的投资和支持重点、该领域技术发展动态和研究开发费用总额、技术转移和技术商品化速度、专利及其保护情况等。

对我国的现代老字号企业而言，技术因素的影响尤为重要，科技成为老字号企业创新发展的原动力。传统老字号食品企业可以把科技和时尚元素注入产品研发，用科研和创新给产品赋能，提升产品的软实力。例如，天津桂发祥研发益糖麻花、高纤麻花两个国家发明专利产品，基于当代的新科研成果、新食品原料、新健康理念，对传统美食进行与时俱进的提升。

除以上四个要素外，PEST还扩展出LE两个要素，即法律（legal）要素和环境（environment）要素，PEST分析法也因此扩展为PESTLE分析法（图4.1）。法律要素考虑的是企业在本地的经营活动是否合法，尤其当政府变革导致新的法律政策出台时；环境要素则考虑商业活动会对自然生态环境产生什么影响，企业应承担什么样的社会责任，环境保护的社会价值与公益团体是否会强大得足以影响企业的经营发展。

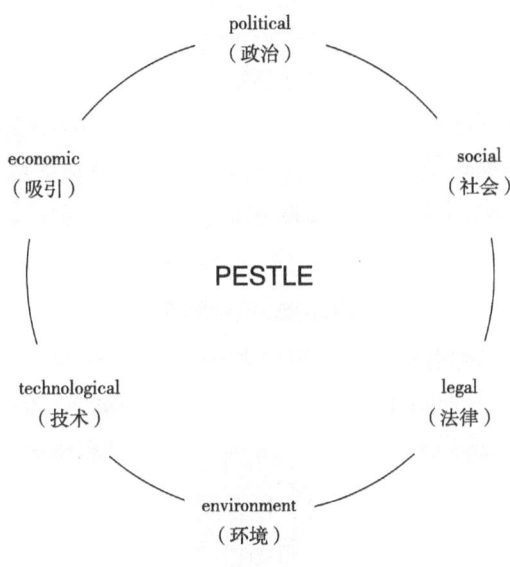

图4.1 PESTLE分析法

二、SWOT 法

SWOT分析法是一般咨询人员最常使用的方法。SWOT分析法中，S（strengths）是优势、W（weaknesses）是劣势，O（opportunities）是机会、T（threats）是威胁（图4.2）。按照企业竞争战略的完整概念，SWOT分析法是基于内外部竞争环境和竞争条件下的态势分析，就是将与研究对象密切相关的各种主要内部优势、劣势，以及外部的机会和威胁等通过调查列举出来，并依照矩阵形式排列，然后用系统分析的思想把各种因素相互匹配起来加以分析，从中得出一系列相应的结论，而结论通常带有一定的决策性。通过SWOT分析法，对产品的优势、劣势、机会、威胁进行系统性的分析和比较，并且在使用者的基础上对产品的机会和优

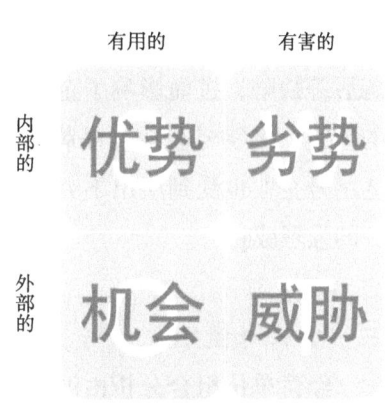

图4.2 SWOT分析法

势进行合理化优化，并对威胁进行最小化处理，最终制定出合理的设计发展策略。

具体来看，优势是组织机构的内部因素，具体包括有利的竞争态势、充足的资金、良好的企业形象、技术力量、规模经济、产品质量、市场份额、成本优势、广告攻势等；劣势也是组织机构的内部因素，具体包括设备老化、管理混乱、缺少关键技术、研究开发落后、资金短缺、经营不善、产品积压、竞争力差等；机会是组织机构的外部因素，具体包括新产品、新市场、新需求、外国市场壁垒解除、竞争对手失误等；威胁也是组织机构的外部因素，具体包括新的竞争对手、替代产品增多、市场紧缩、行业政策变化、经济衰退、客户偏好改变、突发事件等。

从整体上看，SWOT可以分为两部分：第一部分为SW，主要用来分析内部条件；第二部分为OT，主要用来分析外部条件。利用这种方法可以从中找出对自己有利的、值得发扬的因素，以及对自己不利的、要避开的东西，发现存在的问题，找出解决办法，并明确以后的发展方向。根据这个分析，可以将问题按轻重缓急分类，明确哪些是急需解决的问题，哪些是可以稍微拖后一点儿的事情，哪些属于战略目标上的障碍，哪些属于战术上的问题，并将这些研究对象列举出来，依照矩阵形式排列，然后用系统分析的方法，把各种因素相互匹配起来加以分析，从中得出一系列相应的结论。而结论通常带有一定的决策性，有利于领导者和管理者做出较正确的决策和规划。

一般而言，我国的老字号企业均具有历史悠久、文化底蕴深厚等优势，尤其是在塑造优秀商业品牌方面，老字号企业先天基础更为突出。但随着时代的进步，老字号企业也普遍存在着创新性不够、产品式样老旧、营销方式落后等缺陷，进而影响了企业的持续发展。当然，随着社会对优秀传统文化的重视，老字号企业与品牌所代表的商业文化遗产面临着复兴。与此同时，老字号企业也受到层出不穷的现代时尚竞争产品、服务，以及替代产品、服务的强烈威胁。

三、经营单位组合分析

经营单位组合分析由波士顿咨询公司提出，基本思想是大部分企业都有两个以上的经营单位，每个经营单位都有相互区别的产品和市场，企业应确定不同经营单位的活动方向。这种方法首先以相对竞争地位和业务增长为维度将企业的经营单位进行类型化划分。相对竞争地位体现在市场占有率上，决定了企业的销售量、销售额和赢利能力。业务增长率反映业务增长的速度，影响投资的回收期限。根据这两个变量的高低，企业经营单位被分为四个类型，分别是金牛型企业、明星型企业、幼童型企业和瘦狗型企业。

金牛型企业的特点是：市场占有率较高，而业务增长率较低，为企业带来较多的利润，同时需要较少的资金投资。这种企业需要重点发展，也是最理想化的企业类型。明星型企业的特点是：市场占有率和业务增长率都较高，能带来较多利润，但因为业务增长率很高，也同时需要更多的资金用于开拓市场和营销。这类企业需加快向金牛型企业转化。幼童型企业的特点是：经营单位业务增长率较高，目前市场占有率较低，需要大量现金。如果企业认为这个方向有前途，则应该投入必要的资金，使其向明星型企业转变；若觉得其无前途，则应该尽早剥离放弃。瘦狗型企业的特点是：经营单位市场份额和业务增长率都较低，只能带来很少的现金和利润，甚至可能亏损。这种企业应该尽早剥离和放弃（图4.3）。

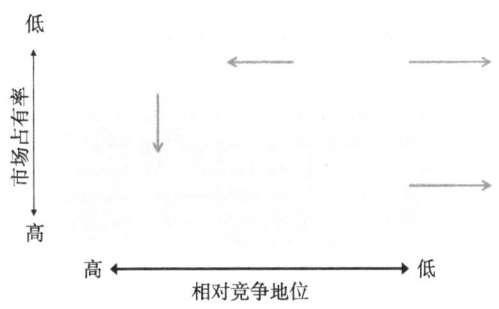

图4.3 经营单位组合分析法

一般来讲，国内的老字号大多集中于某一主业——制药、食品、服装等，主要围绕群众日常生活所需展开经营。在传统商业社会里，中国的老字号企业较少开展多元化经营或跨行业发展，这与中国传统商业道德观念有关，即专心做好一件事情。例如：同仁堂堂训为"炮制虽繁必不敢省人工，品味虽贵必不敢减物力"；全聚德则以烤鸭为核心，推出全鸭席、特色菜、创新菜、名人宴等系列精品菜肴，形成了全聚德海纳百川的菜品文化。单一化经营容易让老字号企业形成特色优势，并保持在某一领域内的绝对性地位，但单一化经营也容易让老字号企业在瞬息万变的现代商业环境中，面临突如其来的威胁，失去创新发展的机会。所以随着时间的推移，许多老字号企业也开始在坚守核心业务的前提下，开展多元化经营。

四、政策指导矩阵

政策指导矩阵方法是经营单位组合分析法的变形。这是由荷兰皇家壳牌集团创立的一种新的咨询分析技术。该矩阵是在经营单位组合矩阵的原理基础上发展而成的。实质上就是把外部环境与内部环境归结在一起，并对企业所处战略位置做出判断，进而提出指导性战略规划。

壳牌集团创立了政策指导矩阵，主要是用矩阵来根据市场前景和竞争能力定出各经营单位的位置。市场前景分为吸引力强、吸引力中等，无吸引力三类，并用赢利能力、市场增长率、市场质量和法规形势等因素加以定量化。竞争能力分为强、中、弱三类，由市场地位、生产能力、产品研究和开发等因素决定。根据这些变量，各经营单位被分为三个层次：区域一、二、四为第一层次，集中力量，优先发展；区域三、五、七为第二层次，区分情况，个别对待；区域六、八、九为第三层次，量力而行，清算剥离（图4.4）。

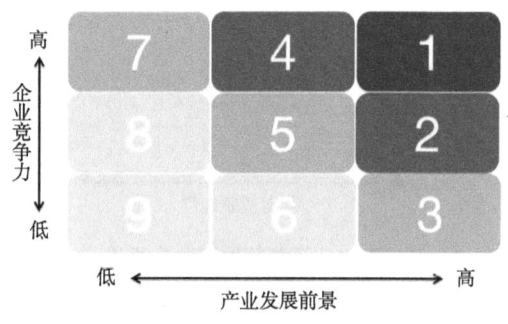

图4.4 政策指导矩阵

具体来说，处于矩阵中不同位置的拟议战略可概括如下：区域一的产品领先地位，应优先保证该区域产品需要的一切资源，以维持其有利的市场地位。区域二的产品须不断强化，应通过分配更多的资源，努力使该区域产品向下一区域（领先地位区）移动。区域三的产品加速发展或撤退，该区域产品应成为公司未来的加速器。不过，只应选出其中最有前途的少数产品加速发展，余者放弃。区域四为发展区，这个区域中的产品一般会遇到两到四个强有力的竞争对手，因此，没有一个公司处于领先地位。可行战略是分配足够的资源，使之能随着市场的变化而发展。区域五为密切关注区，该区域产品通常都有为数众多的竞争者。可行战略是使其能带来最大限度的现金收入，停止进一步投资。区域六为分期撤退区，该区域应采取的战略是缓慢地退出，以收回尽可能多的资金，投入赢利更大的经营部门。区域七为资金源泉区，可行战略是只花极少投资于未来的扩展，而将其作为其他快速发展的经营部门的资金来源。区域八和区域九为不再投资区，所应采取的战略是尽快清算，将其资金转移到更有利的经营部门。

政策指导矩阵与经营单位组合矩阵不同。一是政策指导矩阵分类更加详细，更能适应企业的情况。二是经营单位组合矩阵把市场份额作为分类依据，而政策指导矩阵更看重单位的竞争能力。三是经营单位组合矩阵重在指明公司现有业务所处的状况，对将来的指导意见不大，而政策指导矩阵明确点明了在具体情况下应当采用的具体策略，更适合战略中使用。

当下，我国的老字号企业多面临各方面竞争，既有来自同行业领域内新兴企业或品牌的竞争，也有处于不同领域的替代产品或服务商的竞争，更面临着消费者习惯的更迭与变迁。采用政策指导矩阵的分析方法，对企业自身多个产业方向进行竞争力和发展前景的分析，有助于老字号企业进一步明晰自身优势专长，尽早对落后产品、产业等进行剥离转型，有利于老字号企业的创新性发展。

第二节　市场调研工具

市场调研法是最常用的调研分析方法，是企业和品牌营销与传播行业经常使用的方法，是通过科学的方法收集相关的设计市场信息，进而合理地提供解决办法的调研工具。由调查小组根据对调研结果的分析制定调查表，并且按照规定程序进行调查研究。市场调研法可以分为用户观察法、焦点小组访谈方法、问卷调查法、投射法等。其可用于衡量产品的受众接受程度，考察与竞争对手之间的差异，帮助企业制定适合的品牌传播策略。

一、观察法

观察法是指在自然条件下，有目的有计划地直接观察研究对象或消费者的言行表现，从而分析其心理活动和行为规律，以获取市场调查信息的方法。为了真实了解产品或品牌的营销状态，调查人员可以扮作普通顾客，详细记录下接受服务或购买产品的整个过程，分析其中发现的问题，这种观察的方法要求观察人员亲身参与其中，我们也称之为参与性观察。相应的，观察人员不参与被观察者行为过程的观察方法即非参与性观察。美国的市场调查机构为坎贝尔汤包所做的市场调查就是非参与性调查。一家出版机构建议坎贝尔汤包在其出版物上做广告，坎贝尔的老板却认为自己的产品主要是富人消费，穷人根本不舍得花钱买汤包，都是自己去做，而这个出版物的主要读者却是穷人。出版机构委托调查公司进行了调查，调查公司选取了一个富人街区、一个穷人街区的垃圾箱作为调查对象，观察垃圾箱中汤包的数量。结果富人街区的汤包很少，而穷人街区的垃圾箱则充满了各式的汤包。原来，富人家的汤都是佣人准备的，自然是自己动手烹制，而穷人多用汤包来调制汤品，因为这样可以节省大量时间去工作赚钱。

观察法的优点是自然、真实、可靠，而且简便易行、花费低廉，但同样也存在着被动和表面化的缺陷。为了减少观察的误差，要注意区分观察的时间和地点，如了解商场的人流量，自然要确定工作日还是休息日，休息日也要区分高峰时段和低峰时段等。同时为了更好地进行分析，可以借助录音、录像的方式保存信息，以方便反复分析，提高观察的效果。

我国的老字号企业大多具有完整的生产线、销售服务空间，通过观察法可以直接了解老字号企业的经营状况，发现企业品牌传播过程中存在的问题。对于生产型老字号企业，可以进厂房、车间和品牌店，了解企业生产和销售过程中对于品牌传播的关注和理解；对于服务型老字号企业，可以通过观察其服务场所的有关情况，了解服务过程中品牌传播的方式方法和实际效果。当然，就像坎贝尔汤包案例中所呈现的一样，我们也可以通过设计创新性的观察调研方法，从侧面巧妙了解老字号企业的品牌传播现状。在老字号企业宏济堂品牌传播设计项目中，我们先后多次考察宏济堂生产车间、博物馆以及位于济南市中心的旗舰店等生产与销售场所，实地观察和了解产品生产和消费者购买的过程，获得了大量企业品牌塑造与形象传播现状的第一手资料。

二、访谈法

　　访谈法是指通过访谈者与受访者之间的交谈，了解受访者的动机、态度、个性和价值观念以及具体消费行为的市场调查方法。通过访谈法能够收集到较为广泛的市场信息，因此，该方法经常被采用。从访谈者是否严格遵循事先拟定的提纲来看，访谈法可以分为结构式访谈和无结构式访谈，前者是指访谈者严格按照访谈提纲来获取信息，后者则具有较大的开放性，访谈者可以根据访谈的进程，就随时出现的新状况进行追问和深入了解，以获取更有价值的市场信息。无结构式访谈大多是一对一的直接访问，对于探索性问题的了解非常有效。

　　在访谈法中，有一种焦点小组座谈的方法经常使用。这是一种由一个经过训练的主持人对一组具有代表性的消费者在特定环境里进行的深入访谈。焦点小组座谈需要有专门的室内环境，通常在访谈房间内装有一个单面玻璃，以供另一个房间里的调查人员随时观察被访者的行为和神态。房间内还需要安装录音录像设备。焦点小组座谈的参与者一般有10个人左右，除一个主持人和记录人员外，调研对象有8个人左右。其基本程序为：明确目的—甄别参与者—确定主持人—准备调研提纲—现场布置—实施访谈—分析资料和数据—总结和撰写报告。表4.1是一个关于韩式比萨店的焦点小组座谈提纲，供大家参考理解。

表4.1　关于韩式比萨店的焦点小组座谈提纲

步骤	内容	时间（分钟）	备注
准备开始	预热话题，介绍发言规则	10	
	小组成员互相介绍	5	
态度访谈1	外出就餐的态度和情感测试	15	行为
态度访谈2	快餐的态度和情感测试	15	行为
态度访谈3	西餐的态度和情感测试	20	行为

步骤	内容	时间（分钟）	备注
态度方案4	4-1.以下针对没有比萨店用餐经历的小组		
	4-1-1.测试对比萨店的态度和认知	20	态度
	4-1-2.对比萨店服务的期望	10	态度
	4-1-3.对比萨店内部装饰的期望	10	态度
	4-2.以下针对有比萨店用餐经历的小组		行为态度
	4-2-1.了解消费行为细节和对用餐经历的评价	30	态度
	4-2-2.对比萨店用餐服务的评价	10	态度
	4-2-3.消费者对比萨店内装饰的认知和评价	10	态度
概念测试	概念1　测试	10	概念板
	概念2　测试	10	概念板
访谈结束	结束座谈，领取报酬		

　　这是一个关于韩式比萨店的服务概念访谈。在两个小时的访谈时间内，访谈活动被分为了四个主要的部分。第一部分是15分钟左右的访谈前准备，包括预热话题、介绍发言规则以及安排小组成员相互介绍，这是访谈活动预热和必要准备。第二部分是一般性消费行为的访谈，访谈的中心是人们对于外出就餐的态度，为了确保访谈问题涉及的行为与课题的相关性，人们外出就餐态度与情感的测试从快餐和西餐两个角度展开。在此后进行的第三部分访谈中，所有人员依据第二部分的问题回答被分为两组：一组是没有比萨店用餐经历的人士，访谈他们对于对比萨店的态度和认知、对比萨店服务的期望、对比萨店内部装饰的期望；而另一组则是有比萨店用餐经历的小组，访谈他们具体的消费行为细节和对用餐经历的评价、对比萨店用餐服务的评价以及对比萨店内装饰的认知和评价。第四部分出示本次调研的概念原型，请参加访谈的人员进行原型的测试和评价。

　　这个焦点小组座谈基本遵循从一般到特殊，从普遍到个别的思路，先从用户的基本消费行为了解起，然后一步步过渡到对具体服务概念的评价和测试，以期获得准确而全面的用户行为数据。

　　访谈是了解老字号企业发展现状的重要手段之一。在对老字号企业超意兴、鲁味斋的访谈调研中，我们将结构式访谈和无结构式访谈相结合，既有预先设定的问题的访问，也有对访谈过程中出现的新情况进行的追问。这些访谈问题围绕品牌形象核心，涉及品牌历史、品牌发展故事、品牌战略、品牌联想、品牌竞争对手态度等多个方面。在访谈的问题设计中，我们综合使用了下面提到的各种投射方法，以求得到更准确和真实的答案（本章后附访谈记录）。

三、问卷法

问卷法是指将要调查了解的问题设计成问答题目的形式，让接受调查的对象将自己的意见或回答填入问卷之中，通过对答案的分析和统计，获得相应结论的方法。根据回答的方式，问卷当中的问题可以被设计为是非问题、多项选择问题、分类问题以及开放式问题等几类。是非问题如"最近三个月，你是否使用过汰渍洗衣粉？"。多项选择问题可多选一，也可多选多。前者如"您对'武汉小姐'选美活动的电视转播节目兴趣如何？a. 非常感兴趣；b. 比较感兴趣；c. 不太感兴趣；d. 毫无兴趣"，后者如"您从哪些途径知道或听说过'武汉小姐'选美大赛活动？a. 电视；b. 报纸/杂志；c. 海报；d. 网络；e. 路牌广告；f. 车身广告；g. 朋友同事；h. 参赛选手的公开表演活动；i. 其他_____"。分类问题如"请按照一定的标准将以下火腿肠品牌同下列城市一一对应起来"，通过人们广泛认同的城市的地位不同来了解品牌在消费者心目中的印象。排序问题如"如果你要结婚，你认为以下商品的必需程度如何，请按照高低顺序排序"。开放式问题即问答题，不设选择项，由访问者发挥主动性，自由回答，如"您对超市购物专门快递服务还有什么建议和看法？"。开放式问题在一份问卷中不宜过多，一般1~3题即可。过多易导致受访者产生急躁和厌烦情绪，可能出现应付了事的行为，势必影响回答的真实性和完整性。

问卷设计应该遵循初步考量、确定询问内容、斟酌询问措辞、告知回答方式、理清询问顺序、进行问卷排版、预访测试修正问卷的基本程序和步骤。在问题的措辞上应该注意信息要充足，要考虑到被访者能否容易回答。如问"你都使用过什么牌子的洗发水？"这样的问题显然有些超范围了，信息也不充分，应该改为"最近三个月，你都使用过什么牌子的洗发水？"。这样既容易回答，又可以获得对我们当下的广告策划有指导价值的答案。如果问题中涉及隐私的问题，如问到被访者的收入，要做到分层，告知一个大致的收入区间让被访者来选择。在语言上还要注意浅显易懂，少用专业术语，并注意避免在问题中设计可能具有引导性和误导性的语言。在问卷的问题组织和排版上，一般按照"受访对象甄别—问题基本认知—消费行为调查—媒体习惯调查—消费者背景调查"的顺序来进行。

四、投射法

投射法是一种设计咨询的方法，更是一种调研的技术。投射技术由心理学投射实验而来，指不让消费者直接说出自己的动机和态度，而通过他对别人的描述，间接地暴露出他的真实动机和态度。20世纪40年代，美国在研究速溶咖啡产品消费者接受情况时就采用了这样的技术。雀巢速溶咖啡刚刚上市，但销量不佳，市场人员在对消费者进行访谈后得知消费者普遍反映速溶咖啡味道不好，但消费者在无品牌蒙眼品尝实验中，并没有明显表露出咖啡豆煮制咖啡比速溶咖啡味道好的迹象，这说明消费者的感官体验同他的思维认知并不吻合。随后市场调研人员采用了投射技术，他们设计了两份购物单，购物单上的大部分内容相同，只在一个环节上有所区别。购物单A上是500克新鲜咖啡豆，而购物单B上则是500克速溶咖啡。调研人员询问消费者代表，让他们表述并评价用购物单A和购物单B去购物的人各是什么样的人？最后的结果是，大多数消费者认为用购物单A的人是一位贤妻良母，生活有品位，照顾家庭井井有条；而使用购物单B的人却是邋里邋遢，懒惰不做家务，生活没有趣味的人。原来，速溶咖啡起初上市时，一直遵循简单便利的推广主题。而在消费者的心目中，方便同懒惰、不勤劳联系在了一起，他们认为用速溶咖啡给丈夫准备早餐的人是都是懒媳妇，这种社会潜意识无形地束缚了消费者的购买行为。在这之后，雀巢速溶咖啡不再一味宣传便利的主题，而是改为宣传速溶咖啡同咖啡豆一样芳香美味。

投射技术在具体使用中又有联想技术和完形技术两个不同的类别。联想技术是给消费者看一段文字，然后要求他把头脑反应过程中最初涌现出来的词记录下来。在词语联想中，给出一连串的词语，每给一个词语都让被试回答其最初联想到的词语。这种技术的潜在假定是，联想可让反应者或被试暴露出他们对有关问题的内在感情。一个被试的反应模式以及反应的细节，可用来决定其对所研究问题的潜在态度或情感。语词联想常常用于检验品牌的名称，也用于测量人们对特殊产品、品牌、包装或广告的态度。在美国，很多知名企业的广告文案和产品命名都要进行语词联想测试，以发现其中能引起消费者负面联想的词语，及早进行调换。例如，奥利奥公司在小组访谈背景下运用投射技术获得了对品牌的更深刻了解，知道奥利奥这个牌子能激发人们的强烈感情，在对消费者进行词语联想的时候发现，很多消费者认为奥利奥很神奇，于是"释放奥利奥的魔力"成为广告的主题。

完形技术是指给被试一些不完全的句子，要求他们完成。一般来说，要求他们使用最初想到的那个单词或词组。与词语联想法相比，对被试提供的刺激更直接。从句子完成法可能得到的有关被试感情方面的信息也更多。不过，句子完成法不如词语联想法那么隐蔽，许多被试可能会猜到研究的目的。句子完成法的另一种类型是段落完成，被试要完成由某个刺激短语开头的一段文章。例如，在市场调查中，如果采用问卷或者访谈法调查消费者购买凯迪拉克的原因，相当多的消费者会说这车跑得快或者高贵。用语句完成法可以设计以下语句："买凯迪拉克的人_____。"如果相当多的人填写富裕，则可解释为买该车的人出于一种炫耀的动机，如果相当多的人填写魅力，则可解释为性感的动机。

第三节　创意思维工具

人的思维依据创新性的不同，可分为横向思维、纵向思维和放射性思维。例如：由"白色"的关键词想象到雪、牙齿等具象物体则是横向思维，这种思维直截了当，但缺乏足够的"异"；由"白色"的关键词联想到恐惧、纯洁、轻快等感觉，则属于纵向思维，此时的思维有进一步打开的迹象，但关键词与提示物之间的联系仍然属于"情理之中"；若思维进一步发散，"白色"成为一种复杂和故事化场景的联想关键词，那么放射性思维便产生了。本节所介绍的创意思维方式正是寻找、筛选和确定放射性思维概念和创意元素的绝佳工具。

一、头脑风暴

头脑风暴法也称智力激励法，是由美国BBDO广告公司的奥斯本创立的。它是一种通过小型会议的组织形式，诱发集体智慧，相互启发灵感，最终产生创造性思维的方法。

组织头脑风暴活动时，应遵循以下几条原则：一是自由畅想，即参会者在构思方案和发言时，不要受任何条条框框的限制，甚至可以异想天开。二是延迟批判，在组织活动时，必须坚持不当场对他人的发言做出任何有关缺点的评价。这是因为，没有一个答案是错误的，现在看来不合理的提议，在条件和技术成熟后，或对它进行一些改善后，就有可能成为合理的。也有可能他人在这个提议的启发下，想出更妙的设想。所以，在小组内任何人的任何提议的价值都是等同的，都应该加以鼓励。三是以量求质，头脑风暴会议的目标是获得尽可能多的设想，所以设想越多越好，各种设想不分好坏，应一律记录下来。四是综合改善，鼓励对别人的设想补充完善，以形成新的设想。

头脑风暴一般要经历准备、热身、明确问题、重新表述问题、畅谈和筛选等六个阶段。

准备阶段，对所议问题进行一定的研究，弄清问题的实质，找到问题的关键，设定解决问题所要达到的目标。同时，选定参加会议人员，一般以5~10人为宜，不宜太多。然后，将会议的时间、地点、所要解决的问题、可供参考的资料和设想、需要达到的目标等事宜一并提前通知与会人员，让大家做好充分的准备。

热身阶段，创造一种自由、宽松、祥和的氛围，让大家得以放松，进入一种无拘无束的状态。主持人宣布开会后，先说明会议的规则，然后谈点有趣的话题，让气氛轻松起来。如果所提问题与会议主题有着某种联系，人们便会轻松自如地导入会议议题，效果自然更好。

明确问题阶段，要求主持人扼要地介绍有待解决的问题。介绍时须简洁、明确，不可过分周全，因为过多的信息会限制人的思维，干扰思维创新。

重新表述问题阶段发生在一段时间的讨论过后，这一阶段大家对问题已经有了较深程度的理解。为了使大家对问题的表述能够具有新角度、新思维，主持人或记录人员要记录大家的发言，并对发言记录进行整理。通过记录的整理和归纳，找出富有创意的见解，以及具有启发性的表述，供下一步畅谈时参考。

畅谈阶段是指头脑风暴法的创意阶段。为了使大家能够畅所欲言，需要制订的规则是：第一，不要私下交谈，以免分散注意力。第二，不妨碍他人发言，不去评论他人发言，每个人只谈自己的想法。第三，发表见解时要简单明了，一次发言只谈一种见解。主持人首先要向大家宣布这些规则，随后引导大家自由发言，自由想象，自由发挥，使彼此相互启发，相互补充，真正做到知无不言，言无不尽，畅所欲言，然后将会议发言记录进行整理。

筛选阶段发生在会议结束后的一二天内，主持人向与会者了解大家会后的新想法和新思路，以此补充会议记录。然后将大家的想法整理成若干方案，再根据项目事先确定的标准进行筛选。经过多次反复比较和优中择优，最后确定1~3个最佳方案。这些最佳方案往往是多种创意的优势组合，是大家的集体智慧综合作用的结果。

二、635法

635法其实是头脑风暴法的改良版，我们称之为静静的头脑风暴，或者叫不说话的头脑风暴。其基本思路是：6个出席人，6张纸；根据课题，1个人在5分钟内，写3个创意；写完传给下一个人，下一个人再写3个创意；后一人受前一人想法的启示，产生新的想法。如此反复进行6次。30分钟内，得到108个创意。

表4.2展示的是"海外旅游必携用品"的课题设计使用635方法时，其中一个人的"表格"。在这个"表格"中，阿拉伯数字的1到6代表的是6名参与人员，ABC代表的是三个方案。箭头代表的是后一个想法是对前一个想法的延续和深化；实横线代表的是两个想法之间没有启发的关系，后一个想法是一个独立的创意；带箭头的折线则代表着两个想法之间的延续关系。

635法的好处在于它能够在较短时间内，比如30分钟内，产生近百个有针对性的创意想法，而这些想法之间具有一定的互动性和关联性，既确保了创意的数量，又兼顾了创意的相关性和质量。

表4.2 "海外旅游必携用品"课题设计采用635法时的"表格"

	A	B	C
1	超袖珍型的洗漱用品	消除时差的音乐磁带	泡上开水就可以食用的中国食品
2	洗漱用品与化妆品放在一起，防止碰撞碎裂的充填物	消除时差的药物	中国风味的小型调味套装（如酱油、醋等）
3	纸质包装的洗漱用品（如肥皂）	消除时差的香味剂	特色中国风味的食品（如小笼、生姜等）
4	袖珍型翻译机	消除沉睡不适感的药物	地方风味的食品
5	带有地图具有导向功能的PDA	消除沉睡不适感的音乐磁带	中国餐馆目录
6	代替电话机的通信设备	帮助调整时差的枕头	纸质包装中国食品

三、放射性思维训练法

　　放射性思维训练法是在广告创意过程中经常使用的方法，其核心思路是让创意元素变得丰富和鲜活，拉开想象力，是寻求创意突破、避免雷同的有效方式。笼统来讲，采用该方法应遵循以下几个步骤：准备一张纸和几支彩色笔，提出主要课题，根据课题产生副课题，进行关键词联想，对想法进行分组整理，筛选创意。

　　在品牌传播设计中，一个概念的放射性思维创意可以有六个阶段。一是以品牌概念为中心，对概念进行分析；立足消费者或传播对象，洞察他们的心理，与他们一起思考和感受，让各种元素在脑中闪现。二是将主题概念用黑色笔写在白纸的中央，以主题概念为起点，向四周放射，形成不同的路线，把思路拉开。三是沿着不同的放射路线开发各种元素，根据生活经历和常识，将可能发生的元素沿着路线放射并快速记录下来，进而展开捕捉闪光元素的行动。四是在30到40分钟的时间内，持续完成工作，并最终填满整张白纸；在此期间，保持高度的精神集中，以使得思维能够快速而高效地运转起来，获得尽可能多的新奇元素和想法。五是沉思一下，然后从整体上审视白纸上所有的线路和元素，用彩色笔将具有新鲜感的元素标示出来，接着在另一张白纸上用图形方式画出所有的标示元素和他们的线路，形成二次重构。六是审查重构后的放射图，将几个有趣的闪光点（图形）连接起来，发展成一个创意传播的雏形，并提炼适当的创意文案或广告语言。

在放射性思维训练的过程中，我们可以发现不同的阶段有不同的工作形式和产物（图4.5）。例如：阶段一是头脑中思维概念运作的结果，是"想"的阶段；在阶段二到阶段四，头脑中的想象落实为文字，是"写"的阶段；在阶段五，语言文字形式的创意元素转化为凝练形象的图形创意，是"画"的阶段；在阶段六，创意图形进行兼并、组合、优化和凝练，是"做"的阶段。这几个阶段完整贯彻了品牌传播设计的逻辑原则和实施过程，具有极强的合理性和实用性。

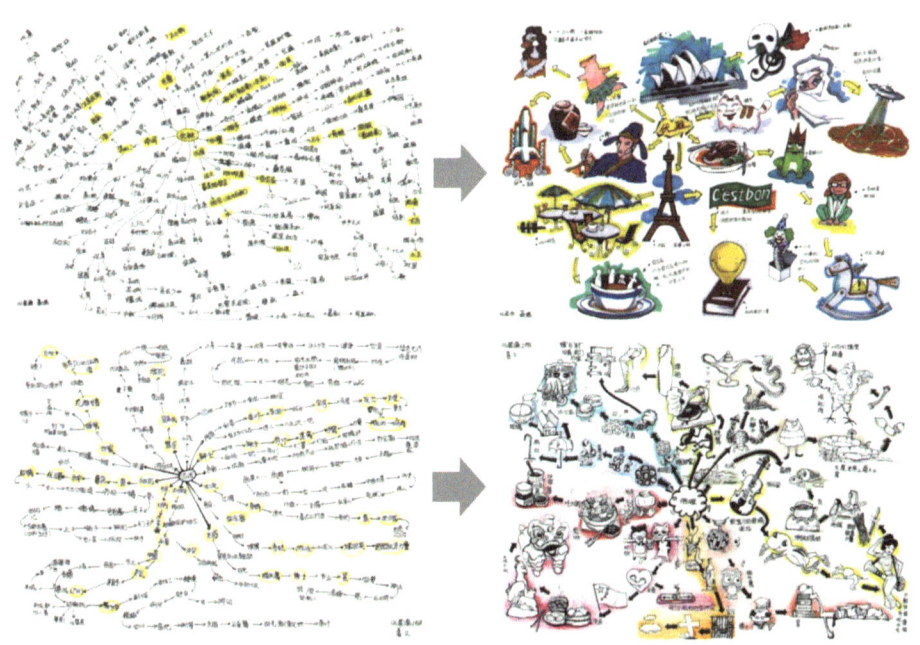

图4.5 "优雅""活泼"的放射性思维训练过程

四、六项思考帽

六项思考帽是创新思维学之父爱德华·德·博诺博士开发的一种思维训练模型，是一个全面思考问题的模型。六项思考帽，是指使用六种不同颜色的帽子代表六种不同的思维模式。任何人都有能力使用这六种基本思维模式。

其中：白色代表中立而客观，戴上白色思考帽，意味着人们思考的是关注客观的事实和数据；绿色代表茵茵芳草，象征勃勃生机，戴上绿色思考帽，意味着创造力和想象力，强调创造性思考、头脑风暴、求异思维等功能；黄色代表价值与肯定，戴上黄色思考帽，意味着人们从正面考虑问题，表达乐观的、满怀希望的、建设性的观点；黑色代表负面和消极，戴上黑色思考帽，意味着人们可以运用否定、怀疑、质疑的看法，合乎逻辑地进行批判，尽情发表负面的意见，找出逻辑上的错误；红色是情感的色彩，戴上红色思考帽，意味着人们可以表现自己的情绪，以及直觉、感受、预感等方面的看法；蓝色平静而沉稳，蓝色思考帽负责控制和调节思维过程，戴蓝色思考帽则要负责控制各种思考帽的使用顺序，规划和管理整个思考过程，并负责做出结论。

六顶思考帽的特点如表4.3所示。

表4.3　六顶思考帽的特点

帽子	角色	要求	职责
蓝	思考的组织者	关注主题的思考本身，而非思考的主题	过程控制：列出思考的目的、目标和任务；列出使用其他思考帽的议程和顺序；定义并指出过程中遇到的问题；维持纪律，针对偏离主题或者当前帽子状态不符；评价；结束争论；产出会议结论
白	信息的采集者	提供的事实和数据可被检验；提供的意见和情感是他人的	提出纯粹的信息：已经核实和证实的事实；信以为真但尚未核实的事实；需要指出为真的概率
红	情感的输出者	简短直接，无须解释	表达现有直觉和感情：承认情绪对思考的影响；情绪不用有逻辑；情绪不用前后一致
黄	机遇的探险者	以逻辑为基础；积极乐观；有建设性；关注利益、优点和有效性；涉及判断和方案	界定机遇：积极评估机遇价值；积极评估提议行动优点、效果；改进黑帽提出的错误（不改变概念或视角）
黑	危险的示警者	谨慎；批判性思考；不可过度使用	风控：指出思考过程本身的错误（蓝帽的错误）；指出提议行动的错误；挖掘机会和提议行动的风险、危险和不足
绿	创意的管理者	关注变化、行动；新创意、新概念、新视角、新点子、新方案；更多备选方案；逆向思维；随机思维	提出创新性方案：纠正错误（改变概念或视角，改革派）；清除缺陷；解决问题

六项思考帽是平行思维和创新思维工具，也是人际沟通的操作框架，更是提高团队智商的有效方法，它可以让每一次会议、讨论、报告和决策都充满新意和生命力。这个工具能够帮助人们聆听别人的观点；提出建设性的观点；从不同角度思考同一个问题，从而创造高效能的解决方案；用"平行思维"取代批判式思维和垂直思维；提高团队成员的集思广益能力，为统合综效提供操作工具。

在品牌传播创意会议中，六项思考帽的典型应用步骤一般是：开场导入（蓝色）；陈述传播问题（白帽）；提出解决问题的方案（绿帽）；评估该方案的优点（黄帽）；列举该方案的缺点（黑帽）；对该方案进行直觉判断（红帽）；总结陈述，做出决策（蓝帽）。然而，在不同的目标下，六项帽子的使用程序也可能因为活动目的不同而出现不同的顺序组合（表4.4）。

表4.4　不同目的下的六项思考帽组合顺序

活动目的	六顶帽组合顺序
初始想法	蓝色—白色—绿色—蓝色
不同选项中选择	蓝色—白色—绿色—黄色—黑色—红色—蓝色
确定方案	蓝色—白色—黑色—绿色—蓝色
快速反馈	蓝色—黑色—绿色—蓝色
战略规划	蓝色—黄色—黑色—白色—蓝色—绿色—蓝色
流程改进	蓝色—白色—白色（别人观点）—黄色—黑色—绿色—红色—蓝色
问题解决	蓝色—白色—绿色—红色—黄色—黑色—绿色—蓝色
绩效考核	蓝色—红色—白色—黄色—黑色—绿色—蓝色

第四节　服务设计工具

服务设计是对服务项目进行设计的活动、行为和观念。其主要内容是关注服务流程改良和服务体验提升，其核心目标是满足用户需求。因此，服务设计的工具多与用户的洞察和研究有关。在老字号企业的品牌传播设计中，我们觉得用户旅程地图、服务蓝图以及利益相关者地图三个经典的服务设计视觉化工具有较大的利用空间。

一、用户旅程地图

用户旅程地图（customer journey map），是把用户在服务系统中的体验地图化，视觉化表现服务系统中的触点、用户的行为、情绪等，以便于发掘痛点与机会点，它是一个人为了实现目标而经历的过程的可视化，它非常适合用于理解和解决客户需求和痛点。在最基本的形式中，旅程地图首先将一系列用户目标和操作转化为时间线骨架。接下来，用用户的想法和情感来充实这个框架，以创造一个故事。最后，这种叙述被压缩成一个可视化的工具，用来传达设计过程的信息。旅行地图结合了两个强大的工具：讲故事和可视化。讲故事和可视化是旅程地图的基本方面，因为它们是以一种令人难忘、简洁的方式传递信息的有效机制，并创建了一个共享的远景。

如图4.6所示，虽然旅程地图根据所使用的特定上下文而变化，但它们倾向于遵循一个通用的模型，其中包括透镜的区域，映射的经验，以及贯穿整个过程的洞察。区域A：镜头通过分配①一个角色（谁）和②要检查的场景（什么）来为地图提供约束。区域B：地图的核心是视觉化的体验，在这个区域中，③代表是旅途的阶段性划分，④代表用户在整个过程中的对应了某个阶段的全部典型行为，⑤是用户的想法，⑥是用户在接受服务过程中的情感体验。区域C：根据旅程地图支持的业务目标，输出的形态内容应该有所不

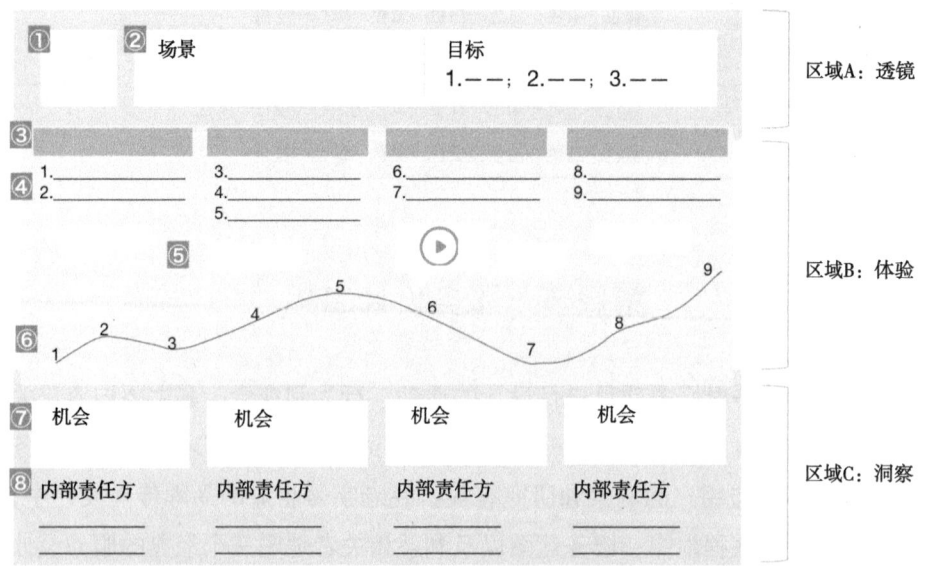

图4.6　用户旅程地图通用模板

同，但是它可以描述发现的洞察力和痛点，以及⑦所代表的未来的机会和⑧所代表的内部所有权。

具体来说，用户旅程地图一般包括了这几类元素：

第一，观点。首先，我们应该选择旅程故事的主角和"演员"，即这张旅行地图是关于谁的？例如：一所大学可能会选择学生或教员，这两种选择都会导致非常不同的旅程。如果角色存在的话，"演员"通常会与角色保持一致。在创建一个基本的旅行地图时，使用每个地图的一个视角来提供一个强有力的、清晰的叙述。

第二，场景。接下来，确定旅程所反映的具体体验。这可能是一个已经存在的旅程，地图将揭示当前体验中的积极和消极时刻；也可能是一个"未来"体验，设计者正在为一个尚未存在的产品或服务设计一个旅程，确保在此过程中明确用户的目标。旅行地图最适合描述一系列事件的场景，如购买行为或旅行。

第三，操作、心态和情绪。旅程地图的叙述的核心，是用户在旅途中所做的事情、思考的事情和感受。这些数据点应该基于定性研究，如实地研究，上下文查询和日记研究。

第四，接触点和通道。接触点可以理解为用户与服务实际交互的实体物如界面或服务员，而通道则是实际交互所发生的环境，如网站或实体店。地图应该将接触点和通道与用户目标和操作对齐，这些元素值得特别强调，因为它们经常暴露出品牌的不一致和不连贯的体验。

第五，见解和所有权。用户旅程的全部要点是发现用户服务体验中的差距，然后采取行动优化体验，洞察力和所有权是经常被忽视的关键因素，旅行地图中出现的任何优化的见解和观点都应该明确地列出。如果在实际管理权限上确实可行，我们还可以在旅程地图为不同的部分分配所有权，这样就可以清楚地知道谁负责客户旅程的哪些方面。如果没有明确的可确认的所有权，那么就没有人有责任或有授权去改变任何已经出现的问题。

二、服务蓝图

服务蓝图（service blueprint）是视觉化呈现服务系统的流程和各个环节，以及各利益相关者在服务系统前台和后台的行为交互。服务蓝图能够帮助设计者视觉化呈现服务是如何被执行与运作的。用户旅程地图关注用户在每个服务互动触点所经历的事情和用户感受，服务蓝图更关注服务中的各个要素有没有被正确地设计和整合在一起，来描述整体的体验流程。

服务蓝图一般包含五个部分，分别是实体触点、用户活动、前台、后台和支持系统（图4.7）。实体触点是服务触点的实体表征，用户活动是用户在购买、消费和评价服务过程中采取的一系列活动步骤，前台是能被用户看见的和直接接触到的服务活动与界面。这三个部分同用户旅程地图相似，但剩下的两个部分则是服务蓝图所独有的。后台是用户看不到的支持前台与用户互动的后台行为活动，支持系统是涵盖在传递服务过程中支持员工的内外部服务步骤。

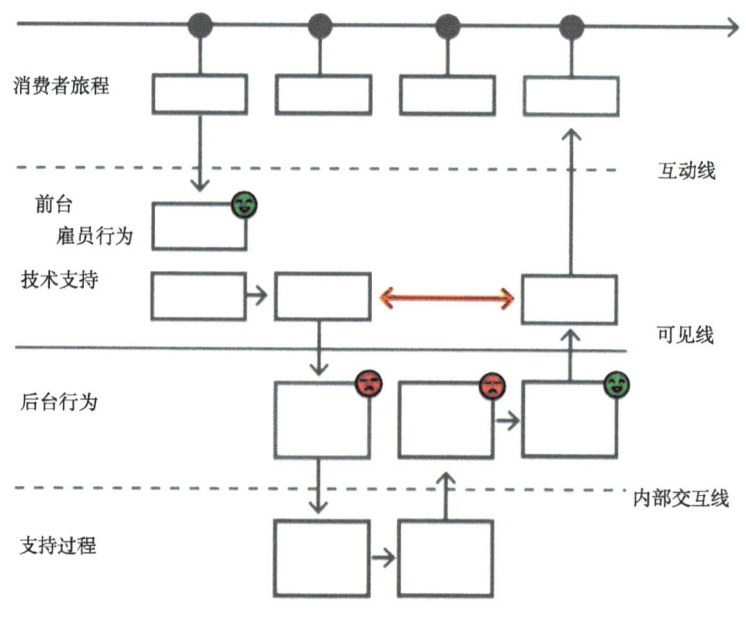

图4.7　服务蓝图简要模板

那如何建立一个服务蓝图呢，其中有六个步骤。

第一步，根据项目特性在白纸或墙壁上勾勒出框架表。首先画好互动线、可视线和内部互动线，以虚线划分界限。互动线表示用户与前台服务提供者的互动。可视线以上代表用户可以直接接触的部分，可视线以下是用户看不到且无法直接接触的部分。内部互动线代表服务前台与服务后台的协作配合关系。

第二步，在互动线以上，按用户活动时间顺序来描绘一系列的用户活动；一般包括了注意（即用户最初了解的服务接触点）—加入（即用户登录或注册阶段）—使用（即服务的常用阶段）—发展（即用户对服务的扩展使用阶段）—最后离开（即用户结束使用服务，可以是阶段性或永久性的离开）。

第三步，在互动线与可视线之间，描述前台各阶段的互动。对应每个用户的活动轨迹，可以添加不同服务提供方（如护士、医生、行政人员等），并创建与服务对象产生直接互动所必需的行为，也可以用实线箭头连接表示互动关系。

第四步，在可视线以下，描述后台各阶段的互动。对应前台服务提供方的服务流程，组织后台的不同角色需要配合的行为，同样可以用实线箭头连接表示互动关系。

第五步，回到表格网络的最上端，对应用户活动标注服务接触点，如接待吧台、网站平台、印刷物料等。细节到全局需要反复思考。例如：界面触点是什么样子？员工接待是怎样的标准？如何与服务保持整体上的一致性？

第六步，制作数字化服务蓝图和视觉化的数字档案，方便团队更新与共享。

在网约车的简单服务蓝图中，我们可以看到用户的行为被分解为了解、进入、体验和离开四个阶段。在了解的行为下，客户行为是下载App注册账号，对应的接触点是App商城，对应的后台互动和系统支持分别是确认乘客和支付账户（信用卡、微信或支付宝等），以及平台日常维护；在进入的行为下，客户行为是叫车，具体化为选择路线和车型，对应的接触点是显示附近车辆的App界面，此时的后台互动式发布叫车信息给司机，支持系统则是平台的派单系统；到了用户的体验行为阶段，客户的行为是搭车，具体包括等车、寻找、上车，对应的触点是带有车辆行驶信息、司机信息的App界面，以及实体的约定车辆，而此时的主要的后台互动是开始记录行驶路线，对应的系统支持是后台导航与计费运算；最后一个阶段是离开阶段，对用户来说就是下车结账的行为，而接触点是结账与评价的App界面，此时的后台互动是刷卡支付与提供电子收据，相应的系统支持是平台维护与客服热线。

在服务蓝图的制作过程中，我们应该注意：一是用户与环境的不断变化会导致服务动态变化，因此蓝图在服务实施过程中需要不断检视和迭代；二是服务蓝图制作过程中可以使用便利贴，方便讨论时灵活移动，最终则可以使用PPT、Excel、Indesign、Ai等工具将服务蓝图原型视觉化；三是前台、后台与服务对象间的互动可能会超出预期，往往需要服务提供者的各个部门联合起来一起协作完成，甚至会邀请用户共同参与，这时，工作坊便是一种非常适合的共创方式。

三、利益相关者地图

利益相关者地图（stakeholders map）是把潜在利益相关者之间的关系地图化表现，可以针对现有服务对利益相关者关系进行梳理，也可以是对新服务概念利益相关者关系的设想。在视觉化关系时需要理清楚核心利益相关者、直接和间接利益相关者与他们之间的关系。地图可以将复杂关系可视化，进而发现优化服务流程的机会点。

在服务创新设计初期，利益相关者地图可以帮你了解不同群体的利益关系，也可以在服务转型时统观自身资源，从而进行更好的整合与串联。

那如何才能制作出一份准确的利益相关者地图呢？一般都有以下三个步骤。

第一步，列出所有利益关系人清单，可以选择观察、访谈或桌面研究。例如，可以了解各部门在整个服务系统或项目中处于什么领域，核心成员有哪些，直接关系人、间接关系人是谁，他们在项目进程中的职责分别是什么，外部的合作企业、部门或人员是谁，有什么样的政策。

第二步，深入理解他们是怎样相互关联的，如果时间允许，可以将所有关系人的兴趣、动机、样貌列出来，进一步将潜在的关系人也挖掘出来。

第三步，用同心圆的方式，将所有关系人列入、定位，并以线条、箭头或图示描绘相互关系。团队可以在白板上用不同颜色的便利贴代表不同的亲属关系，灵活讨论，然后绘制数字类关系图表。

在制作利益相关者地图的过程中，要注意除了公司部门、员工外，供应商、客户乃至有差异的同行，都可以是利益相关者。利益相关者地图可以有多种格式，但都需要明确指出内部与外部利益关系人，理解内外部的重要性和相互关系。

以少儿线上学习平台项目为例。它的利益相关者就是以一个个体小学生为核心的，内部利益相关者包括授课老师、管理助教、客服部、销售部、课程顾问、研发设计部、运营部、法务部等，而外部利益相关者更为宽泛，涉及与孩子有关的学校以及学校的老师，作为教育决策者的家长及其同事，其他孩子的家长，地方教育部门以及地方社区，与平台有关的技术供应商、苹果商店、安卓商店、广告合作方、投资人、代言人、电子支付系统、银行系统等多个方面。

在欧洲，移民是一个国家劳动力的重要来源，因此强化对移民的管理与服务至关重要。在关于移民的政府公共服务设计中，我们可以看到，围绕移民这个目标对象，其利益相关者涉及政府（提供政策支持）、学校教育方（提供规范化的教育）、律师（提供法律支持）、医生护士（提供健康支持）、雇主（提供收入与技能支持）、家庭（提供情感支持）、文化社团成员、朋友，在利益相关的某些环节上，还会有一些利益相关者延伸出来，如教育系统中的学校教师、家庭教师以及语言老师，还可以由家庭延伸出邻居、教堂信友等。这些围绕移民而产生的利益相关者除与目标对象有各种互动关系外，他们之间也产生千丝万缕的联系。这些利益相关者以及他们之间的关系构成了利益相关者地图的全部内容（图4.8）。

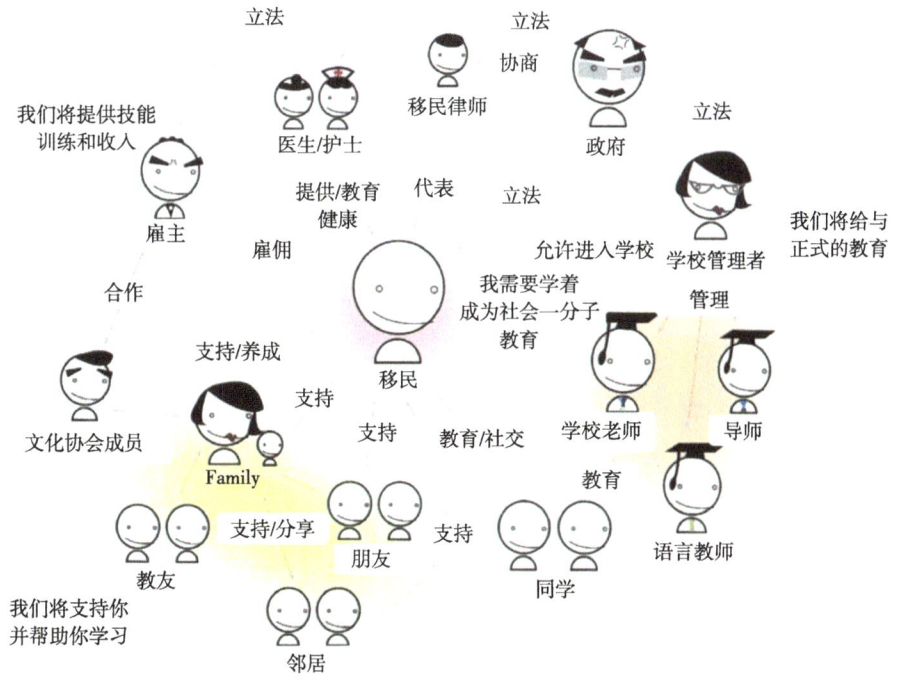

图4.8 移民服务利益相关者地图

103

附：访谈实录

一、超意兴

（一）品牌介绍

济南超意兴餐饮有限公司成立于1993年，由济南老字号"正泰恒"演变发展而来。2011年公司被认定为放心早餐工程建设企业。在各级政府部门的指导帮助下，公司及时将企业的发展思路调整到政府引导方向上来，按照放心早餐工程建设标准要求，大力推进主食加工配送中心建设，加快标准化直营连锁店和早（午）餐车发展，走出了一条规模化、连锁化、规范化、品牌化发展之路，在济南城区新建主食加工配送中心2处，发展直营连锁店200余家，设置早（午）餐车30部，已初步发展成为一家集食品生产、快餐经营、营养餐配送于一体的综合性大众餐饮连锁企业。

公司现有员工近5 000人，品牌影响力和市场认可度不断提高。公司先后荣获"山东省著名商标""山东老字号""山东省早餐工程示范企业""山东省食品卫生先进单位""山东省诚信经营示范单位""济南市文明单位""济南市守合同重信用企业""济南市消费者满意单位"等荣誉称号。公司在2012年确定了辐射山东的经营战略，并成功开拓了淄博、德州、泰安、滨州、莱芜、济宁和聊城等地的快餐市场。

（二）访谈实录

采访人：第一个问题是超意兴的发展历史。（宋总、张总）两位可以简单说一说，比如，超意兴在发展过程当中有哪些特别关键的点和决策、人物以及阶段性的事件对于发展有重大意义。

张总：超意兴往早了说的话，从20世纪一二十年代，就是我爷爷的爷爷啊（所在的年代开始经营），到我这里是第五代。从第一代人起，家里的老人就做把子肉，把子肉制作、卤制和销售，做这样的生意。那个时候是济南开埠的时间段，店比较小，但是一直在做这件事情，到了40年代，业务做得比较大一些，除了餐饮业务之外，还做了一些零售型的业务，就是贸易型的业务。当时做的是鞋类全国性的业务，这个时候就有了正泰恒这个品牌。1953年，时任济南市市长谷牧先生，给我们颁发了正泰恒企业登记证。这个登记证现在还在档案馆里边保存着。后来，公私合营，正泰恒这个品牌就没有了。

但是家里餐饮的生意一直都在延续，然后到我爷爷这一代，就开始做这种正餐型的酒店餐饮型的生意。我爷爷在做生意期间，收了很多的徒弟。1993年，我父亲就开始做超意兴的品牌，创业的初期，就是我爷爷这些徒弟帮着他，开创了超意兴。1993年4月10日，第一家超意兴门店开业，那个时候是在白马山，现在济南南站这个地方。随着经营的发展，开始尝试着去开连锁店，从1993年到2003年，这十年的时间，经历了这个品牌的存活期，新开几家店，然后陆陆续续地又关一些店铺。从2003年之后逐渐确立标准化意识，包括第一代中央厨房的建立，开始了相对而言比较对的思路，就是通过减少一些产品，来实现这种标准化。2010年超意兴进入快速发展的阶段，逐步地开了更多的店，然后走出济南市，开始在济南的周边地区开店。然后到现在有400多家门店，基本上是这么一个过程。

采访人：我想问一下，这个历史当中您觉得哪些事情在超意兴的发展过程中特别重要，或者特别关键。

张总：从经营的角度上来说，还是从市场的角度来讲？

采访人：从企业发展的角度来讲，就是现在从我们后来人的角度去看这个品牌的发展来讲，您觉得哪些事情可能是很关键的。

张总：对于企业来讲，1993年开第一家店是关键时间节点。到2003年基本确定了一个方向，就是做以把子肉为主的快餐连锁门店，通过减产品，实现标准化运营，逐渐形成了我们超意兴现在的这样一个基础，实现了可复制化的能力。然后就是从2003年开始尝试着去做中央厨房的升级，2010年升级为第四代中央厨房，就是咱们现在正在用的。这个是支撑超意兴快速发展的重要节点。有了中央厨房这种供应链的能力，才能保证门店的可复制性和快速发展。

采访人：我想问下这个中央厨房的概念是什么，就是我们所有的产品都是由中央厨房制作出来后，往各个门店送，是这么一个概念吗？因为我经常去您那吃饭，我看好多门店的菜品基本上是差不多的。

张总：熟食类的产品就是把子肉、瘦肉、丸子等，从中央厨房完成加工配送到门店，配送到门店的是半成品，门店只需要加热熟化。然后门店里的菜品炒菜是通过研发部门制定标准组织培训，再通过集团统一采购原材料，配送到店，然后厨师按照标准去制作。

采访人：张总，这个中央厨房是只在济南吗，或者就这么一个吗？然后全省或全国这么去配送？

张总：目前还没有辐射全国，现在是以济南为中心往外画圈儿。现在咱们应该是画到第二圈了，就是围着济南的周边城市这一圈，济南市已经都覆盖了。现在已经开始覆盖第二圈城市。

采访人：咱这个产品有多少种，有几十上百种吗？

张总：没有。

采访人：我不是很理解，就是在做这个产品种类的时候，是为了保证这个品质，所以就控制一下数量，还是要我尽可能多地研发产品，然后满足更多人的需求。在这方面，您有什么样的策略？

张总：这个还是要尽量精简，因为你只有做精一部分产品才能够实现标准化，才能够满足顾客，这是对于品质的要求。咱们现在主要是以济南特色的卤制品小吃，比如把子肉、四喜丸子、五香豆腐、面筋等特色菜品为主打，同时搭配一些比较家常的菜品，比如土豆丝、鱼香肉丝、红烧茄子等。

采访人：我们也看过很多资料，说咱们的饭店12元钱可以吃饱。其实对一般老百姓来讲，这个式样是足够多了。

张总：因为超意兴的文化，就是家文化。我们视员工为一家人，然后做百姓的家厨房。首先，做百姓的家厨房，就是希望超意兴的门店能够成为老百姓不在家吃饭首选的用餐方式。然后咱们在原材料采买方面，按照家里买东西的标准，买最新鲜、卖相最好的、品质最好的。家常菜是用应季的蔬菜去制作。在采购上，我们以家庭的采购标准作为超意兴的采购标准；菜品方面就是做家常菜；服务方面，让我们的员工对待到店的顾客，就像对待自己的邻居和亲戚，要热情招待，要和顾客成为朋友。

采访人：我反正经常去吃，我去吃的一个很重要的原因就是那个免费粥，我看新闻报道也都提到这个事，免费这个思路是什么时候开始出现的，是在什么情况下有这么一个很好的服务创举的？

张总：已经做了十几年了，从2005年左右开始做。因为咱们超意兴主要卖的是把子肉，把子肉是有肥肉的，吃完会有油腻的感觉，而这个玉米粥，是有解腻作用的。所以说，我们是为了能够让顾客就餐体验好，说白了就是让顾客舒服。玉米粥是一种饮品，在家我们也经常会饮用，这样的饮品符合我们菜品的结构，这让顾客有更好的就餐体验。

采访人： 确实是，因为我经常在外边吃这种快餐。玉米粥是非常受欢迎的。我想问一下张总刚才提到的企业文化，就是以这个家为主，在未来的发展当中，有没有长远一些的愿景或者企业目标？还是说我们就一步一步，踏踏实实地把这个家的文化做好，把服务老百姓的这个理念做好。

张总： 超意兴的愿景就是弘扬齐鲁饮食文化，争创国际快餐品牌，为世界人民的饮食健康而努力奋斗，能够把超意兴打造成为一个走得更远、规模更大的一个餐饮品牌。近五年的目标是精耕东山东、辐射京津冀，逐步走向全国。希望能够把超意兴打造成一个能为更多老百姓提供服务，提供这种有品质和体验的就餐方式。

采访人： 张总，如果我们的企业要走出山东，还会坚持这种济南的特色或者这种山东的特色吗？是不是都会根据当地的特色对菜品进行调整，就像肯德基来到中国，就会卖鸡肉卷这种东西。会有这种想法吗？

张总： 这个肯定是以老济南特色小吃为主打的，把子肉一定会成为超意兴未来发展的拳头产品，也是希望能把把子肉这样一个具有鲁菜背景的特色小吃推广到全国，让更多的顾客喜爱它。所以说把子肉这个产品一定会是贯穿始终的，未来的发展也一定会以把子肉为核心。在做设计，或者说在传达方面，我觉得也应该把把子肉作为一个传达的重点。然后，我们开到其他的城市的店会根据当地的这个需求，调整一下菜品。咱们济南这边喜欢吃咸的，可能到了四川那边就喜欢吃辣的。那我们会根据当地顾客的就餐习惯对菜品做出调整，但是一定会把最原汁原味儿的这种老济南把子肉带到全国各地。

采访人： 张总，您刚才说的那个设计，我理解这个设计除了菜品设计之外，应该还包括视觉传达的设计。超意兴标志是有什么具体的含义吗？就是那三个字母吗？

张总： 蒸蒸日上。这是一个太阳，一个向上的箭头嘛。

采访人： 咱那个店铺的装修当时是怎么考虑的？是尽可能利用空间？反正我去的感受就是简简单单。当然有一些标准的颜色是吧？

张总： 黄色、红色。如果将来需要再设计和调整，咱们还是以红色为主，黄色可以再优化，红色是要必须保留的。

采访人：在企业的宣传上，我看咱们主要还是以做好产品为主，赢得老百姓的口碑，也没有说做一些特别的广告宣传，或者营销的宣传活动，我们重要的宣传都在店里了是吧？

张总：对于企业宣传，现在我们有一个想法，就是说超意兴是始于1912年的。可能这里没有文字记载，但是确实是从那个年代开始的，这是五代人的传承。超意兴一直做得比较复古，希望把超意兴打造成一个有文化底蕴的品牌。所以说我们一直考虑在品牌升级过程当中，有没有可能把超意兴回归这个最原始的、最开始的那个状态。其实对于现在的年轻人来说，都流行说国潮嘛。对于超意兴来说，它是一个有历史底蕴的品牌。大家对于中国的传统的东西，或者说这个有历史的东西，有文化的东西，有故事的东西可能会更感兴趣。

采访人：说到年轻，因为我们团队正在做"老字号正青春"，老字号的年轻化是一种潮流，您现在有没有这个考虑，比如说做把子肉也好，做老济南的那个菜也好啊，这个免费粥也好，其实是让人觉得这个品牌是非常亲民的，就像我的邻居，像我自己家做的饭一样。那么为了让年轻人喜欢，可能会做一些让年轻人喜欢的设计，或者一些菜品改良。您会不会担心跟原来的消费群体产生冲突？

张总：也不一定是必须非常的年轻化。要让它能够在符合当下超意兴的受众群体基础之上，还能够让顾客感觉更有意思。也不能说更时尚吧，就是更国潮一点儿，能够吸引一部分年轻消费者。对于超意兴的年轻化，我觉得这是一种方式，但是针对主要的消费群体，我们想要传达的群体，还是以现有的超意兴消费群体为主：30岁以上的，这种家庭式的消费为主。

采访人：其实您这个理念我也挺赞同的。国潮并不一定就是现在年轻人所谓的那种潮，其实还是传统文化的潮。就是因为有文化，所以才能有国潮，没有文化，那都是在标新立异。还有几个问题，超意兴也是一个很驰名的老字号了，您觉得这个老字号，它代表的是一种什么东西呢？从消费者角度来讲，他们看到老字号以后会产生一种什么样的感受，您对老字号是怎么理解的，老字号意味着什么？

张总：老字号，让消费者看到的首先是就品质。因为你既然有老字号的金字招牌，经营了这么长时间，始终都在经营，说明给顾客提供的产品，提供的服务都是有品质的，是有保障的，令人放心的。既然你是卖东西的，所以你卖的东西应该是信得过的。对于老字号来说，这是最重要的东西。然后对于餐饮来说，我们卖的不仅仅是菜，我觉得更多是产品，是服务。门店就是一个产品，你看到这个门店，你的感受，你进入这家门店的时候，你的感受，你就餐的时候，你的感受。店内的工作人员给你提供的这种气氛，这种服务，都是产品的一个部分，甚至包括你离开了门店，还会让你始终记着这个门店。对于餐饮来说，菜不是我的产品，门店是我的产品，我们打造的是门店给顾客全部的这种体验。所以，对于老字号餐饮企业来说，店有没有给你这种从始到终都是很有品质很有保障的感受，这是最重要的。

采访人：其实您刚才那句话就特别准确，一个门店，它其实不仅是一个产品，而是一套的服务的体验，从人到产品的体验。用几个字来概括你的所谓的一个服务体验，是不是这种体验就是家的体验，从物质上来讲，它是一种品质。从情感上来讲，它是一个家。我还有一个问题就是，在超意兴的成长过程当中，或者在您心目当中，您觉得做得特别好的餐饮有哪些，曾经向它学习过，或者曾经想到借鉴过的企业，有没有这样的企业？

张总：我们一直在学习，我们学习的榜样是金德利。金德利是国企，它有一个从始至终都会去运营这个品牌的团队。金德利的这种整体的运营能力从采购供应链，门店菜品的研发，产品的品质，是绝对有保障的。它不可能坑害老百姓。所以说这也是为什么我们一直把金德利作为自己的学习榜样的一个关键原因。

采访人：要跳出餐饮这个行业的话，有对您有启发的企业吗？或者它们的管理宣传、品牌营销对您有启发？

张总：大家都太强了，每一个成功的企业都有值得我们学习的地方。我们比较比较认同的企业是，那种提供极致性价比的企业，我能少收顾客的钱，就绝对不多收顾客的钱。然后，就是那种能够全身心地努力为顾客、为消费者提供最高品质的消费体验的企业。

采访人：明白，您说得特别好。我还有最后问一个问题，就是关于宣传，我发现超意兴好像很少做宣传，很少看到在报纸、广播、电视上进行宣传。

我想问一下咱们超意兴在宣传上有什么样的策略？

张总：让我们宋总介绍一下，他经常和媒体打交道。咱们公关方面，宋总也都在关注。然后我这边也有一些内容，一会儿我再补充一下。

宋总：你好，其实我们超意兴在前些年的时候，基本上都是像刚才张总讲的一样，就是扎扎实实的，为了老百姓服务，推广这方面做得可能比较少，也不够好。这两年我们也是越来越重视这一块儿。我们的主旨并不是为了标榜自己去推广品牌，而是为了让老百姓更了解超意兴。超意兴不单纯的是在做一家快餐店，更多的是满足老百姓的饮食需求，包括营养健康、食品安全方面我们都是有担当的。所以，我们也是在逐步地推广一些我们的原材物料，在店内会有一个展示我们原材物料以及加工环节的宣传。

关于媒体宣传，多数是和别人合作的，广告公司有一些合作的，有这么几家做这一块的。我们和一些中小学，还有官方媒体，组织了一些中小学生到企业参观。这算是工业旅游性质的吧。孩子们来了，看一下，然后品尝一下我们的大米干饭把子肉，这个做了有十几次了，觉得效果还不错，一个大学也来过。和各个媒体之间，比如自媒体，一些微博的大V，各个平台上的一些大V，有一些联系，也不算是合作，反正都是朋友，交的朋友比较多。然后，他们也需要素材，他们也想找到能够吸引百姓关注的点。

比如，以前中央厨房是不允许拍照的，因为毕竟牵扯到一些所谓的商业机密。在去年，我们开放了中央厨房的宣传。他们也拍了一些视频。为什么说把子肉好吃，因为我们在运输环节严格控制，从鲜肉到餐桌，我们控制在36个小时。还有就是我们的大米为什么好吃，这就是我们在管理原材料上的亮点，我们的大米是由东北一个专门的水稻基地提供的。从东北到餐桌，我们控制在十到十二天，这个也是需要有体量的加持才可以做到。

在官方媒体上，包括时报、日报、晚报这些我们也会做宣传，但我们不会单纯地去做一些硬推。超意兴的口号就是成就员工，造福顾客，还要回报社会。我们就是会做一些有社会担当的事。那么这些媒体，也愿意来给我们报道。比如说像现在新冠疫情期间，我们拿出了一百万资金去为抗疫的工作者提供免费配餐，还有我们员工自发的捐款，我们给环卫工人提供早餐，我们还计划在交通日的时候，给交警们送上一份可口的午餐，等等。其实这些，表达了超意兴应该去承担的社会责任。同时，媒体、报刊、电视台等等也对我们有一个好的印象。从这个角度上来讲，他们比较认可，愿意去给我们做报道。接下来，企业也制定了一个超意兴品牌宣传推广的路线，还是不去做广告硬推，而是扎扎实实做点事儿。就这么多，张总，你还在补充一下吗？

张总：一方面，我们也在逐渐接触媒体。可能之前接触比较少。另一方面，我们也开始尝试着去做一些自媒体的业务，比如超意兴公众号的运营。

我们会去做一些视频类的内容，比如，我们这一段时间，在做一个创意性的家厨房项目，教你做一道菜，会去把一些老百姓自己在家里能做的这种菜品，通过我们的摄像团队，让我们店里的厨师去教给大家做一道菜。这个过程当中，我们的厨师会有一个亮相，会让更多的人看到他的手艺，也可以让更多的人学习到菜品的制作。厨师会有成就感，同时对于顾客来说，会看到超意兴在不断地跟大家交流，可以跟着视频去学做家常菜。这个交流会产生更多的黏性。同时我们还会根据一些菜品的属性，附上菜品背后的一些故事。

另外一个视频项目就是类似于美食评论节目，我们会邀请一些媒体的朋友，包括我们内部的员工，会针对一些菜品做一些评论性的讲解，比如说宫保鸡丁背后的故事，你学会做这道菜之后还能听关于宫保鸡丁的一些历史。然后，现在正在尝试着去做超意兴自营的小程序。我们也可以让顾客在小程序上面下单，一方面是咱们店内的扫码点餐，另一方面是咱们自营的外卖外送服务。再一个就是到家场景的服务，就是我们会去为顾客提供一些零售产品。比如，家里用到的菜，家里的柴米油盐，这些东西我们都会通过小程序去售卖，都是一些性价比比较高、有品质保障的产品，销售给顾客。另外，刚才说到的教给你做一道家常菜，我们会把家常菜当中用到的一些原材料，做成净菜的形式，当你看到这个视频的时候，同时你还能再买这些原材料回家，不用清洗，直接投锅炒就可以。所以超意兴也在不断的创新。除了到店吃饭之外，更多的是满足顾客在家吃饭的家厨房的需求。

采访人：我想问一下，刚才咱讲的那种到家的场景，包括净菜，我们现在是从策略上来讲，是把它当成一种推广品牌的方式，还是将来会当做一个很重要的一个业务点，或者说我们会对它产生一些盈利的期待？

张总：是有期待的，因为受疫情影响，大家回家吃饭的需求更强，所以说我觉得这种有到家属性的新业务未来还是会有发展。

采访人：其实，我觉得这也是品牌年轻化或者品牌升级的一个很重要的表现了。我还有一个小问题就是刚才咱提到这个自媒体，除了公众号之外，还有一些视频类的吗，比如说抖音之类的。

张总：视频类的都必须做，在形成一定规模之后，我们会去做这抖音、微博等等一系列，使我们的内容生产能够成为一种比较常规的工作，能够让它有周期，有流程，进入正轨，之后会进一步去开拓更多的宣传渠道，不仅限于公众号。

采访人：超意兴现在面临两个方面的问题，一个是品牌的整体包装的提升，另外一个是产品本身包装的提升，其实就是现在整体品牌的提升。对于这个品牌提升的诉求，你们有一个什么样的思路？随着超意兴的扩展，从现在的400家门店到未来全国的一个布局，也需要服务的提升，除了保留一些咱们原有的文化，比如说家文化外，还需要更多的形象考虑。假设我们到了省外，首先给外省人民亮相的是什么样的东西，可能大家最能直接看到的就是形象上的。我们通过形象上的一些处理，去推广超意兴的产品，我想问一下你们对于产品包装形象有一个什么样的期待？

张总：我目前没有很直接的形象要求，只有一些概念和觉得比较重要的点，可以在这个点上去塑造。刚才咱们说到了超意兴的家厨房，这个是需要贯穿始终的，这种服务的理念、传统的理念，老字号也是需要有的。我们希望在品牌方面要更多地去把1912年的文化背景、历史背景，做一个传达，这就是五代人的传承，把子肉这个产品始终贯穿了五代人的经营。老济南特色名吃大米干饭把子肉，这是在传达过程当中，要突出的要点，要让更多人知道的一个点。

采访人：咱们现在要做的品牌提升，不光包括家文化、这些产品、文化背景等。它是一个非常抽象的概念，除了在标志上的改变、提升，更多的是通过一些辅助图形的设计去阐述，这样的话，它可以更加深入人心。

张总：现在，Logo这个核心加上超意兴的文字，再通过一些图形插画、文案，还有比较精炼核心的文字传达，文字传达得让更多的人了解超意兴，了解刚才咱们说到这几个点。

采访人：在每一个特定的这种环节上，比如说在门店形象上的统一，标志的统一，然后再去逐步引申到服务体系的统一。

张总：Logo要有"超意兴"的三个字，包括字体的设计，标语、文案的升级和优化以及品牌颜色要传达给顾客色彩的吸引等。

采访人：现在有个问题，以前的视觉系统和将来的视觉系统，它们两者之间的关系，您可以简单地阐述一下吗？现在超意兴所用的这套包装和您未来所期待的包装形式、颜色，它们之间有千丝万缕的关系，您可以简单阐述一下您对于未来形象上的一些想法吗？

张总：超意兴这三个字是不能变的，但是字体是需要变的。背景是1912年，字体需要按照这个背景去处理。现有的Logo可以调整，现有的logo比较现代、不太符合1912年的时间设定。Logo设计要体现出这种文化底蕴来。颜色方面需要用红色，红色要贯穿始终。红色是主色调，但是具体是哪一种红，可以根据整体的设计再做一些优化。现在的标语是老济南传统名吃，我觉得这个标语是可以改的。要在标语上突出五代人的传承、突出大米干饭把子肉，这一些要做一些提升。

采访人：从文化角度来说，把五代人的传承，把正泰恒的年代感，把五代人的创业历史，还有一些之前说的国潮，还有更加吸引年轻人的一些东西，浓缩到标志形式上来。然后打破一些原有的标语、宣传用语的形式，把这些视觉化、可视化形成有一定的年代感的一些东西。刚才是一个大的品牌提升，咱现在的产品有没有固定化包装，比如把子肉，有没有可能把把子肉实现这种包装化，进行推广、宣传。

张总：我们有一个可以零售的礼盒包装，之前做过一次，到时候可以发给您看看。

采访人：做完包装之后对于我们的销售来说，有没有帮助？

张总：有的。这个包装是基于现有的视觉传达系统来做的包装设计，这是一个临时性的，这种统一性不是很强，在传达上还不是特别强。因为得把品牌形象、品牌系统和视觉系统，做一个整体提升，才能够延展到这个包装上面。就目前来说，是为了临时性的需求做的这个产品，才有了这个包装。包装可能还会有一些调整。

采访人：也就是说，除了中央厨房和配送新鲜蔬菜，是不是还会考虑这种新产品的新包装，或者说保存时间更长的包装形式，就像咱现在看到的一些其他品牌，比如德州扒鸡。

张总：这就是零售商品，都需要有创新的包装，一定要跟到家的一些场景结合起来。送外卖也是需要有包装的，这个就涉及餐盒设计、封口包，以及外包装等，整体的这一类设计。

二、燕喜堂

（一）品牌介绍

燕喜堂饭庄始创于1932年，是济南市赫赫有名的餐饮老字号和鲁菜名店代表；是山东现存为数不多的中华老字号之一，是鲁菜辉煌时期的重要代表。创办人赵子俊，济南历城人，16岁进城打工，20岁时到吉元楼饭庄打工，后来在芙蓉街北首开设的魁元楼跑堂。初创时由两座三进四合院组成，有两个高大的门楼。今金菊巷1号为东院，是主人住宅，3号西院为店铺，共有18间营业室，同时可容纳200人就餐。1952年燕喜堂迁至泉城路北，1956年公私合营，1986年新店装修，请诗人臧克家题写店名，并一直使用。20世纪90年代，燕喜堂由盛转衰，自此进入沉寂期。

（二）采访实录

采访人：现在的燕喜堂是一个什么样的状态，您能简单地介绍一下吗？

宋总：最早开店是在1992年3月。燕喜堂这个名字的由来是这样的，刚过完春节，南雁北飞，新春报喜，所以取名为燕喜堂。燕喜堂的招牌菜是以鲁菜为首的汤菜，因为鲁菜里面有一个很重要的特点就是吊高汤。所以，燕喜堂也一度成了济南招牌，成为济南四大鲁菜名店之一。燕喜堂曾几经易手、几经波折，一度闭过店。后来机缘巧合，一家影视公司把它拿出来重新招标、拍卖。因为我们超意兴张总的爷爷是鲁菜大师，也一直从事鲁菜事业。当时的想法是，燕喜堂是济南的一个招牌，而很多竞拍者都是外地的，我们无论如何也得把济南的招牌留在济南。最后竞标阶段剩下了我们和舜和酒店，因为那时候超意兴还是做快餐，我们本意就是把燕喜堂留在济南就好。最后，就由舜和酒店拍下来了，然后把它搬到舜和酒店里边。开了一段时间后，可能也是因为大环境问题，运营不是特别理想。

后来，舜和酒店任总和我们在一块儿交流，提出由张总来做。那时候，张总是济南老字号协会的会长，也是咱山东省老字号协会的轮值会长。他对于老字号是有情怀的。张总的父亲也觉得，做这个品牌是很有意义的事情，毕竟这是中华老字号。于是就把这个品牌转到了我们公司旗下。转过来之后，我们专门成立了一个文化小组，研究燕喜堂的定位和经营策略，也做了一些前期调研，从菜品到文化传承都有涉及。我们也采访了一些当年燕喜堂的老人，像杨春丽大师、言景祥大师、燕喜堂的主管经理等，请这些人一块儿交流，为下一步我们把燕喜堂做好，把这个金字招牌擦亮做一个准备。

目前，燕喜堂在原址重新开业了。面积并不是很大，两个小院儿，有那么几桌。首先，我们想的是先把它开起来。然后我们和绿地公司合作，在济南的CBD，也就是历下区，选择了一个比较合适的位置，大概有1 000平方米。我们计划把这个地方打造成一个鲁菜文化研究交流基地，燕喜堂也就成为喜爱鲁菜的，或者对鲁菜有研究的业内人士的一个交流场所。其次，我们也希望能够重新振兴燕喜堂。您到北京吃烤鸭，到了杭州吃楼外楼，到了济南得吃鲁菜。我们希望能够把燕喜堂打造成"你来了济南吃鲁菜，那必须来燕喜堂"的标志性餐馆。我们也和设计专家在品牌整体视觉传达设计方面交流过，包含从整个店面装修到餐具、产品和文化，乃至于带有燕喜堂标识的、带有山东人特色的一些小吃的开发，力争把燕喜堂打造成一个能体验齐鲁文化的济南知名老字号。

采访人：饭店里空间的安排，或装饰之类的有一些具体的想法吗，还是说也在摸索当中？

张总：基本没有，就是希望能够把燕喜堂恢复到往日的那种辉煌。当年的燕喜堂算是济南鲁菜的一个代表品牌，殿堂级的门店，我们希望能够通过重新运营燕喜堂品牌，让它再恢复到以前的那个状态。这个文化内涵还是有很多内容可以去挖掘的。燕喜堂的定位和超意兴肯定是不一样的，也不能说是高端，我觉得更高端的也不符合超意兴的那种基因，还是追求极致性价比。我觉得燕喜堂人均有二三百块钱左右的消费就可以，然后能够让全国各地，甚至全球各地的人，来到济南，品尝最正宗的鲁菜。

宋总：我们要把历史文化加入燕喜堂品牌设计中，让更多年轻人了解燕喜堂的历史。因此需要在形象上去刻画，在品牌上去塑造，比如，燕喜堂的这三个字也是比较有山东味道的，本身就带有很强的文化特点和底蕴，这些都需要通过我们的形象设计去表达和传达出来的。把燕喜堂的文化特点拿出来做品牌，让它有特点，能够讲出故事来。还有燕喜堂的标志，也很容易扩展，燕子的这种形象或者什么的，可以体现出好多变化，所以这都需要在后边进行一系列的设计。随着燕喜堂开始营业，从它的装修风格、配餐方式、菜肴等等方面都需要产出大量的设计形式，这样才能让品牌深入人心，唤起老百姓对于燕喜堂的深厚记忆。

三、鲁味斋

（一）品牌介绍

鲁味斋创始于1927年，第一代传人为王承君，目前为第三代传承人王剑辉执掌企业。鲁味斋第一家店址在济南老商埠区"馆驿街"，当时是以烧制济南风味扒蹄、扒鸡等熟食为主，享誉泉城。其扒蹄具有净、香、烂的特色，肥而不腻、烂而不散、营养丰富、口味独特，备受老济南人的喜爱。近年来，除了扒蹄、扒鸡等传统卤制品外，鲁味斋还推出了麻香辣鸭头、鸭脖、凤爪等新的味道和产品，以满足各种口味的消费者的需求。

（二）访谈实录

采访人：我们首先想了解一下鲁味斋的历史，您挑选一些比较关键的事件或者是人物给我们讲一讲。

王总：关键点有三个，我们每一代的传承人都是一个关键点。我们的第一代，也就是在1927年，我的老爷爷王承君继承了朱店姆先生的鲁香斋扒鸡店。从那时开始，我们王家人就干卤制品行业。在那个战乱年代，几次三番地停业断代，但是最后还是传承下来了。我父亲王瑞麟是在20世纪80年借着改革开放，把鲁香斋改成鲁味斋，然后不断传承。并且在他这一代可以说做到了承前启后，为现在鲁味斋奠定了坚实的基础。我们在20世纪90年代就购买了生产基地，然后我的父亲无论是在经济、影响力、文化传承、溯源等方面都为鲁味斋作出了重要贡献。到了我们这一代，也就是第三代传承人，在前人搭建的基础上，利用新零售和现代化的生产设备，实现这种传统产品的标准化生产，实现非遗工艺的机械化生产。

采访人：王总，鲁味斋这几个字是谁写的，这里边儿有什么故事吗？

王总：马季写的。我父亲原来是部队文工团的，现在82岁了，他是文艺兵，吹拉弹唱，二胡独奏，包括扬琴和山东快书都很好。他和马季是师兄弟。

我父亲下海做生意后，马季也经常来济南与我父亲见面。

采访人：现在主要的产品，还是以扒鸡为主吗？看介绍，好像种类也挺多，大概有二十六种产品。

王总：一个是档口店，另外一个是真空包装，包括我们这种电商的销售，还有火车站、汽车站和高速服务区，这些是特通渠道，我们都在销售。我们现在的产品分为两类，一部分叫卤肉熟食，另一部分叫卤味零食。卤味零食算是我们的一个创新，卤味零食将会大放光彩。

采访人：我觉得对企业来讲这种创新，其实最重要的就是基于消费者做的一种选择。我想问一下，就这些产品来讲，主要的消费人群是哪些，或者说您对于企业的产品有什么样的定位？

王总：这个主要分为两个阶段，在2016年之前，我们主要的消费者是40岁以上的家庭主妇、主夫，我们90%的消费群体在这个年龄段。2016年之后，通过大众点评、美团、口碑等，我们把消费者群体的年龄下拉到了20岁，20岁到40岁的消费者，占到消费群体总数的40%左右。

采访人：现在销售途径主要是以线上为主，还是线下的档口店为主？

王总：2020年之前，电商的销售不到线下销售的5%，现在通过运作，我们线上销售能达到总体营业额的20%。

采访人：将来，卤味零食可能是线上店的一个很重要的战略方向。

王总：因为我们才开始，我们注册的天猫店是在熟食的类别下，后来我们发现熟食类这一类客户人群，包括天猫定位，和我们想象的不一样，人数很少，天花板就那么高，限制了我们的发展。所以，我们又开发了卤味零食，并注册下来了，把类别目录扩大化，我们新上了一些卤味零食，一些产品包括猪蹄，分成小包装之后，现在是卖得不错。

采访人：其实熟食受众人群比较少，但是改成零食可能就多了。

王老师：说实话也不少，一天的客流量能在三四十万人。不过卤味零食的话，一天大概在三百万人。

采访人：您作为一个企业管理者，在企业文化上有一些什么样的愿景吗？或者企业的价值观是什么？

王总：企业文化，我感觉还是正宗的山东老字号，包括一个传统的产品，我们代表济南老商埠文化，我们要把它做到极致。无论何时，无论做什么产品，我们的品牌始终是定位到这儿的。

采访人：您觉得在未来的企业发展过程中，有哪些企业值得您参考，或者这个企业是您向往的样子？

王总：像我们这种类型的熟食店，在北方的大部分地区，发展得普遍不如南方。像廖记棒棒鸡、周黑鸭、紫燕百味鸡，说实话它们来了以后，就像是降维打击。前几年的时候，紫燕百味鸡到济南来，一夜之间能开一百家店，而且还很火。究其原因，一个是产品研发，第二个是它的资金，包括它们的总体运营，都属于那种很专业的，它们有团队去做这件事情。所以说你看这些老字号，尤其是像我们这些家族产业，他们来了以后，可能我们还属于二维，它们属于三维。这些年，通过这种摸爬滚打，我们也充分了解了自己，也充分意识到这个问题，所以说到未来定位的话，我们要做北方企业中的像紫燕百味鸡这样的品牌。

采访人：所以您认为我们可能在产品上和它们差不了太多，缺少的是它们的运营能力？

王总：我们的产品跟它们的产品比起来也有很大的差距。它本来是川味，但来到北方，甚至可以做这种五香卤鸡爪，可以做扒鸡。它们既可以卖它们的传统产品，也可以卖我们本地的特色产品。现在的产品可以包罗万象，可以随意变化，它们能做到放开思路、接地气。所以，我们认为一是了解市场，二是把这个好味道、好产品、好的企业文化附着上去，才能把企业干好。

采访人：现在有二十多种产品，在未来是不是还要再继续地做产品研发？

王总：这个是肯定的，因为我们有一个准则是会永远保留传统工艺、车间的老师傅和我们的专利，让一些人员去做传统的产品，继续保持传统的味道，争取一百年都可以用得上。但是我们也开发新的生产部门，专门去钻研，去研发年轻人喜欢吃的东西，包括今年流行什么，还需要加入其他地方的名小吃，我们也可以去占领它们的市场。

采访人：刚才您说是的有两个关键点，一个是企业发展过程当中生产基地的建设，另一个是机械化的产品制作。您可以做一下详细的介绍吗？

王总：我父亲购置生产基地时年龄已经比较大了，一直没干这一块儿，生产基地始终是出租的。后来到2006年，我大学毕业以后，就继承了家里的产业。那个时候我第一个事情是先开了分店，在分店里，我干了所有的生产流程，基本上整个生产流程我都明白。干了大概六七年后，我们进行了现代化的改造，符合国际质量管理体系。我们把这个传统的东西用现代科学生产，包括用最高卫生标准去约束。现在很多老字号都出了食品安全问题，有的品牌查出来大肠杆菌超标，以及原料问题等。所以说我们也有危机感，一直也在做这个事情，就是不断地提高我们自己的产品质量。我建议大家可以去我们工厂参观，我们的食品工厂是可以参观的，我们企业也有实景VR可以实时在线观看。现在我们是非遗保护基地和区里的工业示范旅游基地。非遗生产基地包括全自动处置系统以及很多老非遗人手工做的东西。现在的生产基地不光省人力，最主要是温度、时间等原来需要凭经验去做的事情，已经可以实现标准化。

采访人：我想问一下关于品牌宣传方面的问题。您接手之后，鲁味斋在品牌塑造方面做了哪些工作？

王总：我们在2017—2018年，整体进行了一次品牌VI升级，包括店面CI也升级了一下，这是立足于我们的文化背景进行的一次品牌升级。鲁味斋创始于1927年，我们就把当年的各种元素、各种风格挖掘出来，找到适合我们的内容。包括我们的企业标语：一煮卤味满城香等，都是我们自己设计的，甚至我们的招牌、店内文字，我们用的字体、字号等，这些都是标准化的。

采访人：您现在有互联网媒介吗？

王总：现在我们的网站是自己的微信公众平台，除英文网站，我们不再做电脑网站了，因为要出口才做英文网站。天猫店也可以作为一个网站，也可以看到很多产品。

采访人：在品牌宣传的过程当中，除了店面和网站，有没有在线下的宣传和传统媒体上，或者是在国外媒介上的宣传。

王总：原来的时候经历太多了，从报纸宣传，到后来电台宣传、电视宣传等等都有，包括在社区发宣传单。

采访人：现在主要是把精力放在网上？我看您电商的平台也很多，淘宝网店、微信微店等都有。

王总：现在，我们有两到三个团队在做微信公众平台等自媒体。

采访人：这些比如微信平台也好，或者是淘宝电商平台也好，除了吸引一些经常有网络购物习惯的人之外，这种形式对于线下门店的导流有什么作用吗？

王总：线上导流线下，这个作用是很大的。比如现在我们在口碑搞活动，一开始的时候，觉得年轻人会看这个，实际上年轻人就是我们所需要的群体。你可以打开口碑去看，超值团购这个单项，只是卤味凤爪五支装一次活动下来我们就卖了五万份，其他也将近一万份。说明我们在年轻人心目中还是可以的。线上的活动，我们就不考虑成本问题。活动产品只是作为一个导流产品，他还会在店里买一些其他的产品。你挣得钱少一些，但是他来了，他能认识你的店，在年轻人心中，就把鲁味斋的品牌种植下去了。这对我们来说，实际上是成本很低的一种宣传，但是让顾客觉得真实惠。再一个就是让他能更多地了解鲁味斋、老字号。这些经营手段，算是我们济南老字号的一种努力。如果老字号再不自省的话，还有多少能够存活下去？有很多大品牌都来了，本身它们在全国就很有名气，来到这里之后，大家都是奔着尝鲜去买的。我们鲁味斋说不定有一天也会把自家的店铺开到它们老家去。

采访人：现在都在讲老字号正青春，比如说这个产品的改良，新颖的营销渠道，我觉得这是一个品牌年轻化的举措。包括营销渠道，美团、口碑这些团购类的渠道，还有一些电商类的渠道。除了这些之外，还有哪些主要面对年轻人的举措？

王总：现在新出来了一个技术，我们还没有应用，就是氮气和二氧化碳的保鲜技术，设备已经买来了，下一步申请资质，就可以应用上了。现在的真空包装，经过高温消毒之后，味道不如新鲜的好。像周黑鸭做的保鲜装，它是氮气保鲜装。我们是综合气体的保鲜装，保鲜时间比周黑鸭的保鲜时间还要多5天，周黑鸭保鲜时间是7天，我们是12天，我们尝试了15天也没事儿，所以说这是一个创新，我们以后的产品都可以利用这种保鲜装。加上冰袋以后，走顺丰，包邮两天就到消费者家里，和那个刚出锅的味道是一样的，而且没有任何真空包装的味道在里边。这是一个好的技术，我们也在车站、机场、高速公路服务区等渠道率先把它投放下去，让大家买到这种一盒一盒的鲁味斋的产品。

我们的产品包罗万象，尤其是我们线下的门店，就像泰国卖水果，船开到哪里，就卖哪里的水果。现在，我们自己定位是食品店，不只是卖熟食。

如果我们把自己定位成食品店的话，在店里卖面食都是可以的，我只要觉得好的东西都可以售卖，比如说面菜什么的，来我们的店里，让消费者一趟买齐，他也就不会去别的地方买了。我觉得下一步有一个产品会席卷北方城市，现在这个产品在南方很盛行，叫半菜。半菜是加工到八成熟的菜，用保鲜材料去保鲜，到家只需要热一下就可以食用，这种产品在五年之内，将会成为主流。这种产品会在我们的档口店卖。

采访人：您和我们采访到的其他老字号在经营思路上有些不同，有些还是局限在原来的领域当中，您说的这些当中，我觉得渠道也特别重要。我只要在这儿，你买什么都可以，我这里什么都有。

王总：有些企业到破产都不知道自己是怎么回事。疫情期间，有些酒店在自己门口开一个熟食档口，对我们影响很大。酒店不能堂食了，它们的肉全部做成熟食来售卖，其实无形当中多出来十倍以上的熟食店。每个门口都在卖，对我们的影响还是很大的。还有一个情况，现在的人，不光是不愿做饭，而且也不愿意去买，还要给他送到家里去，所以说对下一步的经营战略影响很大。像80后还好点，90后的年轻人就很少在家做饭，房子装修完了以后，这个厨房纯粹是摆设，父母不去就不开火。比如，他们愿意吃小龙虾，就买点小龙虾走，没必要非得上饭店点那么贵的了。

采访人：我想问一个比较虚一点的问题，您觉得老字号这个品牌的称号代表了什么？或者说老字号这个品牌名称对鲁味斋来讲意义是什么？

王总：首先来说，对所有的人来讲，老字号这个称号就是金字招牌，老字号的东西用朴实的话来讲，别人卖五毛，你卖一块，你只要卖得动，这个就是金字招牌，同时也体现了所有人对它的信任，包括外地旅游的游客回到家最回味的还是我到哪个地方品尝了哪些美食，当地的特色美食。旅游结束回家的时候，要给亲人朋友买什么纪念品，可能会带一些手工艺品，但是绝大多数人带的是特产，所以老字号能代表一个城市，能代表一个城市的文化。

另外老字号对鲁味斋的意义是什么呢？我觉得对鲁味斋来说，要在老字号的基础上更能把鲁味斋的文化挖掘出来。在北方城市里，老济南是非常热闹非常繁华的一个城市，这是一个文化底蕴很深的城市，包括鲁商文化、孔子文化，尤其是改革开放以后，大家都觉醒了，开始做起来。但是济南人这个思想还是比较保守，没放开，所以就导致了一个非常尴尬的情况，就是外来的就是好的，就像那种台湾的面包油条啊之类的东西，反而咱自己的东西打不过它们。但是这几年好多了，我们也意识到要奋斗，不然在济南就没得吃了。就我来说，之前去北京参加故宫过大年，我把我们的产品让顾客免费品尝，顾客尝完以后会买。所以在北方，咱们山东的这种酱香类的产品还是很有竞争力的，长江以北都适合鲁味儿传统食品。我们现在研发的这种麻辣食品融合了山东酱卤的拿手绝活，配合正宗川味的川椒麻椒，所以说做企业家实际和做美食家是一样的。

采访人：对的，尤其是做食品这个行业首先要是位美食家。

王总：要定位清晰，不要总是考虑着怎么缩减成本，我觉得老字号不应该在乎成本。如果一个老字号想办法缩减成本降低原料品质的话，干脆除名。

采访人：我觉得做食品行业，产品质量是非常重要的。

王总：是的，我们可以定价高一点，可能由于价格高一些会导致销量有所下降，但是口味很好，在网络经济时代，这个优点很可能使产品成为全国畅销品。

采访人：对的，实际上现阶段有可能就是一个"爆发"的阶段，这也从某些方面反映了一种文化自信，就比如这个产品本身是优质的，同时让顾客感觉到这个产品的优质性，品牌就会很容易爆发。所以说建立这个产品的文化自信是相当重要的。现在归纳一下，从一个传统的卤制档口过渡到现代化生产，再慢慢过渡到线上线下、多品种多品牌的一种宣传模式，这是一个非常清晰并且具有典型性的案例。听说您之前也做过产品的升级，主要是集中于哪些方面的升级呢？

王总：之前在品牌Logo和品牌元素方面有所升级，主要是二十多个产品的包装以及门店升级。外卖包含的筷子、纸巾，包括我们开会时所用的标牌、胸卡以及管理机制都有涉及。

采访人：听您描述的情况，就是一个基础部分加一个扩展部分的设计。这种设计会使企业更加具有主体性和视觉上的同一性。另外，不知道您有没有了解过三只松鼠的相关营销策略？

王总：有所了解，并且三只松鼠每一类产品风格都有所不同。所以我们对于即将推广的鲁味零食也要创新一下，要把它做成不一样的东西，要不停地去变化。三只松鼠坚果类和卤味类的包装就有所不同，在我看来，这个品牌包装的优点是：第一是产品包装造价不高，但效果很好；第二是产品的密封口上边基本上都有拉链，更有利于产品保存，并且在外观上看也是有内容的。对于三只松鼠，我们也在学习，它哪种产品卖得好，它的克数以及包装之类的相关问题。

采访人：之前我们也做过一些三只松鼠坚果类的包装，它是一个类似于代加工的销售模式，就和物流公司有些相似，在某个地方设立一个集散地，对所有的产品进行包装，然后邮寄，它更像一个大的组装车间。这种产品的销售模式极大地节约了时间成本并且还不会囤货。但是三只松鼠这种快销模式更多面对的是年轻人的市场，还是要和老字号所售卖的产品有所区别的。

王总：对的，这一点也是我们在宣传时所强调的，我们有独立生产的能力，我们不是代加工的产品。比如，我们产品的包装袋、礼盒等都是投入了很高的成本进行生产的，包括uv、烫金、亚光这些技术在包装上都会运用，邮寄时包装产品的气泡袋也是单独设计的。

采访人：那请问您对于产品包装设计，比如您之前讲到的想要推广零食类的产品还有哪些诉求？

王总：我发现零食类产品要想销售得好，不仅价钱要低而且产品种类要丰富。既然是零食类的产品，我们在生产一些自有主打产品的同时也可以找优质的代加工厂进行零食的代加工，把代加工和自产相结合。如果我们能够找到一个好的合作伙伴就会销售范围更广，比如门店里不仅卖熟食也可以卖面食，在网上不仅卖零食也可以卖坚果类的产品。

采访人：您想把它做成一个食品店，而不是一个熟食店，并且建立在老字号品牌的基础之上。在推送主打产品的同时，把零食、面食等产品都加入销售里。对于即将推出的产品，您对产品的包装还有那些要求？

王总：线上销售的鲁味产品设计包装的风格基本上定下来了，但是这个零食类的包装风格还没定下来，因为是面向年轻人的产品，我们想的是在产品的包装设计上更年轻化，比如牛肉干、肉脯、无骨鸡爪这些产品的包装可以再扩展一下思路。

采访人：之前整理您发的资料，有张照片场景有点像饭店，您在经营上是有什么新的计划吗？

王总：我们是打算做一个直播间，现场制售加直播，通过抖音、天猫等平台推向全国，并且加入民国风格的一些元素，同时注意工作人员的服装，做到精致直播。

采访人：请问王总对这种直播形式的定位是什么？

王总：我们的定位是鲁味斋老商埠记忆直播间。同时，在我看来企业要有自己的直播平台，抓住直播这个潮流。

采访人：好的，我们会尽快把资料整理出来，感谢您接受访问。

第五章

老字号企业传播设计内容

第一节 调研分析

在老字号企业传播设计实施前与实施中，我们要求团队成员以小组为单位，通过线上资料调研、实地考察与座谈、网络访谈等方式深入了解企业的创业历史、发展现状及业绩成果等，从中挖掘归纳出企业品牌诉求的重点内容。

一、调研内容

为方便团队成员开展调研，我们通常会以任务单的方式制作调研工作表，组织团队成员在调研过程中围绕任务单所列项目展开，并最终提交个人和小组调研工作单，以便汇总和审核。

调研工作单分表头、产品分析、消费者分析、竞争者分析四个部分。表头为调研工作的基本信息，包括客户名称、产品名称、组长与组员姓名以及调研分工情况。

产品分析包括产品SWOT分析、产品差异点分析两项内容。产品SWOT分析是对产品优势、劣势、机会和威胁的详细分析。产品差异点分析则重点总结产品一个独有的，或其他产品虽有但并未广泛传播或突出强调的特点、精神或问题解决方案，即USP（unique sale point）。

消费者分析包括消费者需求和消费行为两项内容。消费者需求是被调研产品所能满足的消费者的具体需求，以及这种需求的层次性归属。尤其是按照人本主义心理学的需求层次理论来看，它属于低层次的生理需求、安全需求，还是中层次的尊重需求、爱和归属的需求，或是高层次的自我实现需求。消费行为调研是对消费者购买的原因、时间、频率、地点等具体消费行为的研究。消费行为调研既需要对普遍的消费行为特征进行分析，也需要对典型消费者进行生动化描述。

竞争者分析包括竞争者的优劣势和竞争者品牌传播活动的分析。前者是找出产品与竞争者之间的差异性，以便进行合适的产品定位，后者则是通过分析竞争者以往品牌传播活动，交叉对比验证本产品品牌传播主题的科学性和差异性。

二、桌面调研

桌面调研由团队成员自主展开，关于课题的二手资料整理与分析是课题实施的重要基础，在实践中，团队负责人会及时提供大量的学科知识资源，同时启发团队成员自主寻找和探究相关内容进行研究，这些资源可以来自图书馆、网络或者其他途径。其目的有三个方面：激发团队成员对主题的好奇心和兴趣，建立团队的内容知识，帮助他们构建与一个令人信服的问题有关的论点。在本课题实践中，委托方与团队管理者重点提供了以下资源：一是来自品牌方与竞争者的资源，如宏济堂与竞争者的网站、宏济堂与竞争者的相关新闻报道、阿胶行业现状的图书文章等；二是来自专业知识数据库的资源，如知网、万方等；三是来自行业的普遍参考案例，如专业营销与广告网站。

来自品牌方的资源主要是帮助团队成员形成对宏济堂品牌的整体认知，尤其是让大家深入了解宏济堂的品牌历史、企业经营思路、企业营销策略以及品牌的最新动态等。只有在大量占有二手资料的基础上，才能梳理出品牌定位的基本架构和思路，并在后续的实地考察和深度访谈中进行验证和调整。

　　来自专业知识数据库的资源帮助大家解决重要的理论和现实问题，如阿胶产品的生产与营销、消费者研究的内容与方法、消费心理学中关于需要动机的理论模型等。初学的设计师们在面对跨学科的理论知识时，缺乏必要的兴趣、耐性，以及踏实研究、总结规律并用以指导设计的能力，因此，利用专业知识数据库的实践非常必要。

三、实地考察

　　鉴于疫情的原因，实践团队仅组织了团队负责人和部分成员参与实地考察。考察人员参观了位于济南高新区的宏济堂中药产业园，并实地考察了宏济堂办公楼、宏济堂博物馆、宏济堂阿胶体验厅、九天贡胶坊等（图5.1）。

图5.1　宏济堂现场考察

　　在宏济堂办公楼，宏济堂品牌中心负责人简短地介绍了宏济堂的独家产品系列、西药系列、保健品系列和部分食品系列。在宏济堂博物馆，考察人员了解到宏济堂博物馆是一家开放性的博物馆，以原宏济堂历史档案馆的藏品为主。在博物馆地面和天花板上，均刻印着从医药材中提取的动植物纹样，数量达1 000块，宏济堂拥有对这些药材图案独立的使用权。博物馆中除了保留部分传统药材柜子、医药产品、医书古籍、书画的陈列外，还设置了香疗、茶疗、乐疗等场景。企业还会跟济南的院校合作，带领学生和家长参观宏济堂博物馆，了解老济南传统中医药文化。

在宏济堂阿胶体验厅，考察人员了解到，宏济堂是历史上最早规范化生产阿胶的企业，引领着新时期阿胶产业的不断壮大。首先，宏济堂阿胶以济南72名泉之一的玉泉水熬制。其次，为确保驴皮选材的纯真、阿胶的纯正，宏济堂阿胶在晾晒环节会对驴皮真伪进行DNA检测。在炼制过程中，必须用整张黑驴驴皮。清代医学大家陈修园说："阿胶，必用黑皮者，以济水和于心，黑色属于肾，取水火相济也。"宏济堂阿胶炼制过程中，精选3~8龄，体高1.35米以上健壮黑驴之皮，此阶段驴体壮肉肥，毛色乌亮，皮质丰腴，且最为健康。再次，宏济堂阿胶类别多样，种类丰富。其中，九天贡胶系列源于历代皇室专享的贡品阿胶，采用金锅银铲制作，在选材和制作工艺上十分严格。宏济堂阿胶是全国唯一一个遵古法炮制的阿胶产品，其采用"九提九炙"手工古法制胶工艺，精提精炼，所炼阿胶黑如翳漆，光透如琥珀。宏济堂遵从"金木水火土"五行之道，利用济水之水，天下至阴冬至之水，采至阳之桑柴火，炼水火交融之滋阴圣品。2014年，宏济堂恢复九天贡胶和"福、禄、寿、财、喜"等老阿胶产品的炼制。最后，除阿胶片外，还创新性地改变阿胶形态，生产出阿胶速溶粉、阿胶雪梨膏、阿胶枣、阿胶代餐米糊等产品。

四、深度访谈

企业深度访谈有两个环节，分别是企业实地现场深度访谈和网络在线访谈。企业现场实地访谈同实地考察结合，是基于实地考察情况的现场实时反馈，由实践团队负责人对品牌负责人进行访谈，是开放性访谈；网络在线访谈是项目实践进行过程中，基于课题策略单对宏济堂阿胶板块负责人进行的线上访谈，主要问题由各个团队成员发起，是探索性访谈。

（一）现场访谈

现场访谈阶段，企业方提出了宏济堂目前发展出现的问题，并表达了部分诉求。首先，宏济堂虽然是一个历史悠久的老字号品牌，但过去品牌文化意识不强，与同仁堂和东阿阿胶相比，品牌认知力依旧不足。其次，在产品上，宏济堂在生产过程中相对保守，更加注重产品本身的药性，而忽略部分使用者的口感。再次，宏济堂希望可以开发新的年轻用户。例如，将阿胶产品打造成休闲零食系列，增加分享概率，扩大传播。目前宏济堂传统的消费群体相对饱和，而新的消费群体对宏济堂阿胶的认知不足。因此，时尚化、年轻化的包装设计，灵活性的广告营销活动显得尤为重要。最后，希望可以从山东礼品属性的角度出发，针对不同群体，采取不同的广告宣传策略。例如，对年轻人宣传养颜功能，对年长的人宣传补充气血功能。

基于以上问题，课题团队展开深度头脑风暴，提出部分建议：一是精准品牌定位，形成品牌联想。筛选出可以诠释宏济堂的具体产品。开发衍生品，增加品牌附加值。将中华老字号宏济堂的传统中医药文化，放射济南，辐射山东，最终推向世界。二是开发新的年轻用户。从现有的产品出发，例如，对早餐米糊等产品的外包装进行再设计和场景使用的创新推广，增加年轻群体的覆盖率，使老字号既可以保留传统的品牌文化，又可以与年轻人接轨。

（二）网络访谈

网络访谈在课题实践进行中安排，由团队成员代表对宏济堂阿胶负责人进行提问，团队负责人予以补充，主要问题围绕宏济堂品年轻化策略和思路展开。

通过调研分析，各团队完成详细完整的媒体传播策略调研工作单（表5.1），并最终确定宏济堂品牌设计与传播的重点诉求内容：110多年制药企业创业历史；巴拿马国际博览会勇夺优等金牌；"九提九炙"阿胶制作工艺；济南智慧中药房；让年轻人爱上中药产品与养生文化；国药精华传承者，民族瑰宝弘扬者；老字号正青春；等等。以上诉求内容在后续的课题开展过程中根据实际情况进一步选择、比较、筛选，以确定各团队小组品牌传播设计的概念与表现主题。

表5.1　调研工作单

客户	宏济堂		产品	宏济堂阿胶
组长	毕泽琦	组员		张庆利、卢宣伊、黄梦茜、王艺彤、周辰茜
调研分工		毕泽琦、张庆利负责产品分析，卢宣伊、黄梦茜负责消费者分析，王艺彤、周辰茜负责竞争者分析		
产品分析				
产品差异点 （一个特点 / 一次问题解决 / 一种精神）			产品 SWOT 分析	

特点：将原有的三昼夜炼胶法改为九昼夜精提精炼法，祛除了阿胶自古以来难闻的腥臭气。杂质少，美观度高。九昼夜精提精炼，铜锅银铲，桑柴火，玉泉山泉水，德州黑驴皮。 问题解决：将原有的三昼夜炼胶法改为九昼夜精提精炼法，祛除了阿胶自古以来难闻的腥臭气。 精神：宏济堂门匾上还保留着"炮制虽繁必不敢省人工，品味虽贵必不敢减物力"的警句，这或许就是匠人精神的一种诠释吧。宏德广布、济世美生。	1. 优势： 宏济堂始创于1907年，是中国21个重点中药企业和"中国中药行业50强之一"，拥有自营进出口权，已有一百多年的历史。技术成熟，勇于创新，改进制作工艺，将原有的三昼夜炼胶法改为九昼夜精提精炼法。产品畅销国内外。存货保值增值。关注未来的区域扩展和人群扩展。 2. 劣势： 产品适应人群单一，产品单一，没有顺应年轻人养生的大潮流。在消费者心理心智阶梯上，没有占据阿胶品类第一的心智资源。 3. 机会： 随着中国的老龄化越来越严重，保健品的需求将越来越旺盛，保健品市场未来的规模会越来越大。阿胶类产品的竞争对手，呈现弱、乱以及没有历史等困境。宏济堂东流水阿胶为了满足市场需求，不断地开发新的产品，深得消费者喜爱。其产品涉及丰胸、瘦身、美白、去痘、去疤、抗红、去皱、养巢、私处保养等功能几百种，故而让知名度得到了很大的提升。该品牌的产品质量以全球化高科技研发为基础，产品推陈出新，创新科技，赢得了市场的认可。 4. 威胁： 随着时代的发展，越来越多的人明白了阿胶对健康的重要性，阿胶的制作工厂及大型企业也在近两年大量出现，竞争对手的增多对阿胶的品质、种类、用途以及设计的要求越来越严格，成本的提高等一系列问题成为宏济堂现在面临的最大威胁。

续表

消费者分析	
消费需求（满足何种需求）	消费行为（购买的原因、时间、频率、地点等）
当今阿胶市场的竞争已经进入品牌竞争的阶段，消费者越来越注重阿胶品牌的选择，产品品牌已经成为企业最为重要的无形资产和竞争优势之一，谁具有优良的品牌资产，谁就能通过强大的品牌传播体系和网络在消费者心目中建立牢固的"品牌网络"，赢得消费者和市场的青睐，最终实现企业的销售目标，在激烈的市场竞争中取得领先优势。有补血滋阴、润燥、止血等功效。用于血虚萎黄，眩晕心悸，心烦不眠，肺燥咳嗽。	1.原因：阿胶既能治病，又能强身，以医疗妇女症候尤佳，内服入肺、肝、肾三经，对阴虚、阳虚、贫血疗效甚高，且强筋壮骨并兼有美容、养颜之功效，阿胶内含有18种氨基酸和铁、铜、钙、锰等20余种微量元素，被视为高级滋补营养品，近几年颇受人们喜爱。 　　2.时间：任何时候都可以购买，送礼物时。 　　3.频率：根据自身特点及需要进行购买。 　　4.地点：药房，阿胶专卖店，线上购买，医院，商店。
竞争者分析	
竞争者的优势/劣势	竞争者以往的广告（广告主题/广告媒介）
东阿阿胶： 　　优势：利润大，有行业定价权，任何阿胶都无法卖得比东阿阿胶贵。东阿阿胶的渠道压货，没有对公司品牌造成任何损失。原液加工，用量足：各配伍成分质量上乘、以做药理念研发而成，功效足。 　　劣势：价格较高，价格敏感群体购买受限，新产品的影响力大，消费群体是很小的一部分人。	东阿阿胶： 阿胶出东阿，故名为阿胶。 自古美女多娇媚，婀娜多姿百年堂。 百年堂阿胶，品真华贵，风雨不变，恒久文韵，好国宝！ 东方有佳人，透如琥珀润如玉，阿胶——品百年堂。 　　广告词，"滋补国宝，东阿阿胶"，国宝也是势能，国宝都是某个领域里的唯一一个，滋补国宝就是滋补品里的最高势能，阿胶占了。东阿阿胶还从典籍里找宣传点。中医典籍，是中医的制高点，是势能最高的地方，拿到这些中医的名言名句的背书，阿胶的势能又能提高了，光环又闪耀了。东阿阿胶每次都是为阿胶行业代言，这就是说，我都代表阿胶行业了，那我还不是阿胶老大么？什么福胶同仁堂阿胶，谁还会记得，每次一想到阿胶，就总是浮现东阿阿胶为阿胶行业摇旗呐喊的形象。时间长了，消费者的心智里，东阿阿胶就是阿胶的代名词了。所以，为阿胶代言，也是争取势能的表现之一。 　　媒介：电视，互联网，公众号，内刊，海报，线下主题活动。

第二节　策略概念

在策略概念与创意环节，我们根据调研分析及企业沟通情况，邀请企业负责人进行了企业营销策略说明，并对当前企业面临的市场情况进行了分析，帮助大家了解设计背景及相关设计策略。在此基础上，我们拟订了项目策略单，明确课题实践的流程、环节、内容，对课题实践的成果产出做了明确的要求。

一、策略单

策略单，又称创意简报，主要是指广告公司内部作业环节中，被以统一的格式用文字表述出来一种文件，它是用以指导广告创意活动的指引性策略，常被称为创意简报（creative brief）。在广告行业内，创意策略单一般是广告策略部门在同客户深沟通之后，由策略人员主导，创意人员参与，经过分析研究和深思熟虑之后撰写而成的，它是广告设计与传播策略的缩影。优秀的策略单应该有深刻的市场和消费者洞察，有严谨的逻辑思考，并对创意的发展有微妙的启发。

一个完整的策略单应该包括：客户单位、产品或企业名称、传播主题、品牌调性、传播目的、企业或产品介绍、目标消费人群、主要竞争对手、传播媒介、作品创作要求以及其他需要特别说明的内容。以下为宏济堂项目设计实践课题的策略单（表5.2）。

表5.2　课题策略单

命题单位	山东宏济堂制药集团股份有限公司
产品（品牌）名称	宏济堂阿胶、宏济堂中药饮片
传播主题	老字号　正青春
品牌调性	宏德广布，济世养生
传播目的	基于百年传承融入互联网、国潮风基因，拉开同类品牌差异化，提升目标群体对产品的认知度及好感度，实现产品在年轻群体中的快速渗透

企业或产品介绍	【公司介绍】宏济堂创始于1907年，至今已有110多年的历史，是山东省目前唯一的百年中医药制药实体企业。宏济堂是商务部评定的首批"中华老字号"。"宏济堂中医药文化"为山东省非物质文化遗产，已申报国家级非物质文化遗产。2017年，宏济堂入围亚洲品牌500强，品牌价值超过160亿元。2018年，宏济堂被列为山东百年品牌重点培育企业 【产品介绍】 宏济堂阿胶及阿胶系列产品（保健品、食品） 【药品名称】 通用名称：阿胶 【成分】驴皮。辅料为黄酒、冰糖、豆油 【性状】本品呈长方形块、方形块或丁状。棕色至黑褐色，有光泽。质硬而脆，断面光亮，碎片对光照视呈棕色半透明状。气微，味微甘 【功能主治】补血滋阴，润燥，止血。用于血虚萎黄，眩晕心悸，心烦不眠，肺燥咳嗽 【规格】— 【用法用量】烊化兑服，3~9g 阿胶系列核心产品：阿胶糕、阿胶粉、阿胶口服液等 宏济堂中药饮片：山东道地药材，所有核心品种全部做到追根溯源，在全国首先实现溯源码销售，做高质量道地药材； 中药饮片核心单品：阿胶珠、蜂蜜、燕窝、三七粉、山东道地饮片等
目标消费群	20~40岁的国内外消费群体
主要竞争对手	同仁堂，东阿阿胶
企业拥有哪些媒介	网站、内刊、公众号、抖音
定制课堂创作内容	老字号企业课题实践主题创作涵盖策划创意、主形象设计、媒体应用设计三大部分。其中，策划创意为营销活动策划，主形象设计为插画设计，媒体应用设计为海报设计、产品包装、文创产品设计、新媒体设计等
媒体作品具体要求	作品是可以落地执行的成熟商业作品
作品建议列入事项	品牌Logo
宏济堂官方网站	http://www.hjt.cn/
其他设计或传播需求	无
需要说明的其他事项	经双方同意，优秀作品可授权宏济堂使用

二、创作要求

　　根据策略单内容，进一步确定了课题实践的完成要求，即进一步细化创作内容，并通过创作要求的形式明确了课题实践的多个过程和环节，使团队成员对课题内容和要求更为清晰，便于课题实践效率和效果提升。

　　老字号企业传播设计课题实践创作内容表单包括：创作的基本要求介绍，包括企业名称、产品名称、具体产品、传播主题以及团队情况等；策划创意部分，包括主题策略、营销活动、创意概念、创意点子等；主形象设计部分，主要为核心形象；媒体应用设计部分，包括平面海报、产品包装、文创产品、多媒体设计等。为了使课题实践内容更为明晰，创作内容表单还对后四个部分进行了详细的要求说明（表5.3）。

表5.3　创作内容表单

课题单位	山东宏济堂制药集团股份有限公司
产品类名称	宏济堂阿胶（　　　）　　宏济堂中药饮片（　　　）
具体产品	
传播主题	老字号　正青春
团队名称	
创作人员	主形象设计：　　　　　　团队成员：
第一部分　策划创意	
主题策略	老字号　正青春
营销活动	
创意概念	比如：我与中医药的故事
创意点子	比如：各种有趣的感人的与中医药的故事
第二部分　主形象设计	
核心形象	
第三部分　媒体应用设计	
平面海报	
产品包装	
文创产品	

多媒体设计	
关于作品的要求	
课题实践创作内容备注	老字号企业课题实践主题创作涵盖策划创意、主形象设计、媒体应用设计三大部分9项内容： 　　一、策划创意部分包括：1个主题策略（老字号　正青春）；1个营销活动（小组讨论，作为贯彻课题始终的落地项目）；1个创意概念（小组讨论，主题策略的具体化概念）；1套创意点子（个人创意，创意概念的具体化故事、点子、事例）。 　　二、主形象设计部分包括：1套核心形象（个人创作，基于创意点子的插画、摄影、摄像等艺术形式创作）。 　　三、媒体应用设计部分包括：1套平面海报（小组创作，核心形象应用，可为动态海报，用于户外、内刊页面、微博或微信）；1套产品包装（小组创作，核心形象应用，针对具体款产品，用于产品包装）；1套衍生文创（小组创作，核心形象应用，形式不限，用于产品附赠品或单独售卖品）；1套多媒体设计（小组创作，与创意点子或核心形象相关，可为H5交互、动态海报、音乐作品、动画、影视（15~30秒）、微电影（30~180秒）、短视频（15秒以内，含15秒）等，用于微博、微信、抖音）。

三、头脑风暴

　　在确定的主题策略下，团队负责人组织各团队小组成员针对主题开展创意概念与点子的头脑风暴，并引导大家在组内讨论的基础上形成较为一致的意见，筛选出本组内较好的创意点子，提交团队讨论和总体筛选。在头脑风暴过程中，为了提高创意效率，团队负责人鼓励各小组成员以概念图的方式呈现创意点子，以获得更为直观的表现效果（表5.4）。

表5.4　头脑风暴创意点子统计表

组名	成员	选题（有无概念图）
红橙黄绿青蓝紫	邰婧文	中国风的元素，四种事物（有）
	王家荣	KoBe插图纪念款宏济堂阿胶（有）
	石漳旭	阿胶的诞生（有）
	赵　涵	济南的春夏秋冬（有）

组名	成员	选题（有无概念图）
红橙黄绿青蓝紫	杨雅露	如果失眠，她很痛苦（有）
	郝家欣	京剧角色与济南老八景结合（有）
	吴 迪	年轻的女子游历老八景（有，完整）
媒体宣传——小分队	张庆利	养生新观念（有）
	毕泽琦	阿胶的新青春传说（有）
	卢宣伊	佛系养生（有）
	周辰茜	阿胶的第"101"次重组
	王艺彤	长幅插画济南八景（有）
	黄梦茜	济南的清明上河图（有）
淡黄蓬松队	谭 媛	有些温暖一直陪伴你，比如阿胶
	姜 寻	有颜够任性（有）
	张睿智	平衡膳食（有）
	程瑜翔	阿胶长生不老（有）
	赵续玲	阿胶让你保年轻，活力更持久（有）
	綦艺璇	女同事的秘密（有）
A 队	梁元钦	济南一角古街巷（有）
B 队	肖云玮	宏济堂×Molly盲盒跨界联名（有）
专业团队	戚烜瑜	金陵十二钗的新养生文化
	夏红霞	女人如花（有）
	刘 勇	一个女人的史诗（有）
	黄海涛	朋克养生（养生plus）
发际线总是在和我作对	邓苗苗	《鹊华秋色图》插画设计（有）
	韩 钰	民国时期济南女性的养生
	杨迦茗	阿胶产品植物化插画
	林澍鑫	亲情礼品营销

续表

组名	成员	选题（有无概念图）
新媒体 7 组	尹煜文	宏济堂阿胶12道工序卡通设计（有）
	王泽萌	趣说新中医
	黄盛权	四季泉城（有）
	吴华荣	驴形象与名画的结合（有）
	武厚汉	济南老八景插画设计（有）
	樊 洋	鹊华秋色图插画设计（有） 黑科技养生
不想秃头组	秦铭铭	摩登时代，朋克养生，与故宫联名（有）
	朱 贺	济南名泉与阿胶（有）
	王新虎	阿胶糕配方插画（有）
	王思宇	因为阿胶，我们成为朋友（有）
	肖欣悦	与国货美妆品牌联名
	秦浏畅	穿越时光的阿胶（有）
作业霸王队	高晓莹	鹊华秋色济南景（有）
	马 旭	阿胶让女性更美丽（有）
	张茜茜	古代四大美女（有）
	陈灵玲	饱你快乐指南
	高 颖	Q版药材（有）
媒体传播——35 队	王梓萱	家与阿胶制作的故事（有）
	樊 潇	敦煌文化与阿胶（有）
	刘 洋	古典女性与阿胶（有）
	赵嘉敏	宫廷驻颜术（有）
满孟林刘李高队	满 琳	宏济堂植物化插画设计（有）
	孟慧敏	济南老八景+国潮（有）
	林婷婷	济南老八景包装设计（有）
	刘天奇	回归食物的本真（有）
	李嘉鑫	漫画包装设计
	高 静	养在脸上的自信（有）

续表

组名	成员	选题（有无概念图）
媒体传播——88队	付　浩	魔术驴大师的故事（有）
	周旋艺	济南老八景插画设计（有）
	王笑涵	宏济堂IP形象与阿胶制作流程（有）
	李眉楚	年轻人新养生插画设计（有）
每天都很快乐组	吴安妮	魔方阿胶八景图
	刘冠含	民国时期的宏济堂阿胶（有）
	李凡飞	鹊华秋色阿胶图
	袁瑜馨	阿胶植物插图（有）
我不做作业队	王式鑫	阿胶雪梨膏
	李展硕	阿胶卡通形
	于永泽	宏济堂代餐粉插画图案（有）
	王培逢	上班族女性插画（有）
	王焕宇	阿胶原产地
	由兴家	节日主题产品包装
媒体传播策略呀	周晓彤	宏济堂阿胶"植物插画系列"
	杨　澜	老品牌代餐粉
	高　达	宏济堂阿胶"星相系列"
	孔宁宁	口味系列：拟人化原料（有）
	李　娜	由老变年轻的事物（有）
	丁雨浙	民国与现代的穿插（有）
跨省游击队	黄伊然	驴头人身的少女（有）
	陈舒悦	阿胶手工制作插画设计（有）
	刘星熠	绿色养生：古典优雅女性插画设计
C队	郝云霄	济南特色的插画·小罐粉
	顾海洲	我与驴的"爱情故事"
	胡浩楠	阿胶制作流程

第三节　核心图形创作

按照课题实践进程，团队成员首先要进行核心图形的创作，并以图形草图为主要依据，进行核心图形的创作方向筛选。经过集体讨论、负责人评析、企业方评析后，再确定1~2个核心图形创作方向，并进行图形细化创意设计。

一、核心图形草图创作

草图创作阶段主要解决核心图形的创意筛选和尝试性创作。核心图形作为传播设计的基础要素，是对创意概念和创意点子的具体化、凝聚化、形象化呈现。设计草图一般使用徒手绘制的方式，但随着技术和设备的不断进步，数字手绘硬件设备和软件也层出不穷。借助电脑的数字手绘方式越来越受到设计师的欢迎。

草图是一种具有动态性、多义性、松散性和高度集成性的视觉符号系统，可以说明设计对象的基本形式和空间结构特征。通过徒手绘制的图形，捕捉、表达设计师的构思，展现多样化设计方案。作为一种体系完备的符号系统，草图可以具体详尽地描述设计对象的色彩、材质、形式风格、整体感受，充分体现设计概念的基本结构、功能、使用环境以及状态[1]。据统计，在设计概念阶段67%的信息是通过草图媒介传达的[2]。

草图在概念设计中能够迅速帮助设计师确立起具象的形态，协助设计师以较低的成本，迅速便捷地完成一次简单的设计创意过程。在设计创作中，草图一般有三种形式，分别是：思维性草图，主要用于设计概念的生成与演化；交流性草图，主要用于小组成员的讨论和意见交换；存储性草图，主要为回溯、全面展示设计方案提供参考[3]。其中，思维性草图是本课题采用最多的草图形式。思维性草图一般由视觉信息和非视觉信息构成，包括图形、记

---

① EREZP.Sketching in design and caid: a theoretical exploration ［D］. Calgary: The University of Calgary. 1999: 50–66.

② KAVAKLI M, SCRIVENER S, ball structure in idea sketching behavior ［J］. Design studies, 1998, 19（4）: 485–517.

③ 刘征，鲁娜，吴剑锋.基于设计认知的草图研究综述［J］.浙江大学学报，2010，44（12）: 2376–2382.

号和词语。图形是草图的主体，一般徒手勾画而成，通过曲直、宽窄不同的线条表现二维、三维图形的边界。记号一般由线条、箭头、圆圈和文本符号组成，通过对设计概念功能、属性、关系的标记和指示，强调群组和暗示草图元素之间的关系。词语伴随图形出现，用于评价、提问、解释设计概念，帮助设计师明确设计构思①。

在课题实践中，各团队成员结合本组头脑风暴筛选的初步创意点子，以徒手绘制的方式进行核心图形的草图创作。创作内容涵盖人物、风景、图案、抽象图形以及这些形象元素的组合。以下以"红橙黄绿青蓝紫组"为例进行详细说明。

"红橙黄绿青蓝紫组"有八名成员，在前期的策划创意与头脑风暴过程中，所有组员均在认真思考后提出了自己的创意点子，并通过草图方式进行了具象化呈现，其中包括中国风元素（图5.2）、济南的四季（图5.3）、熬夜的痛苦（图5.4）、京剧角色与济南老八景结合（图5.5）、年轻女子游历济南老八景（图5.6）等。部分草图在创作过程中结合创意概念进行了简单的深化，设计创意的表达更为明确清晰，完成度更高，表现力更强。

图5.2　中国风元素

---

① SEGERS N. Computational Representations of Words and Associations in Architectural Design［D］. Eindhoven：Eindhoven Technology University，2004：9-28.

图5.3　济南的四季

图5.4　熬夜的痛苦

图5.5　京剧角色与济南老八景结合

图5.6　年轻女子游历济南老八景

二、核心图形创意筛选

　　一般来说，设计过程包括设计准备、设计创意、设计定案、设计审核和设计管理五个阶段，其中设计定案阶段是结合各设计相关方的利益关切和需求，对开放性、多元性的大量设计方案，依据一定的标准进行筛选确定的过程。在老字号企业传播设计课题实践中，设计定案是分多次进行的，包括核心图形的定案和媒介设计的定案，其中核心图形的创意筛选过程就可以视为核心图形的定案阶段。

　　在草图创作基础上进行的核心图形筛选要进行多轮，其中包括团队负责人的一轮初筛、小组集体筛选和客户意向筛选三轮。初筛的目的是帮助小组成员筛掉与策略方向明显不相符合，或创意概念和创意点子存在较大缺陷的选项。第二轮筛选由小组成员讨论筛选，即在团队负责人建议方向基础上，结合策略单和调研情况，优中选优，确定本小组共同细化的核心图形。第三轮筛选由客户方主导，在小组核心图形细化基础上，由客户选出倾向性作品供团队成员下一步深化参考（表5.5）。

表5.5　宏济堂传播设计核心图形创意设计筛选

序号	组名	成员	选题方向	第一轮筛选（指导教师建议深化）	第二轮筛选（组内推举）	第三轮筛选（客户评议）
1	红橙黄绿青蓝紫	邰婧文	中国风的元素，四种事物	1. 年轻的女子游历老八景、京剧角色与济南老八景结合 2. 中国风的元素，四种事物/济南的春夏秋冬	1-1.年轻的女子游历老八景 1-2.中国风的元素，四种事物 1-3.京剧角色与济南老八景结合（景色要融合到人物头饰或脸面油彩上去）	1-1 1-2 1-3
		王家荣	Kobe插图纪念款宏济堂阿胶			
		石漳旭	阿胶的诞生			
		赵涵	济南的春夏秋冬			
		杨雅露	如果失眠，她很痛苦			
		郝家欣	京剧角色与济南老八景结合			
		吴迪	年轻的女子游历老八景			
2	媒体宣传——小分队	张庆利	养生新观念	1. 济南的清明上河图 2. 长幅插画济南八景 3.佛系养生 4.养身新观念	2-1.济南的清明上河图（可以简洁些，深化周辰茜那幅） 2-2.长幅插画济南八景（跟动态H5结合）	2-1 2-2
		毕泽琦	阿胶的新青春传说			
		卢宣伊	佛系养生			
		周辰茜	阿胶的第"101"次重组			
		王艺彤	长幅插画济南八景			
		黄梦茜	济南的清明上河图			
3	淡黄蓬松队	谭媛	有些温暖一直陪伴你，比如阿胶	1. 平衡膳食（八个月亮） 2. 阿胶让你永葆年轻，活力更持久 3. 有些温暖一直陪伴你，比如阿胶	3-1.阿胶让你永葆年轻，活力更持久 3-2.平衡膳食（八个月亮，是否可以跟八种养生状态结合）	3-2 3-2
		姜寻	有颜够任性			
		张睿智	平衡膳食			
		程瑜翔	阿胶长生不老			
		赵绫玲	阿胶让你保年轻，活力更持久			
		綦艺璇	女同事的秘密			

续表

序号	组名	成员	选题方向	第一轮筛选（指导教师建议深化）	第二轮筛选（组内推举）	第三轮筛选（客户评议）
4	A队	梁元钦	济南一角古街巷	济南一角古街巷	4-1.济南一角古街巷	4-1
5	B队	肖云玮	宏济堂×Molly盲盒跨界联名	Molly草药仙子系列	5-1.Molly草药仙子系列	4-2
6	专业团队	戚烜瑜	金陵十二钗的新养生文化	1. 金陵十二钗的新养生文化 2. 一个女人的史诗 3. 朋克养生（养生plus）	6-1.金陵十二钗的新养生文化 6-2.朋克养生 6-3.一个女人的史诗	6-1 6-2 6-3
6	专业团队	夏红霞	女人如花			
6	专业团队	刘勇	一个女人的史诗			
6	专业团队	黄海涛	朋克养生（养生plus）			
7	发际线总是在和我作对	邓苗苗	《鹊华秋色图》插画设计	1. 民国时期济南女性的养生 2. 夏雨荷养生秘笈	7-1.民国时期济南女性的养生（韩钰方向） 7-2.民国时期济南女性的养生（邓苗苗方向）	7-1 7-2
7	发际线总是在和我作对	韩钰	民国时期济南女性的养生			
7	发际线总是在和我作对	杨迦茗	阿胶产品植物化插画			
7	发际线总是在和我作对	林澍鑫	亲情礼品营销			
8	新媒体7组	尹煜文	宏济堂阿胶12道工序卡通设计	1. 鹊华秋色图插画设计/黑科技养生 2. 趣说新中医 3. 驴形象与名画的结合	8-1.驴形象与名画的结合（国内、国外两个方向） 8-2.花想容品牌设计（字体需再完善）	8-1 8-2
8	新媒体7组	王泽萌	趣说新中医			
8	新媒体7组	黄盛权	四季泉城			
8	新媒体7组	吴华荣	驴形象与名画的结合			
8	新媒体7组	武厚汉	济南老八景插画设计			
8	新媒体7组	樊洋	鹊华秋色图插画设计 黑科技养生			

序号	组名	成员	选题方向	第一轮筛选（指导教师建议深化）	第二轮筛选（组内推举）	第三轮筛选（客户评议）
9	不想秃头组	秦铭铭	摩登时代，朋克养生，与故宫联名	1. 阿胶糕配方插画（合作，分工，海报等） 2. 摩登时代，朋克养生 3. 济南名泉与阿胶	9-1.阿胶糕配方插画（合作，分工，海报等）：肖欣悦的创作保留；王新虎辅助图形保留；秦铭铭卡通图形同秦刘畅的海报、朱贺的动画、王思宇的海报要对应起来	9-1
		朱贺	济南名泉与阿胶			
		王新虎	阿胶糕配方插画			
		王思宇	因为阿胶，我们成为朋友			
		肖欣悦	与国货美妆品牌联名			
		秦刘畅	穿越时光的阿胶			
10	作业霸王队	高晓莹	鹊华秋色济南景	1. 鹊华秋色济南景 2.Q版药材 3. 古代四大美女	10-1.Q版药材（根据参考图片重新创作） 10-2.高晓莹代餐粉女性系列可尝试深化创作	10-1 10-2
		马旭	阿胶让女性更美丽			
		张茜茜	古代四大美女			
		陈灵玲	饱你快乐指南			
		高颖	Q版药材			
11	媒体传播——35队	王梓萱	家与阿胶制作的故事	1. 家与阿胶制作的故事 2. 宫廷驻颜术	11-1.家与阿胶制作的故事（突出阿胶手工制作） 11-2.宫廷驻颜术（突出驻颜的方法）	11-1 11-2
		樊潇	敦煌文化与阿胶			
		刘洋	古典女性与阿胶			
		赵嘉敏	宫廷驻颜术			
12	满孟林刘李高队	满琳	宏济堂植物化插画设计	1. 回归食物的本真 2. 济南老八景+国潮	12-1.回归食物的本真（寻找可延伸的核心图形）	12-1 12-2
		孟慧敏	济南老八景+国潮			
		林婷婷	济南老八景包装设计			
		刘天奇	回归食物的本真			
		李嘉鑫	漫画包装设计			
		高静	养在脸上的自信			

续表

序号	组名	成员	选题方向	第一轮筛选（指导教师建议深化）	第二轮筛选（组内推举）	第三轮筛选（客户评议）
13	媒体传播-88队	付　浩	魔术驴大师的故事	1. 宏济堂IP形象与阿胶制作流程 2. 魔术驴大师的故事	13-1. 宏济堂IP形象与阿胶制作流程（增添趣味性） 13-2. 魔术驴大师的故事（付浩的创作继续深化）	13-1 13-2
		周旋艺	济南老八景插画设计			
		王笑涵	宏济堂IP形象与阿胶制作流程			
		李眉楚	年轻人新养生插画设计			
14	每天都很快乐组	吴安妮	魔方阿胶八景图	1. 鹊华秋色阿胶图 2. 阿胶植物插图 3. 魔方阿胶八景图 4. 民国时期的宏济堂阿胶	14-1. 阿胶植物插图 14-2. 鹊华秋色阿胶图 14-3. 魔方阿胶八景图	14-1 14-2 14-3
		刘冠含	民国时期的宏济堂阿胶			
		李凡飞	鹊华秋色阿胶图			
		袁瑜馨	阿胶植物插图			
15	我不做作业队	王式鑫	阿胶雪梨膏	1. 宏济堂代餐粉插画图 2. 上班族女性插画	15-1. 于永泽方向，侧重于不一样的女性，核心形象可以有点魔幻、后现代 15-2. 王式鑫方向，有点波普感觉的创作方向；两个方向都针对代餐粉，都指向上班族女性	15-1 15-2
		李展硕	阿胶卡通形			
		于永泽	宏济堂代餐粉插画图案			
		王培逢	上班族女性插画			
		王焕宇	阿胶原产地			
		由兴家	节日主题产品包装			

续表

序号	组名	成员	选题方向	第一轮筛选（指导教师建议深化）	第二轮筛选（组内推举）	第三轮筛选（客户评议）
16	媒体传播策略呀	周晓彤	宏济堂阿胶植物插画系列	1. 宏济堂阿胶植物插画系列 2. 宏济堂阿胶星相系列 3. 口味系列：拟人化原料	16-1. 宏济堂阿胶"星相系列"（修改为女性神） 16-2. 宏济堂阿胶植物插画系列（植物修改为中草药）	16-1 16-2
		杨 澜	老品牌代餐粉			
		高 达	宏济堂阿胶星相系列			
		孔宁宁	口味系列：拟人化原料			
		李 娜	由老变年轻的事物			
		丁雨浙	民国与现代的穿插			
17	跨省游击队	黄伊然	驴头人身的少女	1. 驴头人身的少女 2. 阿胶手工制作插画设计	17-1. 阿胶手工制作（注意把握一条主线）	17-1
		陈舒悦	阿胶手工制作插画设计			
		刘星熠	绿色养生：古典优雅女性插画设计			

三、核心图形设计细化

在确定了各方认可的核心图形草图之后，小组成员要把创意设计工作内容集中到核心图形细化设计上，要充分协调好组内成员的设计任务，统筹安排，发挥专长，分工合作，高质有效完成核心图形细化创作任务。

"红橙黄绿青蓝紫"小组通过比较草图创意，确定了三个核心图形细化方案，分别是：①年轻女子游历老八景（图5.7）；②中国风的元素，四种事物（图5.8）；③京剧角色与济南老八景结合。同时，对于细化的核心图形设计提出了一些方向性、尝试性的要求，如京剧与济南老八景结合方向中，济南景色是否可以融合到人物头饰或脸面油彩上去。同时，小组在核心图形细化过程中，进行了合理的分工，这些分工也在后续的核心图形媒介应用设计中得到贯彻和体现，并发挥了重要的作用。但在后续的细化创作过程中，小组成员对第三个方向的具体创作产生不同意见。汇总意见后，小组成员集体决定将前两个方案进行重点细化，第三个方案不作为核心图形细化，而是作为媒介应用时的备选方案。

图5.7　年轻女子游历济南八景

图5.8　中国风

第四节　媒介应用设计

　　媒介是品牌形象传播的介质和载体，任何品牌设计作品最终都要媒介来呈现。品牌形象设计传播所依赖的媒介，从其媒介形态上看主要有三类，第一类是以报纸、杂志等印刷媒介为主要形式的平面媒介；第二类是产品包装、展示橱窗、售点媒介等带有一定空间性的立体媒介；第三类则是以数字技术为主要特征的新媒介。在课题实践中，我们要求各小组根据作业要求，在核心图形细化的基础上，从平面（二维）媒介应用设计、立体（三维）媒介应用设计、数字（四维）媒介应用设计三个层面进行品牌的媒体传播设计创作。

一、平面媒介应用设计

在现代媒体传播中，平面媒介作为最基础的媒介形态，在广告传播中具有重要的作用。根据Zenith、前瞻产业研究院整理分析，2019年全球媒体广告市场总额超过5 600亿美元，其中网络广告所占份额最高，为29.9%，电视广告紧随其后，为29.2%，付费搜索排名第三，为17.1%；除这三大媒介形态外，报纸广告为7.1%，户外广告6.4%，广播广告5.6%，杂志广告3.9%，影院广告0.8%。以上媒介形态中，报纸广告、户外广告、杂志广告都是以平面媒介为主要形态的广告形式，因此虽然随着数字化技术不断发展与数字接受习惯的逐步养成，平面媒介的作用和价值已远非过去所能比，但其仍因操作简单、价格低廉、传播便利等特点而占有一席之地。

在当代品牌形象广告投放中，常用的平面媒介包括户外广告牌、地铁灯箱、车体广告、报纸杂志等。其中以户外海报为主要形式的户外广告应用最为广泛。户外海报具有城市目标人群到达率高、对特定地区和消费者的选择性强、大型户外广告牌视觉冲击力强、广告表现形式丰富多彩，以及发布内容单纯简洁、全天24小时展示发布、更易被受众接受等优点。

通过策略性的媒介安排和分布，户外广告能创造出理想的到达率。户外媒体的到达率仅次于电视媒体，在某个城市结合目标人群，正确地选择发布地点以及使用正确的户外媒体，品牌可以在理想的范围接触到多个层面的人群，广告可以与受众的生活节奏紧密配合。户外广告对地区和消费者的选择性强。一方面，户外广告可以根据地区的特点选择广告形式，如在商业街、广场、公园、交通工具上选择不同的广告表现形式，甚至可以根据某地区消费者的共同心理特点、风俗习惯来设置；另一方面，户外广告可为经常在此区域内活动的固定消费者提供反复的宣传，加深其印象。户外广告的视觉冲击力强。在公共场所树立巨型广告牌是一种古老的信息传播方式，其可以追溯至庞贝古城的墙体政治标语。几千年的实践表明，户外媒介在传递信息、扩大影响方面具有有效性。一块设立在黄金地段的巨型广告牌是任何想建立持久品牌形象的企业的必争之物，在现代城市建设中，优秀的户外广告牌甚至成为城市景观和智慧载体的一部分。户外广告表现形式丰富多彩，容易让消费者接受。各种类型的灯箱广告的发展，使户外广告更具有自己的特色，这些广告与市容浑然一体，使消费者非常自然地接受了广告。户外广告还较好地利用消费者途中、在公共场合经常产生的空白心理，利用多变的灯光、图像等，给人留下深刻的印象，引起较高的注意率。户外广告内容单纯，发布时段长，能有效避免其他内容及竞争广告的干扰。许多户外媒体是持久地、全天候发布的。它们每天24小时、每周7天伫立在城市的核心地带，这一特点令其更容易被受众关注，同时还可以随品牌的需求、受众的兴趣而随时调整宣传策略。

户外广告的数字化场景创新是近年来户外广告发展的新趋势，当传统户外广告与5G通信、移动互联网、大数据分析、实时交互等技术融合，并以大型数字广告牌、小型数字标牌，以及生活、工作、出行等各类场所中可联网播放广告的电子屏等媒介形式出现时，数字户外广告便应运而生。

数字户外广告有效兼顾了发扬线上营销优势、规避线上广告流量成本增加劣势两个特点，是精准营销从线上转移至线下的重要策略。同时数字户外广告可以通过自动化技术实现广告内容的更换与调整，具有更强的分发效率和灵活性。最重要的是，技术赋能使数字户外广告的玩法更多样、效果更突出。首先，数字技术的融合使数字户外广告的创意表现形式更加多样，设计师可以采用图片、多图、长视频、短视频等多种创意形式。其次，数字户外广告通过与时间、天气、空气质量、季节、实时交通状况等各种实时数据的连接，为用户智能展示最适宜的与场景结合的广告内容；再次，户外广告通过人脸识别、语音识别等技术，让广告内容因人而异，进行千人千面的个性化展示；最后，户外广告利用VR/AR技术，大大增强了广告信息和载体形态的体验性、互动性、趣味性。

当代数字户外广告与生活场景的结合多种多样，其优势、特点和操作方式各不相同，但其核心功能和价值不外乎两个：一是基于AI人脸识别技术、数据打通技术、数据分析技术等，完成人群的精准画像和兴趣判断；二是基于消费者的信息定向技术、人工智能引擎推荐技术等，为目标人群智能推荐最合适的广告内容。在酒店场景中借助入住登记屏进行识别和操作，在电梯场景中借助电梯小型数字显示屏，在候车场景中借助公交站点电子屏，在自助销售场景中借助自动售货机，在高速路、街道、游乐园场景等则借助LED电子牌、LED路灯灯杆等。

在本实践中，结合宏济堂企业特点，我们指导各小组选择户外海报、户外灯箱等作为平面广告的主要应用形式。"红橙黄绿青蓝紫"小组平面媒介应用是以老八景（图5.9）和中国风（图5.10）两个核心图形为主进行的创作，其户外海报是在核心图形基础上增加了必要的品牌形象信息，并进行了媒介应用场景的设计表现（图5.11）。这些媒介应用效果可以跟具体的户外媒介结合而进行多样化的应用，尤其是跟数字化的户外广告媒介结合，获得更加巧妙和深入人心的传播效果。

图5.9 宏济堂阿胶济南老八景海报

图5.10　宏济堂中国风海报

图5.11　"红橙黄绿青蓝紫"小组户外媒介应用场景

二、立体媒介应用设计

对广告媒介进行分类，标准有很多。例如：以表现形式为标准，广告传播媒介可分为印刷媒体、电子媒体两类，前者如报纸、杂志、说明书、挂历，后者如电视、广播、短视频、微电影、网站等；以功能为标准，广告传播媒介可分为视觉媒体、听觉媒体和视听两用媒体，视觉媒体包括报纸、杂志、邮递、海报、传单、招贴、日历、户外广告、橱窗布置和交通车体等，听觉媒体包括广播、宣传车、录音和电话等，视听两用媒体包括电视、电影、网络视频和各类网站等；以影响范围为标准，可分为国际性媒体、全国性媒体、地方性媒体和城市特定区域媒体，国际性媒体如卫星传播的广播电视、面向全球的报纸刊物以及国际性网站等，全国性媒体如国家电视台、全国性报刊、全国性网站等，地方性媒体如省市电视台、报刊、网站，以及少数民族语言文字的电台、电视台、报纸、杂志和网站等，城市特定区域媒体主要指户外广告牌、站台灯箱、交通车体、售点媒体、影院屏幕等。

所谓立体媒介，是指以三维形态为主的传播媒介。立体媒介是相对于二维的平面媒介和四维的数字新媒介而言的，其分类标准是媒介存在的空间形态。广义上的立体传播媒介包括产品的包装、展示橱窗、立体形态的售点媒介、品牌艺术创意装置、肩负品牌传播功能的衍生文化创意产品等。

包装设计是树立品牌形象、拉动企业效益、提高品牌知名度的有效手段，并以其独特的方式展现品牌形象、强化品牌个性，对品牌的传播和塑造具有重要意义。产品的包装除具备保护功能的作用外，还借助图形、色彩、文字等视觉元素，给消费者创造一个美的视觉形象，以不同的形式表现和宣传产品的特点和功用，帮助消费者认识产品，刺激消费者的视觉，以便赢得更多消费者的青睐，从而使消费者迅速找到自己所需要的产品。以农夫山泉为例，农夫山泉高端饮用水、学生饮用水、婴幼儿饮用水系列产品包装，农夫山泉奶茶、果味水、力量帝、尖叫、东方树叶等饮料系列包装，以及农夫山泉水溶C100、农夫果园、茶π等果汁、混合果汁系列包装等，均以极具视觉识别力的包装插画设计给人留下深刻印象，为农夫山泉良好的品牌形象塑造和出色的品牌形象传播奠定了坚实的基础。

商业橱窗设计是随着国外品牌的传入而在国内逐渐兴起的，特别在一线城市的服装品牌，不仅国外品牌每个季橱窗会不断更新展示主题，国内很多原创品牌也对店铺的橱窗设计有着深耕细作的表现。橱窗相当于店铺的脸面，在店铺与消费者之间担当起了沟通的角色，通过艺术化的情景展示，让商品宣传更生动化，提升消费者购买商品的主动性和积极性，更成为品牌地位和声誉的象征，发挥着传播品牌文化，提升品牌形象的作用。同时，商业橱窗还可以将产品的卖点信息与产品系列故事有效融合，巧妙地通过空间设计表达出来，从而诱导消费者的购物欲望，促进进店率和成交率。在纽约的麦迪逊大街、东京的涩谷、伦敦的牛津街、巴黎的香榭丽舍大道等地方，每到圣诞节或新年，各个品牌的商店橱窗设计精美绝伦、异彩纷呈。

售点媒介在品牌形象传播中具有较高的价值，其英文缩写为POP，即point of purchase advertising。售点媒介的直接作用是促进产品的销售，但在广告发布过程中，品牌形象也得到全面的展示，尤其是一些立体性的售点广告，如陈列岛POP、自动柜台POP、手推车型货篮POP等。售点媒介注重内容的鼓动性和形式的装饰性，虽无声却有十分直观的推销效力和品牌传播力。在大型超市卖场中，售点广告的作用更为明显，一些日常生活必需品和频繁消费品更喜欢用售点广告的方式进行产品特点和品牌形象传播，以刺激消费者进行冲动性购买。

品牌艺术创意装置多为具有强烈互动性的装置艺术形式。它是艺术家在特定时空环境中，通过有效选取、利用、组合和改造人类生活中的物质消费品与文化实体组成一个综合装置，并以互动的方式或技术吸引他人主动介入，向他人传递寓言、幻想、历史、符号，以及关于自然生态、社会政治等多种意象和价值观的媒介①。在品牌传播中，装置艺术因为空间环境的延展性与元素的广泛性能够将多种艺术形式自如地使用，打破常规界限和区隔，起到消解传授界限，实现深度对话，联结品牌文化，达成价值认同等作用②。近年来比较知名的品牌装置艺术有雅诗兰黛护肤品牌LA MER海蓝之谜交互艺术装置、THE EDGE OF THE SEA、CANADA GOOSE装置艺术作品"北极现象纪念碑"、阿里未来酒店的互动艺术画作装置等。

以文化创意产品作为媒介进行品牌形象的传播，其根源在于我们对品牌一词的理解。奥美公司创始大卫·奥格威认为，品牌是一种错综复杂的象征，它是品牌的属性、名称、包装、价格、历史、声誉、广告风格的无形组合③。因此，品牌并非某一单一形象要素，而是多种因素的综合，有外在的视觉形象，也有内在的精神气质，品牌的复合性与复杂性决定了它是围绕产品所展开的各种因素融合的结果，其本身就是一种文化集合体和文化成果。从品牌塑造与经营的角度看，基于品牌的文化综合性开展创意产品设计是对品牌传播活动的价值与方法的理性回归。我们知道，自从有商业活动以来，广告传播的方式就经历了实物广告、声响广告、印刷广告、电波广告、电视广告、数字广告等形式的变革，随着技术的发展进步，广告所依附的材料、科技因素不断现代化。但相应的，广告传播的效率却越来越受到质疑。以文化创意产品融合品牌个性特质，通过赠送或销售方式融入使用者生活环境，以实现长久的品牌形象传播和潜移默化的影响，本身就可视为实物广告的回归与重造。因此，在现代品牌传播媒体形式愈发多样，而传播效果

① 戴世富，吴凌.互动装置艺术在企业品牌传播中的应用［J］.黑龙江社会科学，2014（2）：79-82.

② 崔洪铭.装置艺术在品牌传播中的应用分析［J］.视听，2021（5）：187-189.

③ 奥美公司.奥美的观点［M］.庄淑芬，等译，呼和浩特：内蒙古人民出版社，1997：297.

却愈发不可控、传播成本愈发增加的背景下，以文化创意产品这种品牌传播形式实物回归的方式传播品牌形象，其实用性、高效率、可控性均相对优于其他媒体形式。

在本实践中，我们建议各小组在以上四种立体媒介中选择不少于两种进行媒介应用设计创作。"红橙黄绿青蓝紫"小组选择产品包装和文化创意产品两个类型进行核心图形的应用设计。

产品包装设计上，小组基于两个方向的核心图形，选择了阿胶粉类产品，设计了外包装铁罐（图5.12）、内包装小袋（图5.13）和小罐粉包装（图5.14）三种形态。阿胶粉产品顺应了年轻消费群体碎片化和便利化养生消费的习惯，有利于吸引品牌的年轻化群体。文化创意产品设计上，小组选择常见的生活产品进行设计应用，如抱枕、胸章、手机壳、拼图游戏、纸杯、T恤等（图5.15）。

图5.12　阿胶粉铁盒包装设计

图5.13　阿胶产品包装设计

图5.14 阿胶小罐粉包装设计

图5.15 阿胶文创产品设计

三、数字媒介应用设计

数字媒介是存储、传输、接收以数字形式存在的内容的设备和介质。在当代品牌传播中，常用的数字媒介设计形式包括数字交互广告、互联网广告、视频广告等。其具体表现形式又包括H5交互广告、数字表情包、动态海报、数字音乐、动画、短视频、长视频、微电影等。

  基于互联网的数字交互广告的形式众多，H5广告是近年来涌现出的制作简单、传播便利、效果较好的交互广告之一。H5广告泛指在移动终端网络社交媒体中传播的，带有交互体验、动态效果以及音效的Web页面广告。H5广告集文字动效、图片、图表、音频、视频、互动调查等多种表现方式于一体，品牌核心观点被重点突出，非常适用于用户间的分享、展示、互动等体验。H5广告具有显著的特征：一是跨平台输出。H5广告可以在移动端和Web端同时使用。无线传输技术的发展、5G时代的到来使得视频、小游戏等形式可在H5页面上呈现，并在移动端上发布和传播。二是H5具有交互社交性质。广告受众可与广告发布者直接互动，因而更能了解最真实的品牌信息，并直接对广告发布者反馈。三是广告发布速度快。H5广告同公众号形式类似，可以不用进行太多烦琐的测试就可直接上线发布。四是针对性强。H5使用大数据来划分受众群体，广告体验后的二次传播使得广告的转换率更高，能同时满足广告主和受众对信息的需求。五是使用简单。轻轻滑动指尖，或轻轻摇晃手机、擦除屏幕、发出声音等就可以体验到酷炫比拟3D效果的音视频广告[①]。国内创意热店W曾为中国银联创作过一个堪称电影级的H5广告——《一个不该存在的广告》。H5广告讲述了一段横跨5 000年历史的故事，从猿猴、大航海、工业革命，再到新新人类、智能机器人等，故事围绕着"挥一挥"，趣味化地展现了文明的更迭与延续，并最终引出银联云闪付"一挥即付，才是支付"的产品USP诉求。

  表情符号的历史可以追溯到20世纪80年代，美国的斯科特·法尔曼教授基于对电子布告栏的观察，发现纯文本传播缺乏情感和情绪，常常被误解，而表情符号可以帮助作者表达真正的意图和加深读者的理解[②]。鉴于此，法尔曼教授敲出了世界上第一个表情符号"：—）"，这象征着表情符号的诞生。第一代表情符号诞生之后，表情包迅猛发展，引发了沟通新潮流。最初，法尔曼教授发明的表情符号被称为"emoticon"，这个单词由emotion（情绪）和

---

① 李儒俊，于海婷，阳志标. 新媒体时代H5广告营销探析［J］. 东华理工大学学报（社会科学版），2020（6）：535–540.

② 何志荣. 书写、具身性与连接：表情包文化"破壁"逻辑［J］. 南京邮电大学学报（社会科学版），2020（6）：59–66.

icon（图标）两个词组合而成，即指将情绪通过视觉符号表达出来。之后表情符号发展为emoji表情，最著名的emoji表情是哭笑脸，入选牛津词典2015年年度词汇。进入Web3.0时代之后，网友自制表情包开始盛行，表情包作为表情达意的工具，受到了青少年群体的认同，引发了网络社交狂欢。表情包的广告传播价值就是随着网络社交而兴盛起来的，表情包营销，能让品牌甩掉高冷包袱，更加接地气，在品牌与用户之间形成强互动，增强用户的参与感，从而发展成品牌的忠诚用户。知名运动品牌耐克曾借势科比退役事件，发布了一组动态漫画表情包，最终获得了300万阅读量和超过10万次转发；旺旺品牌运用旺旺经典形象元素，结合"雨女无瓜"的热梗，创作了一系列表情包，实现了表情包和借热点的双营销。概括来看，表情包既可以生动形象地帮助企业传递品牌形象，又可以利用社交媒体得到广泛的二次传播，且制作成本相比传统营销模式更为轻量快捷，因此是当代品牌数字营销的重要手段之一。

除H5、表情包外，动态海报也随着社交媒体与数字媒介的普及，而成为品牌传播中常用的简易数字媒介设计形式。动态海报使平面设计突破原本的二维空间，增加了时间的维度，能够体现时间进程与变化。动态海报让受众能够在更短的时间内，有效、有趣且更有视觉冲击力地传播品牌内容。H5、表情包、动态海报等既可以通过C4D和AE等设计专业软件来制作，也可以通过门槛并不高的PS的时间轴工具来实现。作为视觉传达设计专业的设计师，掌握动态化数字媒介设计工具已经成为必备的技能。

在本实践的数字媒介应用设计方面，我们的要求是小组至少创作一套设计内容与创意点子或核心形象相关的多媒体设计作品。对于可选择的表现形式，除上述所说的H5交互、动态海报、数字表情包外，常规的音乐作品、动画、影视（15~30秒）、微电影（30~180秒）、短视频（15秒）等也可，这些多媒体作品可用于微博、微信或抖音等新媒体平台的发布。"红橙黄绿青蓝紫"小组选择微信表情包进行创意设计（图5.16）。这套表情包以京剧形象女子、古典年轻女子两套核心形象为主体，代入现代年轻女性的个性心理，展现现代年轻女性与养生、健康、美容等有关的趣味日常生活，与阿胶产品目标人群进行沟通。

图5.16　宏济堂品牌表情包设计

下　篇

老字号企业传播设计的
实践与成果

在前面理论阐述的基础上，我们基于宏济堂品牌传播设计需求，组织了十多个团队共同承担相关设计创作任务。本篇是这些传播设计团队从不同策略概念角度进行的创意实践。这些实践创作涵盖产品、城市、品牌、消费者等不同层面，全面而深入地展现了中华老字号宏济堂阿胶产品的各方面优势特点。

第六章

"城市八景"主题传播设计实践

城市八景主题设计以济南八景为创作主题，突出宏济堂阿胶的地域特色，将阿胶产品同旅游产品结合，展现宏济堂阿胶产品的年轻化、时尚化、在地化形象。济南八景也称历城八景，起于何时已无从考证，有关八景最早文字记载见于明崇祯六年（1633年）的《历乘》："昔人标为八景，而沧桑代变，湮没者多。"由此可知，八景之说在明朝时已存在多年，但有些景观已随着时代的变迁难以寻迹。明崇祯《历城县志》中对"济南八景"的介绍散见于第二卷《封域志·山川》和第十一卷《古迹志·宅苑》中的相关条目下，分别是：趵突腾空、汇波晚照、锦屏春晓、鹊华烟雨、明湖泛舟、历下秋风、佛山赏菊、白云雪霁。

具体来说，趵突泉上涌的水花"声若惊雷"，是济南一大奇景，故称为"趵突腾空"；济南城内，珍珠、芙蓉等泉汇于大明湖内，晚间登楼而望，夕阳西下，水波一片殷红，故称为"汇波晚照"；济南东南30公里的龙洞山，山势奇绝，因形似屏风，加上四周杨柳翠绿，故称为"锦屏春晓"；鹊山、华山在济南城北，山势俊秀，景色幽美，阴雨之日，绵绵细雨下，格外惹人喜欢，故称为"鹊华烟雨";大明湖碧波万顷,泛舟游于湖上,清风拂面,有诗描述"水上看山山更多,明湖舟似镜中过",故称为"明湖泛舟";大明湖南岸不远处有个小岛,岛上有许多古建筑,红柱绿瓦,雕梁画栋,蔚为壮观,文人墨客之至,秋风伊人,故称为"历下秋风";秋分时节,济南市里的千佛山红叶满山,红的如火,黄的像金,历代文人常登山赏菊,故称为"佛山赏菊";珍珠泉边的白云楼,大雪初霁的时候,赏心悦目,故称为"白云雪霁"。

在本次课题实践中,有三个团队的选题涉及济南的城市风景,尤其是济南八景。分别是"淡黄蓬松队"小组的八景女孩系列、"赤橙黄绿青蓝紫"小组的传统女性八景系列,以及"媒体宣传小分队"小组的长幅济南八景系列。

第一节　八景女孩系列

八景女孩系列立足年轻女性消费群体,以济南八景为创意元素,将年轻人丰富多彩的生活状态和场景与济南八景景色融合,既突出宏济堂阿胶扎根济南的品牌特性,又以理想用户形象与年轻女性目标消费群体沟通,达到传播宏济堂品牌形象,吸引年轻女性消费者注意的目的。

一、八景女孩系列线稿草图

八景女孩系列线稿草图(图6.1)比较完整地表现出了小组的核心创意概念,即将不同生活状态的年轻女孩同济南八景景色结合,展现年轻人的生活状态。线稿草图完成性好,构图合理,表现力较强,完成度高。

图6.1 八景女孩系列线稿草图

（设计师：姜寻、赵续玲、程瑜翔、谭媛、綦艺璇。以下同）

二、八景女孩系列核心图形细化设计

八景女孩系列核心图形是在线稿草图基础上的上色细化设计，共有九幅，其中一幅为八景女孩汇总图（图6.2），另外八幅分别为济南八景与女孩结合图。八景图分别展示了在八景标志性景色前，年轻女孩做瑜伽、开摩托艇、弹吉他、打篮球、滑滑板、爬山、听音乐、跳舞等活动场景（图6.3）。图中的女孩朝气蓬勃，身后的八景景色与女孩活动融洽结合，色彩丰富柔和，山、云、日、鸟、水、花、塔、楼、阁等形象元素组合紧凑。

图6.2 八景女孩系列定稿（总）

图6.3　八景女孩系列定稿（分）

三、八景女孩系列媒介应用设计

　　八景女孩系列平面媒介应用（图6.4）较为简单，其核心图形细化后基本已经可以满足平面海报的使用要求。因此，在平面媒介应用时，小组只是在细化后的核心图形上添加宏济堂品牌标识和必要的文案，并对应用的场景进行了简单模拟。作为品牌形象海报而言，这种操作方式尚可，但若要详细进行产品特点传播，这些海报可能稍显简单。

图6.4 八景女孩系列平面媒介应用

立体媒介应用方面，小组讨论决定设计宏济堂衍生文创产品，最终作品包括抱枕、帆布袋、明信片、盘子、拼图、收纳盒、手机壳、鼠标垫、台历、胸章、T恤等（图6.5）。

图6.5 八景女孩系列立体媒介应用

数字媒介应用方面，小组尝试创作了两幅动态海报（图6.6、图6.7）。两幅海报均以平面媒介应用中的海报为基础，将文案、云、亭等形象作为动态元素，创造出云过、亭出、花现的动态意象，展现济南八景的绚丽与靓丽青春的美好。

图6.6 八景女孩系列动态海报设计（竖版）

图6.7 八景女孩系列动态海报设计（横版）

第二节 传统女性八景系列

传统女性八景系列仍立足于济南八景，但在人物形象创意上区别于现代女孩形象，而是采用传统女性形象。其原因在于，阿胶是中国传统养生产品，在《神农本草经》《食疗本草》等传统医学典籍中均有记载，并主张药食同源。小组成员由传统养生延伸出传统女性，并类比中国传统文化的代表——京剧。

一、传统女性八景系列草图

传统女性八景系列草图（图6.8）以传统女性形象为主体，配合山、水、云、花、楼、亭等能够彰显八景代表性形象的各种元素，展现传统女性之美与传统养生文化之妙，并体现宏济堂阿胶的鲜明地域特色。草图为纯手绘，略显粗糙，但整体构图完整，主体元素表现清晰，完成度较好。

图6.8 传统女性八景系列草图

（设计师：吴迪、杨雅露、郝家欣、石漳旭。以下同）

二、传统女性八景系列核心图形优化

传统女性八景系列核心图形（图6.9）采用扁平化的设计风格，画面主体突出人物造型，背景元素采用大面积色彩平涂，展现八景中诸如湖、舟、山、菊、雨、云、雪、水等核心元素。传统女性形象大致分两类，一类是着中国古代传统汉族女子服饰的女性形象（或女扮男装形象），另一类是着民国旗袍服饰的女性形象。

图6.9 传统女性八景系列核心图形

三、传统女性八景系列媒介应用设计

平面媒介应用以海报（图6.10）为主。小组在原有核心图形的基础上，以圆形构图展现人物形象，其他位置体现八景文案与水纹、云纹等形象。海报应用的优点是简洁清晰，主体突出。问题是缺失了能够展现八景独特特点的形象元素，如云、山、舟、楼、歌、亭等。画面形象丰满，但与宏济堂品牌的连接性变弱。

图6.10 宏济堂传统女性八景系列海报

立体媒介方面，小组结合客户需求，开发新产品宏济堂小罐阿胶粉，并为小罐阿胶粉设计济南八景特色包装（图6.11）。该产品既可以作为宏济堂新产品，又可以作为济南市城市文创产品和旅游纪念品。产品还设计了大盒包装一盒共有八罐，分别对应济南八景。

数字媒介方面，小组将八景核心图形中的人物形象抽取出来，开发了基于传统女性形象的现代生活情趣表情包（图6.12）。表情包形象是核心图形形象的卡通化，并配合文案语言体现沟通和交流的场景性、趣味性和流行时尚。

图6.11　阿胶小罐粉包装设计

图6.12　八景女性表情包设计

第三节　济南八景长卷系列

　　济南八景长卷系列借鉴中国山水画长卷的样式，将济南八景融合在一起，构拟了一个想象出来的济南八景图。济南八景位于济南不同地理区域内，但在这幅长卷中，八景中的山、水、河、湖、楼、阁、亭、台、桥、舟、佛、树、花等多种元素巧妙结合，散点透视地展现八景绵延不断的美景，仿佛济南八处美景本就来自一处。景美水好，自然有好阿胶，作为土生土长的济南本土老字号品牌，宏济堂阿胶将其品牌个性借美好景色淋漓展现。

（一）济南八景长卷系列线稿草图

线稿草图由小组成员合作完成，分左、右两个部分（图6.13、图6.14）。草图整体构图合理，线条流畅，很巧妙地展现了八景景色的穿插融合，草图完成度高。在后续品牌营销活动中，小组设想让消费者以线稿草图为基础，进行色彩填涂游戏，将未完成的线稿草图变成营销活动的绝佳媒介和互动工具。

图6.13 济南八景长卷系列线稿草图（左）

（设计师：王艺彤、周辰茜。以下同）

图6.14 济南八景长卷系列线稿草图（右）

（二）济南八景长卷系列细化图

八景长卷系列上色图（图6.15、图6.16）采用扁平化的设计风格，色彩以绿色、蓝色为主，以展现优美的自然风光和生态景象。湖（大明湖）作为贯穿长卷的主体要素，将山、塔、楼、桥、阁、舟等各种元素连接起来，八景连绵呈现，山青水碧，一派盎然绿意。

图6.15 济南八景长卷上色图（左）

173

图6.16 济南八景长卷上色图（右）

（三）济南八景长卷系列媒介应用设计

平面媒介应用方面，小组将济南八景长卷进行拆解，截取不同景色作为单张海报的主画面，每张海报景色相对独立，八张海报又能结合为长卷画面（图6.17）。每张海报均可对应济南八景中的一处。因为是长卷中的画面截取，所以八幅海报构图、色彩、造型均体现出强烈的系列性，冲击力强，表现力好。海报配以八景诗句和宏济堂品牌名称、标识，"'绘'出济南？不，我们一直都在"的海报主文案展现出宏济堂品牌同济南的密切关系，借城市风景与城市文化塑造品牌个性形象，将城市营销与品牌营销融为一体。

图6.17 济南八景长卷海报设计

立体媒介应用方面，小组根据客户需求开发了三款新产品，并为新产品设计包装。这三款新产品分别为四盒装阿胶片（图6.18）、阿胶膏礼盒（图6.19）和小罐阿胶粉（图6.20）。其中：四盒装阿胶片的不同口味与对应八景内容分别为桃花系列（锦屏春晓）、经典系列（趵突泉涌）、桂花系列（佛山赏菊）、玫瑰系列（鹊华烟雨）；阿胶膏礼盒则将八景长卷的线稿图与色稿图结合，展现清新生态的简洁之风；小罐阿胶粉以八景对应八个小盒，并对应八种不同的口味。

图6.18 四盒装阿胶片包装设计

图6.19 阿胶膏礼盒包装设计

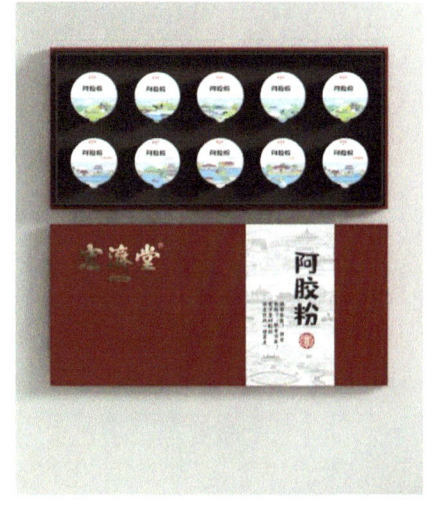

图6.20 小罐阿胶粉包装设计

除此之外，小组还在品牌衍生文化创意产品方面下了一番功夫，创意设计了笔记本、鼠标垫、徽章、胶带、行李箱、丝巾等不同产品（图6.21），简洁清新的画面在各种产品上得到巧妙应用，为一件普通的日常生活用品印上了精思妙想和优雅之美，也为宏济堂品牌形象传播开辟蹊径。

图6.21　宏济堂八景长卷衍生文创产品设计

　　数字媒介应用方面，小组设计了四幅动态海报（图6.22）。海报在长卷图形基础上，截取部分图形，增加"济小驴"卡通形象，构拟"跟济小驴游济南"的故事情节，并通过飘浮的云、变化的字、游走的驴等元素，体现海报作品和品牌形象的趣味性和个性化。

图6.22　宏济堂八景长卷动态海报

第七章

"品牌历史" 主题传播设计实践

　　1906年，山东官药局在济南院前大街开办。1907年，北京同仁堂十二世传人乐镜宇出资两千银元买下山东官药局，更名宏济堂，取"宏业济民"之意。1909年，乐镜宇在济南东流水街开办宏济阿胶厂。鉴于当时市场销售的阿胶都带有驴皮腥秽气味，乐镜宇参考文献，苦心钻研，与胶工刘怀安等人共同研究，研制出新的提制法（九昼夜精提精炼法），清除了以往阿胶所具有的腥秽气味，制造出甜脆适口、味道清香、疗效显著的独家产品，共有福、禄、寿、财、喜等12种型号。产品成色之佳与疗效之大都超过了当时东阿、阳谷的产品。宏济堂阿胶1914年获山东全省最优等金牌褒奖，1915年获巴拿马国际商品博览会优等金牌奖和一等银牌奖。宏济堂阿胶在国内销于上海、广州、浙江、福建、安徽等地，在国外行销马来西亚、印度尼西亚、日本等国。1911年，乐镜宇在济南舜皇庙街开办宏济堂栈房，专门生产加工丸散膏丹。1922年，栈房迁址扩建。1935年9月，宏济堂联合中医药界知名人士，发起开办国医教育，捐资筹款建立山东国医专科学校，培养了一批中医专门人才。1945年抗战胜利前夕，以当时的宏济堂总店经理赵玉府的名义在普利门外皖新街开设大成药行，作为宏济堂的另一个采购部门，同时向抗日前线秘密输送药品。

新中国成立后，宏济堂经过四次公私合营，济南市当时所有的中药企业和作坊、阿胶厂和作坊都合并到了实力最强的宏济堂名下。1966年，济南公私合营宏济堂药厂的栈房、药厂与其他中药厂、阿胶厂组成了济南公私合营宏济堂制药厂。1966年9月，更名为济南人民制药厂。1980年，济南人民制药厂更名为山东济南中药厂。1985年，"人工麝香"研制成功。1999年3月，山东济南中药厂改制为济南神方中药有限责任公司。1999年7月，更名为济南宏济堂制药有限责任公司，恢复中断30多年的"宏济堂"商号。

阿胶是宏济堂品牌的重要支撑和产品内容。1909年，宏济堂创始人乐镜宇创办宏济阿胶厂。到20世纪30年代，宏济堂阿胶成为国内最知名的阿胶品牌，并专供北京同仁堂。宏济堂阿胶品牌影响力很大，一直到1968年，宏济堂阿胶都是国内首屈一指的阿胶品牌，年产量占全国一半以上。1968年，根据国家要求，宏济堂将阿胶生产任务转移给平阴县药材公司、东阿县药材公司，宏济堂阿胶自此停产。

为发扬国粹，传承中医药优秀技艺，宏济堂经过长期准备与精心筹划，寻访退休老胶工，重新挖掘了阿胶九提九炙传统工艺，2012年9月宏济堂阿胶正式复产。2017年，宏济堂定制了亚洲最大的一口金锅，以金锅银铲、九提九炙熬制高端阿胶。2016年9月，宏济堂年产400吨的现代化胶剂车间投产，多项装备与工艺享有国家专利。为保证阿胶品质，宏济堂阿胶在业内率先采用DNA技术对阿胶所用驴皮进行张张检测，并通过溯源系统保证产品的可追溯性。至2019年，宏济堂以大健康产业链为主线，拉长优势产业，转向中高端，突出中医药健康养生理念，在高质量生产的基础上建立了中医院、国医馆、养生堂等，形成了医养大健康体系，既保持特色优势又积极利用现代科学技术，推动中国产品向中国品牌转变。当前，宏济堂正依托院士、国医大师、名老中医，聚焦中药优势领域，推进配方颗粒、经方、验方的开发和现有中药品种的二次开发。通过汲取国际前沿技术、运用循证医学、引进国内外最新的研究成果，推动中药现代化研究进程。

中国阿胶生产有两千余年历史。20世纪50年代以前，均为手工制作，每年制作时间为当年的白露节气至第二年清明节前，这段时间天气较凉、气温较低，便于胶液凝固及切胶、晾胶等。20世纪前，各地制胶工艺基本相似，熬胶工序多为三昼夜。因熬制时间不足、熬制过程搅拌不均、水质较轻等原因，胶液中的水分无法及时蒸发，杂质无法全部上浮撇净，造成阿胶透度低、纯度差、品质劣。所以，阿胶虽被誉为补血圣药，但腥臭重、杂质多、难下咽的状况一直没有得到根本转变。

宏济堂创始人乐镜宇1909年创办宏济阿胶厂后，通过参考古籍、文献，根据泉水"清而重"的特质，结合德州黑驴皮的特点，重点对熬胶工序进行了根本性改善。在时间上，将传统三昼夜熬制延长为九昼夜熬制，使驴皮得到充分融化、水分得到充分蒸发、杂质得到充分上浮。这个过程增加了三至四天的胶汁冷置沉淀时间，胶汁热凉变化使得腥秽气味蒸发散逸，利于撇净胶沫中杂质，更有利于提清提纯。在流程上，将以胶工个人经验为主的操作工序进行标准化分解，增加66道工序，细化至99道工序，再细化成300道小工序。胶工据此进行标准化操作，精确控制熬胶、提炼、晾胶等环节的时间、温度、湿度。每一块阿胶经历切皮、浸泡、洗皮、熬胶、过滤、浓缩、凝胶、切胶、凉胶、擦胶、包装等工序，一个完整流程大约需要80天。在工艺上，加入当归等滋补性材料，以及陈皮、甘草等调味材料，使阿胶不再具有腥臭之味。这样生产出来的阿胶在外形上"色如琥珀，墨如莹漆"，在口感上"甜脆适口、疗效显著"，真正成为上佳药品补品。

宏济堂将创新的阿胶制作工艺称为"九提九炙"或"九昼夜精提精炼法"。由于工艺操作程序繁细复杂，为便于胶工记忆传播，所以将其编成了口诀："冬至剥毛，惊蛰起灶，铜锅银铲，桑柴火烧，九提九炙，九昼取膏，工序九九，繁而不少，春分阴曝，立夏成胶。"

在本项目创作实践中，有多个选题涉及宏济堂品牌历史文化、阿胶传统工艺等内容，分别是"媒体宣传小分队"的宏济堂与老济南长幅插画、"跨省游击队"的阿胶九提九炙工艺系列插画、"媒体传播88队"的阿胶制作流程插画系列、"发际线总是在和我作对"组的阿胶膏产品民国女性形象设计系列以及"赤橙黄绿青蓝紫"队的中国风系列。

第一节 宏济堂与老济南长幅插画

宏济堂是生于济南长于济南的本土企业，虽然其创始人来自同仁堂，但其诞生、发展、壮大的历史都与济南息息相关，尤其是与济南自开埠以来的商业历史密不可分，并见证了山东乃至中国现代阿胶行业的发展变迁。在本项目创作中，"媒体宣传小分队"采用插画创作手法，选取宏济堂与济南历史交集的瞬间，采用城市景物插画描绘的方式展现品牌特色的历史文化。

一、宏济堂与老济南长幅插画线稿草图

宏济堂与老济南长幅插画线稿草图（图7.1、图7.2）展现了济南的重要历史文化建筑、风景名胜，其中包括趵突泉沧浪亭、大明湖牌坊、宏济堂老店与新中药文化基地，以及解放阁、泉标等。初始长幅插画中的人物意在表现阿胶在中国的悠久历史，因此人物形象出现古代妆容服饰，后期小组成员进行了修改，重在表现宏济堂诞生以后，即民国时期的女性消费者形象，以更贴合宏济堂品牌传播的目的。在长幅插画中，还出现了在一叶小舟上顺河而游的卡通驴的形象，其目的是更明确地传达阿胶产品的信息。

图7.1 宏济堂与老济南长幅插画线稿草图

（设计师：黄梦茜、毕泽琦、卢宣伊、张庆利。以下同）

图7.2 宏济堂与老济南长幅插画草稿部分上色图

二、宏济堂与老济南长幅插画核心图形细化

核心图形细化（图7.3）时，小组在主体图形基础上，增加了近远景的山、树与河，整个画面借鉴传统名画《清明上河图》的构图方式，以散点透视构思全图，让观者一览无余地了解整个画面所反映出的济南风土人情，以及宏济堂在其中的地位角色。画面展现了八个人物形象，分别出现在不同的场景之中，其中两个场景与宏济堂直接相关，分别为宏济堂老店和宏济堂新的中药文化产业园。不过需要指出的是，目前两个地方分属不同的企业，宏济堂老店现属于一家以宏济堂为名的药品销售公司，而宏济堂中药文化产业园则属于宏济堂制药集团公司。

图7.3　宏济堂与老济南长幅插画细化图

三、宏济堂与老济南长幅插画媒介应用

平面媒介应用设计方面，小组选择长幅插画中的六个主要景点，结合人物形象，创意设计了六幅宏济堂阿胶品牌形象广告，这六个场景分别是趵突泉、大明湖、宏济堂老店、解放阁、泉标以及宏济堂中药文化产业园（图7.4）。乘着小船的卡通小驴从趵突泉顺流而下，游过宏济堂百年历

图7.4　宏济堂与老济南海报设计

史长河，一路欣赏着泉城济南无限风景，最终到达新时代宏济堂的新生地——宏济堂中药文化产业园。六幅海报同长幅插画相互配合，既串联起历史，讲述了故事，又突出了重点，展现了品牌。六幅海报可以广泛应用于户外海报栏、灯箱广告、站台广告等。

　　立体媒介应用设计方面，小组充分发挥长幅插画的特点，将其应用于桶式包装上面，通过环绕的圆形将长幅插画作为包装设计的背景全部展现出来（图7.5）。长条装阿胶糕的包装设计也充分利用长幅的特点，力求完整展现宏济堂与老济南的亲密关系，以形成品牌的优势特点和特色（图7.6）。文化创意产品方面，小组以宏济堂品牌字体、插画核心画面以及插画中的主人公形象为主体，创意开发了常见的衍生产品，包括徽章、布袋、纸胶带、杯子等（图7.7）。

图7.5　宏济堂阿胶糕桶式包装设计

图7.6 宏济堂阿胶糕长条装包装设计

图7.7 宏济堂长幅插画部分衍生文创产品

数字媒介应用设计方面，小组创意设计了"济南清明上河图"的H5（图7.8）。H5动画将长幅插画进行了拆分，并在每个场景下增加了相应的人物话语作为文案，使宏济堂历史与济南名胜古迹更加直接贴切地融为一体，增加了插画本身的叙事性和趣味化。此外，还设置了宏济堂长幅插画H5动画二维码（图7.9）。长幅插画中出现的小姑娘形象也被创意成了数字表情包，憨态可掬、可爱伶俐的形象丰富了宏济堂阿胶的年轻化品牌形象内涵，提升了品牌同年轻消费者之间的沟通力度，提高了消费者对品牌的好感度（图7.10）。

图7.8 宏济堂长幅插画H5动画截图

图7.9 宏济堂长幅插画H5动画二维码

图7.10　宏济堂长幅插画表情包

第二节　阿胶九提九炙工艺插画设计

宏济堂阿胶九提九炙工艺是宏济堂传承的重要组成部分，"跨省游击队"以阿胶制作工艺作为创意方向，重点围绕九提九炙口诀进行了图形创意。以特殊工艺作为创意重点突出了宏济堂阿胶的独特诉求，进而建立起了品牌的差异性和优势点，使得品牌传播具有良好的吸引性、有效的区别性和针对性。

一、阿胶九提九炙工艺插画素材草图

因为创意的内容基本确定，就是围绕九提九炙口诀进行创意，所以小组在初始创意阶段花费了大量时间用于研究头脑风暴插画的艺术风格问题。草图的表现形式具有显著的传统连环画风格。中国传统连环画是由小说插图和壁画故事发展演变而来的，广泛吸收了年画、版画、戏曲等多种民间艺术的表现形式，实现了文学艺术和造型艺术的有机结合，是各种绘画艺术的综合

集成①。连环画的写实手法也是其重要特征，在本课题中，小组使用大量写实性素材包括人物、植物、景物等，进行插画创作（图7.11、图7.12）。

图7.11　宏济堂阿胶工艺植物、人物素材

（设计师：黄伊然、陈舒悦、刘星熠。以下同）

图7.12　宏济堂阿胶工艺景物素材

二、阿胶九提九炙工艺插画核心图形

　　核心图形的创作采用了写实的连环画风格、线描的艺术表现手法，主体创作为六幅表现制作工艺的插画，分别为"冬至剥毛""桑柴火烧""九昼取膏""工序九九""繁而不少""立夏成胶"（图7.13）。六幅核心图形的创作简单直接，单线白描和意笔线描相结合，线条抽象而简练，风格流动而洒脱。除表现工艺的核心图形外，小组还通过线描图形组合的方式设计了两幅可应用于产品包装和数字媒介的创意图形（图7.14）。

---

① 吴婷婷.论连环画的绘画风格［J］.美术教育研究，2020（20）.

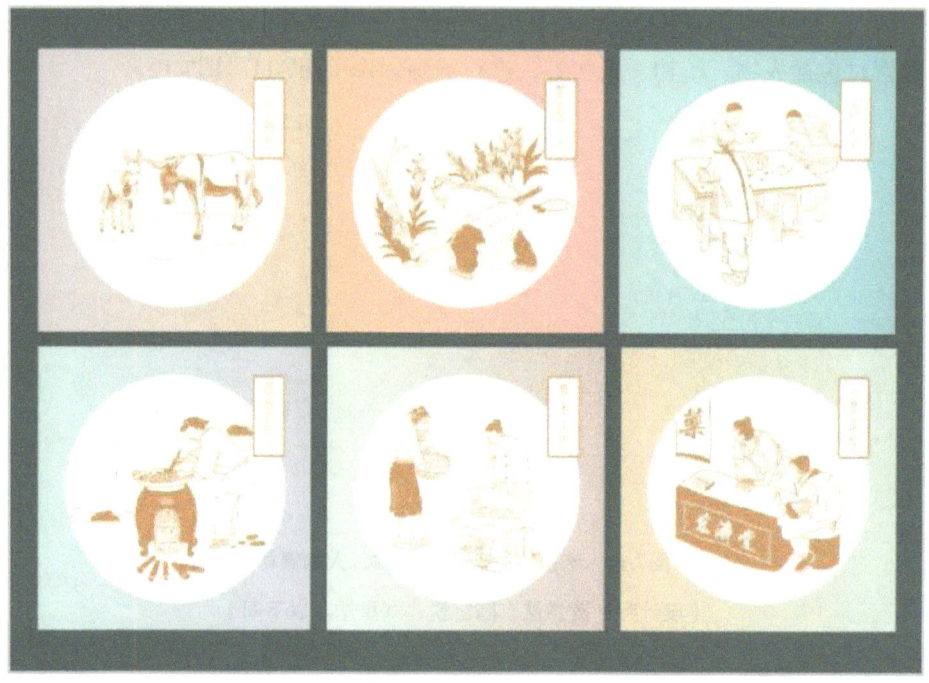

图7.13　宏济堂阿胶工艺写实风格插画

图7.14　宏济堂阿胶线描图形

三、阿胶九提九炙工艺插画媒介应用

　　平面媒介应用设计方面，小组在六幅展现阿胶工艺的插画基础上，创意设计了六幅带有企业品牌与产品诉求信息的平面海报（图7.15）。海报以工艺插画为主体，结合诉求文案，通过巧妙的版式编排，营造一种旧报纸的沧桑感、历史感、厚重感和信任感，进一步凸显品牌与产品的历史文化。

图7.15 宏济堂阿胶工艺主题海报设计

立体媒介应用设计方面，小组成员主要做了相关产品的包装设计，包括小罐粉罐体的图案设计，小罐粉瓶装瓶体贴纸的设计，小罐及瓶装阿胶粉产品的外包装盒、礼品盒设计，等等。这些包装设计部分沿用了九提九炙工艺插画，部分则使用核心图形中的线描图形组合方案（图7.16）。

数字媒介应用设计方面，小组创意设计了以阿胶九提九炙制作工艺为核心内容的H5作品"宏济堂1907"（图7.17、图7.18）。作品色调延续了核心图形中的青色背景，主体画面采用了六幅展现部分工艺的插画作品，线描作品结合深青色背景，使得画面简练直白，信息清晰明了，既有知识性，又有趣味性。

图7.16　宏济堂阿胶包装设计

图7.17 宏济堂阿胶H5界面

图7.18 宏济堂阿胶H5演示二维码

第三节 阿胶制作流程信息可视化图表设计

信息可视化图表属于视觉传达设计的一种，是以凝练、直观和清晰的视觉语言，通过梳理数据构建图形，通过图形构建符号，通过符号构建信息，以视觉化的逻辑语言对信息进行剖析的视觉传达方式。信息可视化图表能使复杂问题简单化，能以直观方式传达抽象信息，使枯燥的数据转化为具有人性色彩的图表，从而抓住阅读群体的眼球。

信息可视化图表可分为关系流程图、叙事插图型、树型结构图、时间分布类及空间解构类五种类型。本课题所制作的阿胶制作流程图表属于关系流程图。实际上，五种类型的信息可视化图表都运用的是列表、对照、图解、标注、连接等表述手段，使视觉语言最大化地融入信息之中，使信息的传达直观化、图像化、艺术化。

一、阿胶制作流程信息图表基础图形创意

可视化信息图表设计的第一步是基础图形创意。在本课题中，小组成员根据阿胶制作流程，选取了剥皮、取水、熬制、提炙、成胶等多个环节，创意设计简练生动的基础创意图形，作为可视化信息图表中的基础元素。图形元素包括中药典籍、德州黑驴、柴烧炉灶、驴皮原料、九提九炙、泉城济南、阿胶块、阿胶糕等（图7.19）。这些图形元素涵盖了宏济堂阿胶的历史渊源、文化背景、制作原料、具体工艺、精美成品等。

图7.19 阿胶制作流程信息图表基础图形

（设计师：李眉楚。以下同）

二、阿胶制作流程信息图表创意制作

按照信息图表的设计流程，在完成基础图形的设计后，还需要注意突出信息的高吸引度与视觉亮点、保持画面的简洁明了、确定视觉导向和秩序三个要点（图7.20）。高吸引度和视觉亮点是作品本身要具有很好的表现力，要费尽心思让读者以最直观的方式去理解作品所要传达的信息内容；在本课题中，小组成员构思了一头黑驴的造型，作为信息图表的整体框架，确保图表有足够的吸引力。画面简洁明了是要选择直观、形象、准确、明了的表现手法，使信息传达始终坚持可读性和条理性共存。在本课题中，小组将阿胶制作过程中的重要环节进行简约视觉化。视觉导向和秩序要求图表的版面设计充分尊重人们的阅读习惯，当一张图表中充斥了大量的信息时，需要设计者合理地利用视线移动规律，将信息顺畅有效地传达给读者。本课题中，采用环形结构来导视整个制作流程，环形流程比较适宜在黑驴身体的版面中编排应用。

图7.20　阿胶制作流程信息图表

三、阿胶制作流程信息图表媒介应用设计

平面媒介应用设计方面，小组从信息图表基础图形中选择了《德州黑驴》。《泉城风景》《生态驴皮》三幅作品作为主体元素，创意设计了三幅海报作品（图7.21）。作品增加了装饰性的植物图样，以展现品牌与产品的自然和生态。

立体媒介应用设计方面，小组创意设计了多种样式的阿胶糕产品包装（图7.22—图7.25）。其中内部小包装盒画面为信息图表的基础图形，大盒包装画面完整采用黑驴身体造型的阿胶流程信息图表，手提袋包装画面则截取流程信息图表的部分画面。包装画面兼顾了信息传达功能和美化装饰功能。

图7.21　阿胶制作流程信息图表衍生的户外海报

图7.22　宏济堂阿胶整体包装

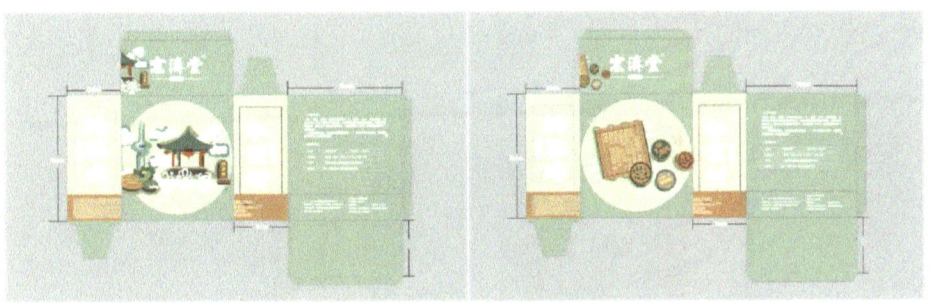

图7.23 内部小盒子包装

图7.24 包装袋画面

图7.25 大包装盒正面

数字媒介应用设计方面，小组创意设计了一组表情包（图7.26），表情包以信息图表的基础图形为主体，增加了部分动态效果和趣味性文案，如泉城风景对应"美好的一天"，阿胶熬制对应"晕了"、黑驴的口哨以及阿胶提炼过程中的动态"冒个泡"。表情包设计让看似呆板严肃的传统工艺变得鲜活灵动起来，拉近了与年轻消费人群的距离。

图7.26　阿胶制作流程表情包

第四节　阿胶膏产品民国女性形象设计

"发际线总是在和我作对"组的阿胶膏产品形象设计结合了宏济堂阿胶诞生的历史背景和面向的主要消费人群两个因素，通过插画设计展现民国时期女性美丽端庄大方形象，传达宏济堂阿胶悠久历史传承，以及玫瑰膏、黄精膏等产品良好的养生美容特点。

一、阿胶膏产品民国女性形象设计草图

小组在创意点子的筛选阶段，从泉城特色、历史传统、文学传说等多个角度出发，创意了城市风景、清朝女性（图7.27）、民国女性等多个素材，最终确定为民国女性形象。民国时期流行的烫卷短发、旗袍等形象特征，配合茶、团扇等元素，塑造端庄、优雅的民国女子形象（图7.28和图7.29）。

图7.27　带有历史与城市特色的草图设计

（设计师：邓苗苗、林澎鑫、韩钰、杨迦茗。以下同）

图7.28 民国女性形象的草图设计

图7.29 具有一定编排特征的草图设计

二、阿胶膏产品民国女性形象设计细化图

在草图设计基础上，小组完善了两个方向的核心图形设计：一是传统女性形象结合现代城市特征，如济南泉城广场泉水雕塑、解放阁、大明湖等。传统女性结合现代景物，体现品牌的历史传承与现代价值（图7.30）。二是传统女性形象结合产品成分。为了凸显品牌的历史文脉，烘托女性形象的优雅端庄，这个方向的插画设计中使用大量带有民国旧事痕迹的各种元素，如留声机、巴洛克风格的茶壶茶碗、丝绸材质的团扇以及缀有羽毛的轻柔扇子等（图7.31）。阿胶黄精膏、阿胶玫瑰膏两个产品的核心图形带有强烈的民国时期霓虹招牌的造型特征，传达出品牌的历史渊源，烘托产品值得信赖的优良品质（图7.32）。

三、阿胶膏产品民国女性形象设计媒介应用设计

平面媒介应用设计方面，小组在两套核心图形基础上，添加品牌标志形象、产品名称、广告文案，形成了两套可用于户外广告推广的形象海报（图7.34、图7.35）。两种海报分别从理性和感性两个角度进行诉求，前者诉求产

品的用料优良，后者诉求消费者对美好容颜的追求。

图7.30　人物与城市结合的图形设计

图7.31　传统女性形象为主的图形设计

图7.32　户外媒介广告设计（竖幅）

图7.33 户外媒介广告设计（横幅）

图7.34 户外媒介广告设计（横幅改造）

立体媒介应用设计方面，小组创意设计了阿胶玫瑰膏、阿胶黄精膏两款产品的杯式包装、纸盒包装以及手提纸袋包装（图7.35）。文创产品方面涉及常用的生活学习和办公用品，如杯子、文具、明信片、纸胶带、徽章等（图7.36）。

图7.35 多种形态的包装设计

图7.36 衍生文创产品设计

　　数字文创产品方面,小组基于女性用户特点开发了两个小程序,分别是:用于女性经期预测的小堂经期(图7.37),用于女性运动指导的小堂瑜伽(图7.38)。"小堂"的名字出自宏济堂,小堂经期用于帮助女性判断经期状况,指导女性在经期内进行有效饮食和生活调理;小堂瑜伽则专为女性打造适宜在家庭中开展的瑜伽运动内容,帮助女性调养身心,促进健康生活。两个小程序均以红色为主色调,设计元素简约时尚,不落俗套。

图7.37 小堂经期界面设计

图7.38　小堂瑜伽界面设计

第五节　宏济堂阿胶粉中国风设计系列

中国风设计或国潮风设计是一个笼统的概念，大体来说，它是一种建立在中国文化和东方文化基础上，以中国元素为表现形式，有着自身独特魅力和性格的艺术表现形式。它基于中国传统文化元素，通过形式语言的再现设计来突出表现民族风格特征。中国风设计须涵盖和体现中国优秀的传统文化、思想观念、思维方式、情感表达方式以及重要的东方审美特质。优秀的中国风设计不能让设计止于形式，而是要进行文化的深层挖掘与创造，用当下的设计语言去表达中华文化的意蕴。

但需要注意的是，中国风设计并非简单的中国元素的堆砌，认为只要有龙凤旗袍、岁寒三友就是中国风，而是要通过中国风格、中国意境、中国色彩等多种超越单一形象的综合性视觉要素和意象感受来进行展现。在宏济堂阿胶粉中国风设计课题中，小组成员一方面使用大量中国文化元素来进行内容传达，这些形象超越了传统与现代、真实与想象，具有新时代的中国风尚与中国性格，另一方面又通过丰富的色彩体系营造出错彩镂金、浓墨重彩、华美富贵的中国气派与中国审美。

一、宏济堂阿胶粉中国风设计草图

小组创意设计了四幅中国风插画，形象主体分别为猫、熊猫、燕子和梅花鹿（图7.39）。画面造型较好，审美效果好，熊猫、燕子等中国意味浓郁，但猫与梅花鹿的选择，无论在内容意义，还是中国元素关联性上都较弱。代餐粉产品使用熊猫形象，即食燕窝使用燕子形象均有较强的关联度，但阿胶粉与猫、花茶与梅花鹿关联性较弱。

图7.39　宏济堂中国风设计草图

（设计师：邰婧文、王家荣。以下同）

二、宏济堂中国风设计细化图

在细化图设计上，小组通过丰富的色彩配置营造出了浓郁的中国风味道。无论是艳丽的红色、淡雅的蓝色、清新的绿色，还是多种色彩的综合作用，都能通过细化图的多层次的色彩组合表现多样化的艺术效果（图7.40）。

三、宏济堂阿胶产品中国风设计媒介应用设计

平面媒介应用设计方面，小组在四幅插画设计的基础上，形成一套四张产品诉求海报（图7.41）。海报结合标题文案，尤其适合在户外灯箱广告、交通广告、电梯广告等媒介上投放和发布。

图7.40 宏济堂中国风设计细化图

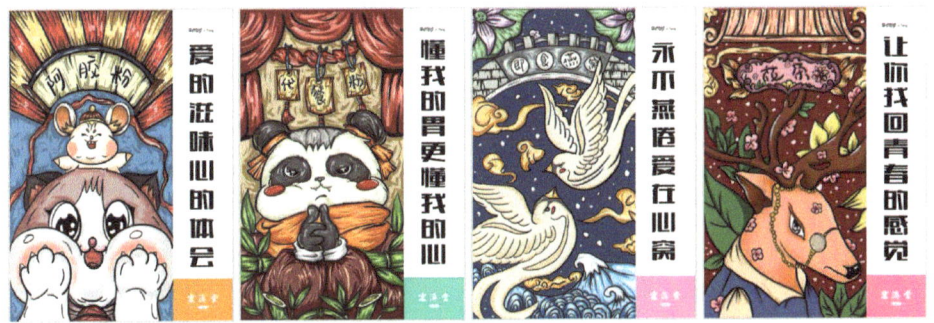

图7.41 宏济堂中国风平面海报设计

立体媒介设计应用方面，小组设计了两种样式的包装形态，一是大容量的铁盒装（图7.42），一是小容量的长条装（图7.43）。两种样式的设计均将中国风插画完整应用于产品包装之上，进一步增强画面的丰富性、层次感和吸引力。文创产品方面，小组基于中国风插画，在常见的咖啡杯、徽章、手机壳、拼图和抱枕上做了应用（图7.44）。这些衍生产品对于产品销售具有较好的促进价值。

图7.42 宏济堂中国风铁盒包装设计

图7.43　宏济堂中国风条装包装设计

图7.44　宏济堂中国风衍生文创设计

第八章

"成分功能"主题传播设计实践

　　作为名贵中药材，阿胶在中国有近2 500年的历史，被列入1963年至今的历版《中国药典》，是国家批准的"药食同源"产品。《中国药典》所载阿胶性状为"本品呈长方形块、方形块或丁状。棕色至黑褐色，有光泽。质硬而脆，断面光亮，碎片对光照视呈棕色半透明状。气微，味微甘"。其功能和主治为"补血滋阴，润燥，止血。用于血虚萎黄，眩晕心悸，肌痿无力，心烦不眠，虚风内动，肺燥咳嗽，劳嗽咯血，吐血尿血，便血崩漏，妊娠胎漏。"

　　市场上的阿胶系列产品，除药典所载的经典阿胶片外，还有阿胶与其他健康物质结合形成的阿胶浆、阿胶膏、阿胶糕、阿胶粉以及各类阿胶零食产品等。但除部分阿胶片、阿胶浆外，其他产品少有药品或保健品批号，不能直接做跟药用有关的功效和功能性宣传。因此，在品牌形象宣传中，多以展现阿胶相关产品的生态成分或使用者形象的方式来传播产品的独特卖点和功能特点。

　　在本课题实践中，有多个小组选择了成分功能作为创意设计的主题，其中包括"不想秃头组"的阿胶米糊产品成分形象设计系列、"作业霸王队"的胶一家子阿胶糕产品形象设计和阿胶水果代餐粉形象设计系列、"满孟林刘李高队"阿胶成分实物创意影像系列、"媒体传播策略35组"手工的温度系列、"每天都很快乐组"的阿胶粉产品植物纹样形象设计系列等作品。

第一节 阿胶米糊产品成分形象设计系列

阿胶米糊是宏济堂阿胶面向都市人群推出的轻便阿胶日常营养类产品，"不想秃头组"在现有产品基础上，开发紫薯魔芋、南瓜枸杞、玫瑰红枣、红豆薏米、核桃芝麻、大麦若叶等多个系列的阿胶米糊，并以产品成分为主体，绘制了具有强烈后现代魔幻色彩的插画图案。作品中，每款产品的两种成分被拟人化，成为画面的中心，充满着强烈的魔幻主义风格。

一、阿胶米糊产品成分形象设计草图

本主题的产品成分形象经过了多轮创意设计，初始草图采用铅笔手绘，以产品成分主体形象创意为主，较少关注辅助元素的补充和配合（图8.1）；主体形象基本确定后，小组成员对核心图形的基本编排结构和版式进行了统一，规范了主体形象与辅助元素之间的组合关系，形成了较好的系列性表现样式（图8.2）。同时，部分小组成员还对产品成分做了拟人化创意（图8.3），作为表情包开发的基础素材。在草图创作过程中，拟人化故事场景（图8.4）和拟人化消费场景（图8.5）的创意点子也非常新颖，草图的完成度也较高。但因为项目时间、小组成员精力等各方面限制，两个方案未得到细化设计。

图8.1 产品成分形象初始设计草图

（设计师：秦铭铭、王新虎、肖欣悦、王思宇、朱贺、秦浏畅。以下同）

图8.2 产品成分形象设计系列化草图

图8.3　产品成分形象拟人化表情包设计草图

图8.4　产品成分形象拟人化故事场景设计草图

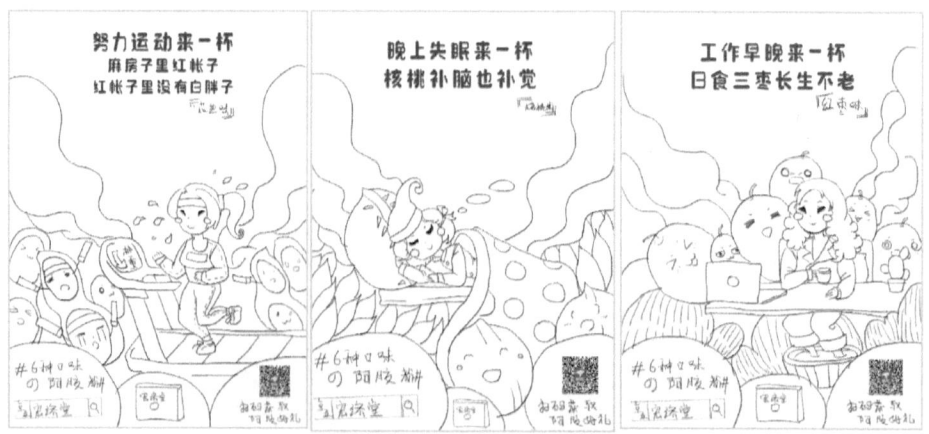

图8.5　产品成分形象拟人化消费场景设计草图

二、阿胶米糊产品成分形象设计核心图形细化

小组在核心图形细化设计方面，主要做了三项工作。一是完善了产品成分主体的插画设计（图8.6）。在草图上色之后，表现效果更加强烈。二是对单个的产品成分拟人化形象进行了细部造型设计，明确了形象的身份，确定了基本的动作。这些成分包括香油、黄酒、花生、红枣、核桃、冰糖等，其角色分别被赋予姐弟兄妹等亲近关系（图8.7）。三是产品成分辅助图形细化设计，这些辅助图形取自产品成分中的桃仁、山楂、核桃、红枣、枸杞，辅助图形设计了红、白两个版本，以便应用于不同的媒介环境中（图8.8）。

图8.6 产品成分插画设计

香油小姐　　　　　　　　　　黄酒大哥

  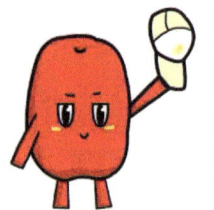 

花生弟弟　　　　　　　　　　红枣兄

核桃妹妹　　　　　　　　冰糖小子

图8.7　产品成分拟人表情包设计

 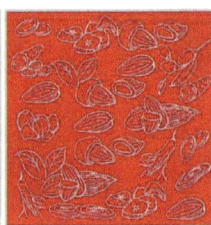 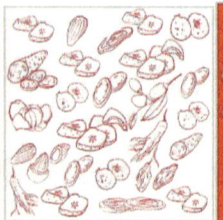 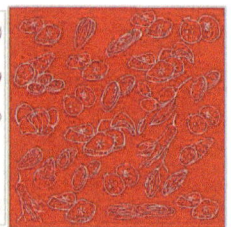

桃仁　　　　　　　　　　山楂

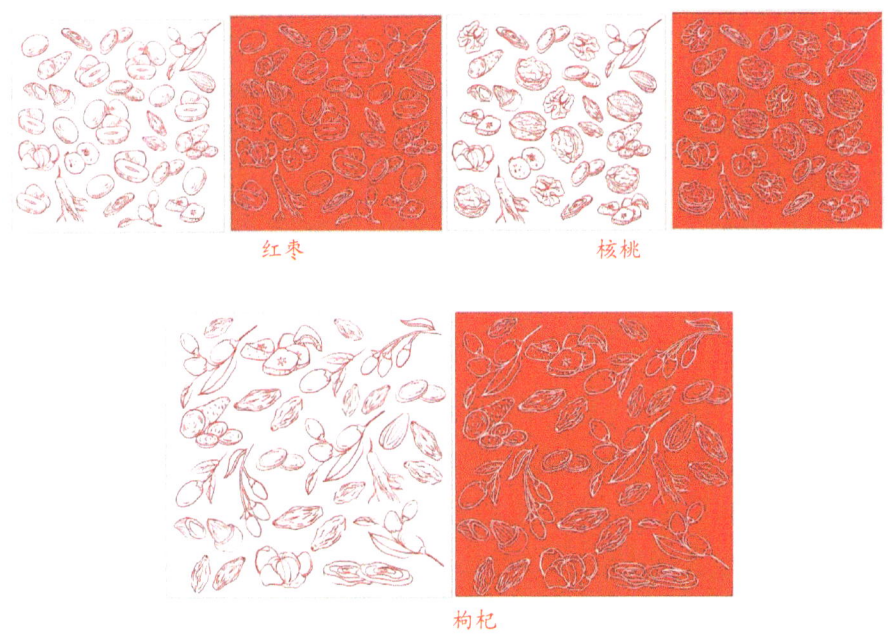

红枣　　　　　　　核桃

枸杞

图8.8　产品成分辅助图形设计

三、阿胶米糊产品成分形象媒介应用设计

平面媒介应用设计方面，以产品主体海报为主，应用于户外广告、灯箱广告、交通站台广告等，作品本身造型新颖、色彩丰富，在户外能够迅速吸引受众注意力，获得良好的传播效果（图8.9、图8.10）。

图8.9　产品成分户外海报设计

图8.10 产品成分户外灯箱广告设计

立体媒介应用设计方面，小组针对阿胶米糊粉状产品，创意设计了多个包装样式，既有中等容量的米糊粉袋装包装（图8.11），也有小容量的米糊粉小罐装包装（图8.12），小组创意的辅助图形则在手提袋设计时进行了适当的应用（图8.13）。文创产品方面，小组将核心图形、辅助图形衍生应用到了茶具套装、水杯、文件袋、明信片、手机壳、钥匙扣、徽章、T恤、抱枕等常见物品上（图8.14）。

图8.11 阿胶米糊粉状袋装包装设计

图8.12 阿胶米糊粉小罐装包装设计

图8.13 阿胶米糊粉手提纸袋设计

图8.14 阿胶米糊粉衍生文创产品设计

　　数字媒介应用设计方面，小组创意设计了一套动态海报（图8.15）和一套数字表情包（图8.16）。动态海报以拟人化手法形象模拟展现阿胶米糊粉产品的诞生过程。海报呈现的并非产品的现实生产流程或严谨制作过程和工艺，而是以故事化的形式，采取类别、隐喻的手法，把产品科学严谨的熬制工艺类比为生动化的泡澡和采矿，间接展现产品的工艺精良与品质优越。表情包所使用的拟人形象均来自产品成分，这些形象基于自身角色，配以不同的文案，试图表达目标消费者的生活态度和性格特征。

图8.15　阿胶米糊粉产品动态海报设计

图8.16　阿胶米糊粉产品数字表情包设计

第二节　"胶一家子"阿胶糕产品形象设计

阿胶块是阿胶企业最常见，也是药用养生价值最高的产品。但阿胶块一般无法被消费者直接食用，家庭中使用阿胶块时通常要碾成粉末，同炒熟的核桃、芝麻混合，掺入冰糖、黄酒熬制成糊状，再加入红枣、枸杞等混合冷却后制成阿胶糕。在家庭制作阿胶糕的过程中，不同的家庭成员还可根据自己的身体状况、需求特点、口味趋向等添加不同的辅料，或熬制不同的状态。阿胶糕的制作过程充满了家庭的温馨幸福之感。

一、"胶一家子"草图设计

"胶一家子"创意设想了爷爷、爸爸、妈妈、哥哥、弟弟几个成员角色，分别代表了黄酒、驴皮、核桃、冰糖、芝麻等阿胶糕熬制所需的不同成分（图8.17）。人物形象造型同其被赋予的辅料成分融合在一起，五个形象特点各异，风格不一。在确定最终五个形象之前，小组成员展开了多轮头脑风暴，也创意设计了多个备选方案（图8.18）。在草图创作阶段，除确定基础人物造型外，小组还对"胶一家子"故事发生的家庭场景进行了初步设想，形成了部分草图，如厨房橱柜、冰箱以及便利商店等（图8.19）。

图8.17 "胶一家子"人物形象设计草图

（人物形象：酷酷驴皮爸、甜甜冰糖仔、浓郁黄酒爷、浓情核桃妈、乖乖芝麻宝。

设计师：高晓莹、张茜茜、马旭。以下同）

215

图8.18 "胶一家子"人物造型备选设计草图

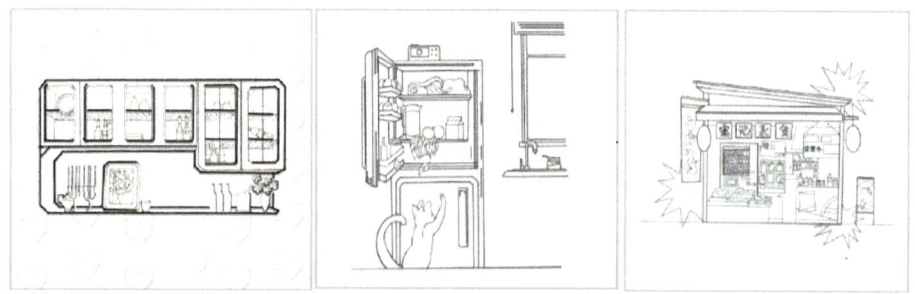

图8.19 "胶一家子"故事场景设计草图

二、"胶一家子"设计细化图

细化设计主要集中在对一家人具体形象的完善上。在细化图中，人物造型得到丰富和补充，尤其是色彩得到了完善和调整。同时创意设计了一家人共同食用阿胶糕的画面（图8.20），此图形在后续的媒介应用设计中得到了较好的呈现。

图8.20 "胶一家子"人物形象设计细化图

三、"胶一家子"媒介应用设计

平面媒介应用设计方面，小组基于家庭成员人物形象，并添加部分生活场景和趣味性文案，设计了"胶一家子"系列平面插画。平面插画分别表现爷爷对孙辈的宠爱、妈妈对家庭卫生的钟爱、爸爸的手机依赖症、儿子被唠叨、小宝宝撒娇等多个生活化的趣味场景。在插画基础上，小组设计了动态海报，以更形象生动的方式呈现一家人质朴的真实生活和迥异的性格特点（图8.21）。

图8.21　"胶一家子"平面插画与动态海报图

立体媒介应用设计方面，小组设计了宏济堂"胶一家子"阿胶糕产品的多种包装形态，包括小型纸盒、塑料罐、中型袋装、长条小袋装等，并采用亮度较高的黄色背景，透露出希望、喜悦、幸福等心理意味（图8.22—图8.24）。

数字媒介应用设计方面。小组制作了一条时长为30多秒的动画短片（图8.25）。短片通过五个家庭成员的视角展现了阿胶糕的制作过程。爷爷拿来黄酒，妈妈找出核桃，儿子买来冰糖，爸爸弄来阿胶，宝宝拿出芝麻，五个人合在一起，熬制出营养美味的宏济堂阿胶糕。短片脚本画面设计精良，音响及音效使用恰到好处，传达宏济堂爱与分享的情感诉求主题。在当前媒介环境下，这条动画短片比较适合短视频平台的投放与传播。

图8.22　"胶一家子"罐装与纸盒装包装设计

图8.23　"胶一家子"袋装包装设计

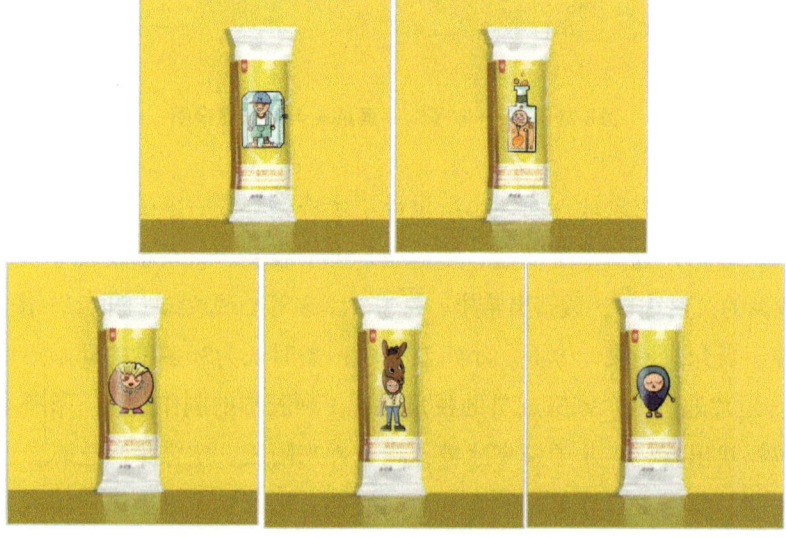

图8.24　"胶一家子"长条袋装包装设计

图8.25 "胶一家子"动画短片

第三节　阿胶水果代餐粉形象设计系列

　　代餐粉类产品是一种以谷类、豆类、薯类食材等为主，结合其他营养物质，科学配比而成的一种代替正餐的纯天然营养补充剂。它具有安全、方便、有饱腹感、营养均衡的特点。宏济堂在售代餐粉产品主要有杯装的红豆薏米粉、核桃芝麻黑豆粉以及罐装的每日膳食系列等。"作业霸王队"两位成员别出心裁地提出将水果成分融入代餐粉产品中，开发更符合女性消费者消费特点的水果类阿胶营养代餐粉产品。这类产品能有效满足年轻女性消费人群既注重科学营养与美容减肥效果，又看重口味口感和流行风尚的消费心理。

一、阿胶水果代餐粉形象设计草图

　　本主题下小组成员选择了五种水果作为阿胶代餐粉产品的主体成分，分别是葡萄、橙子、奇异果、黄桃和西瓜。在草图创意中，水果、人物的比例关系并没有严格参照实际比例，而是被创造性地夸大或变形，试图表现一种抽象化带有意识流特色的超现实主义的视觉风格（图8.26）。

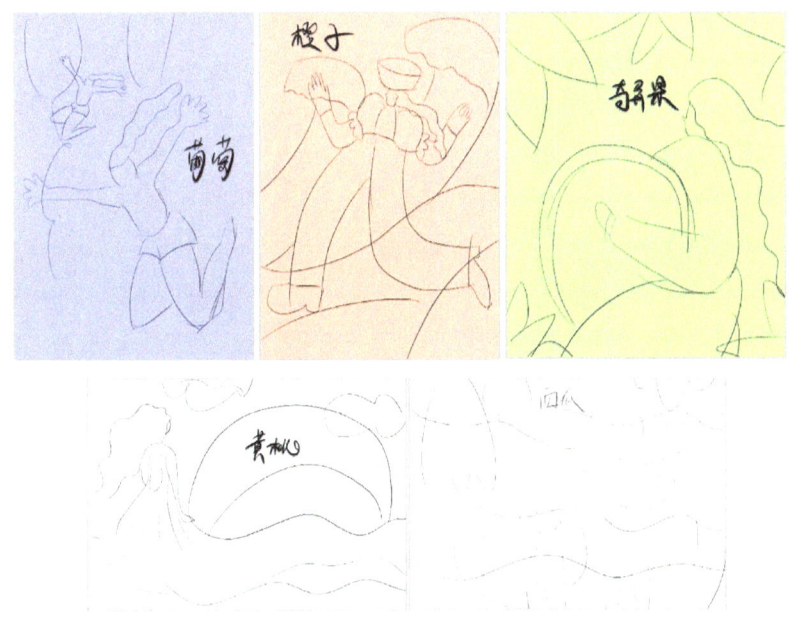

图8.26　阿胶水果代餐粉形象设计草图

（设计师：高颖、陈灵玲。以下同）

二、阿胶水果代餐粉形象设计细化图

在完善了线条造型并增加了色彩之后，阿胶水果代餐粉形象设计核心图形的超现实主义风格更加明显。这体现在移花接木、夸张、超常规图形组合等多种手法的综合运用上。黄桃成为太阳、奇异果成为乐器、橙汁变成海浪、长裙同大海融为一体，这些变异的组合，同夸张的人体、水果、自然事物比例关系一起，组成了非真实的、意识流的、超现实的生活镜像。同时，细化图大面积的色彩平涂和扁平化的创作手法也使得核心图形展现出柔软、浪漫、时尚的艺术风格（图8.27）。

图8.27　阿胶水果代餐粉形象设计草图

三、阿胶水果代餐粉媒介应用设计

平面媒介应用设计方面，小组创意设计了以核心图形为基础的标准海报，海报采用竖幅形式，左上角为宏济堂品牌视觉标识，右下方为产品名称及部分特点介绍文案（图8.28）。海报设计简约规整，特别适合在海报栏、海报墙、广告牌、灯箱、POP等标准户外媒介中发布和使用。

图8.28 阿胶水果代餐粉形象海报

立体媒介应用设计方面，小组针对袋装、杯装、罐装、提篮礼盒、纸盒组合装等多种包装形式做了设计（图8.29）。总体来看，包装设计应用新颖大方，较好地呈现了产品的时尚化特色；色彩丰富亮目，能够在真实的销售环境中较好地吸引购买者的眼光，从而实现更好的销售和使用。

图8.29　阿胶水果代餐粉各种形态包装设计

衍生品应用设计方面，小组围绕常见衍生产品形态进行了创意开发，涵盖了U盘、抱枕、T恤、徽章等（图8.30）。由于核心图形本身设计新颖，艺术风格强烈，所以相应的衍生产品在应用后也呈现出不一样的视觉审美效果。

图8.30　阿胶水果代餐粉衍生产品设计

数字媒介应用设计方面，小组制作了四张动态海报，这四张动态海报分别是橙子版标准海报、奇异果版标准海报、葡萄版标准海报和西瓜版标准海报（图8.31）。各个动态海报的动态化程度和效果不甚相同，有的较为简单，如西瓜版和奇异果版，其动态变化仅体现为天鹅的头部变化、植物细节变化等；有的变化较为明显，如葡萄版，人物动作变化幅度较大，连续性较强。

图8.31 阿胶水果代餐粉动态海报设计

第四节 阿胶成分实物创意影像系列

"满孟林刘李高"队由六名成员组成，队名取每个组员的姓氏。小组选择产品成分实物摄影与软件制作结合的方式进行课题的创意设计与执行，主要诉求为展现阿胶粉产品的主要成分，借以传达阿胶粉产品自然、生态、养生、益心的特点。围绕这个诉求，小组发展了两条创意线索：一是以产品成分实物制作趣味性定格动画，将产品成分拟人化，传达趣味性和品牌个性；二是产品成分实物形象与软件插画设计结合，塑造消费者年轻、时尚、快乐的形象。

一、阿胶成分实物创意影像系列素材草图

阿胶成分系列动画和海报作品使用阿胶块、枸杞、红枣、人参、糖块等作为素材，这些素材均为阿胶块、阿胶糕、阿胶粉产品的主要原料（图8.32）。在海报草图创意上，小组使用拼贴组合方法，将实物产品作为人物造型的一部分，组合成姿态不一的各种消费者形象（图8.33）。

图8.32　阿胶成分系列脚本素材图

（设计师：满琳、孟慧敏、林婷婷、刘天奇、李嘉鑫、高静。以下同）

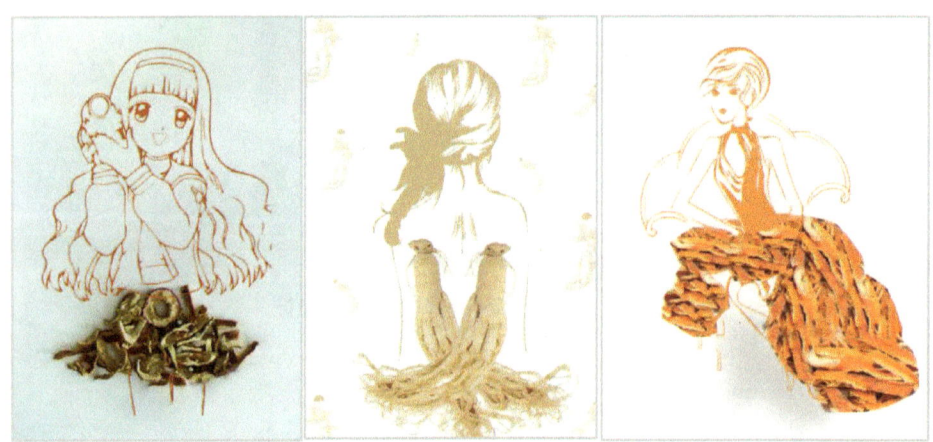

图8.33　阿胶成分系列设计草图

二、阿胶成分实物创意影像系列动画设计

（一）阿胶小子篮球动画

作品使用阿胶块、枸杞、杏仁、红枣（片）、陈皮丝等组合成打篮球的阿胶小子形象（图8.34）。动画主要展示阿胶小子左右手运球的场景，采用定格图片拍摄的方式制作而成，配以运动感极强的音乐，呈现年轻消费者的青春活力和产品的良好形象。

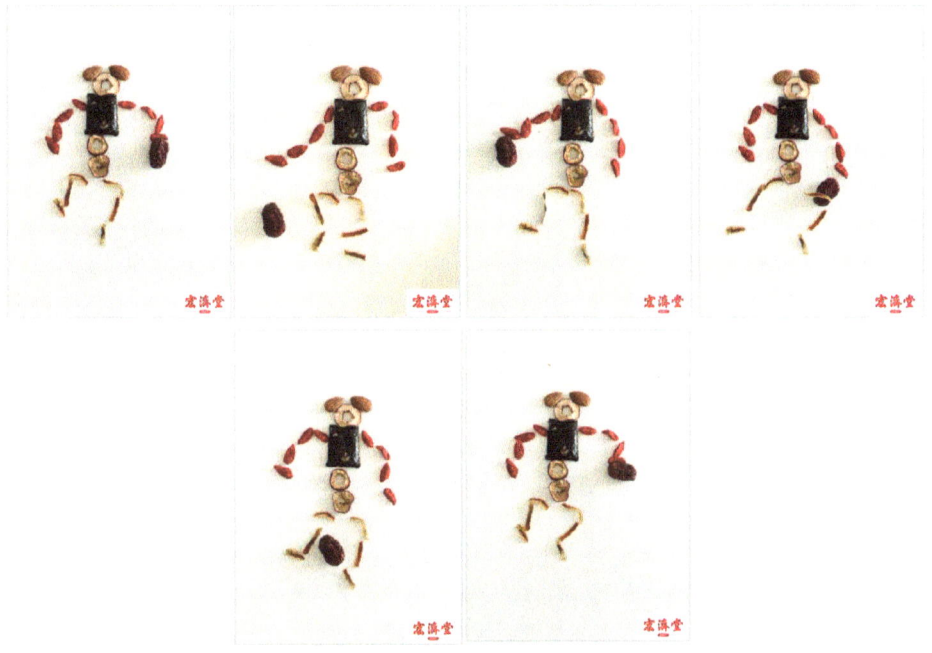

图8.34 阿胶小子篮球动画

（二）阿胶少女舞蹈动画

作品使用阿胶块、枸杞、杏仁、红枣片、山楂、陈皮丝、人参等实物组成舞蹈的阿胶少女形象，动画展示青春活泼的阿胶少女翩翩起舞，与人参相遇相知，组合成幸福家庭的故事（图8.35）。动画模拟了阿胶系列产品的诞生过程，形象展示了阿胶系列产品的主要成分，间接传达了宏济堂阿胶产品的良好品质和优质功效。

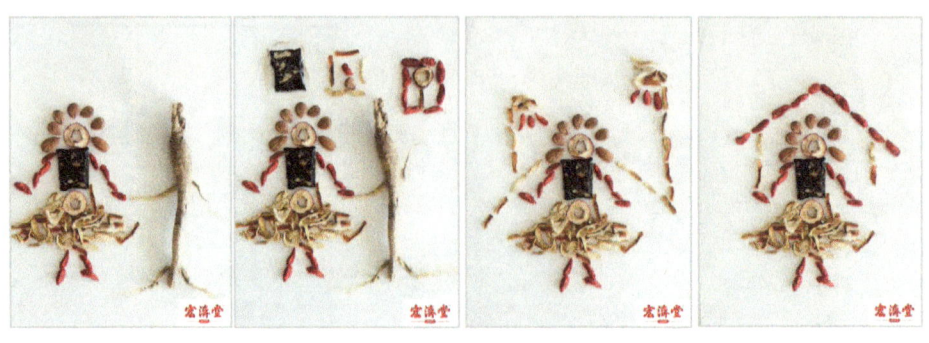

图8.35　阿胶少年舞蹈动画

（三）"回归食物的本真"定格动画

动画以实物模拟结合定格动画的方式描述了阿胶粉的诞生和食用过程。从人参、枸杞、杏仁、红枣等配料的整合开始，到阿胶块的参与，最后碾制成阿胶粉，加水冲饮（图8.36）。动画虽然制作技术简单，但内容呈现比较丰富，体现了较强的故事性和想象力，表现效果较好。

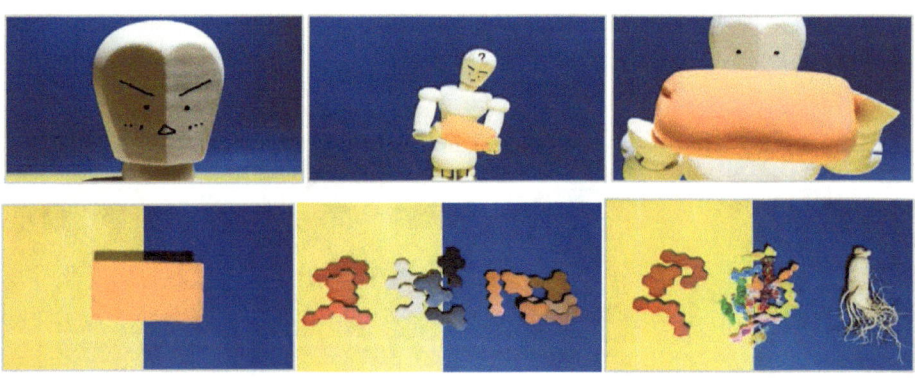

图8.36 回归食物的本真定格动画

三、阿胶成分实物创意影像系列媒介应用设计

平面媒介应用设计方面，小组基于人物插画与成分实物结合的思路，创意设计了多幅平面海报（图8.37），重在传达阿胶系列产品生态养生的诉求，展现消费者的生命活力。另外，小组还创意设计了单纯以产品成分实物图片为主体，结合相关文案的海报作品，前者侧重于感性传达消费者活力和形象

呈现，后者重在理性阐释产品本身的养生特质与优秀品质（图8.38）。

图8.37 插画人物与成分结合的海报设计

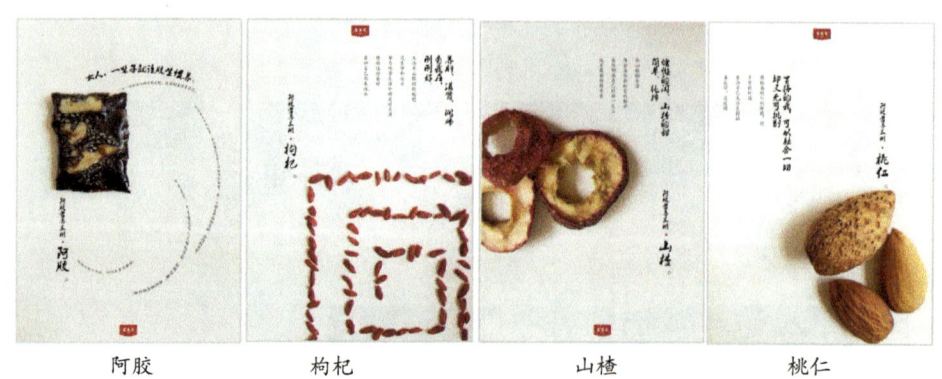

阿胶   枸杞   山楂   桃仁

图8.38 产品成分为主体图形海报设计

在立体媒介应用设计方面，小组为设想的阿胶粉系列产品设计了多种包装样式和包装方案，从容量小的便携式袋装，到能够容纳数袋到十数袋的纸盒装、铁盒装以及各种不同类型的阿胶粉组合的精品装等（图8.39—图8.41）。包装设计总体延续了人物与实物组合海报的图形和表现风格，简洁明快，清新淡雅（图8.42）。在衍生产品方面，小组选择了较为常见的手机壳、钥匙扣、徽章等日常生活用品，在设计上延续了人物形象海报的图形内容（图8.43）。文创产品种类较为常规，创新性较弱。

图8.39 便携式小袋包装设计

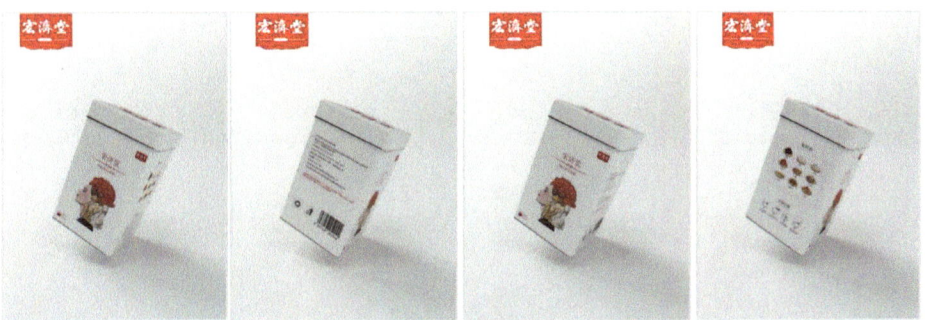

图8.40 铁盒装包装设计

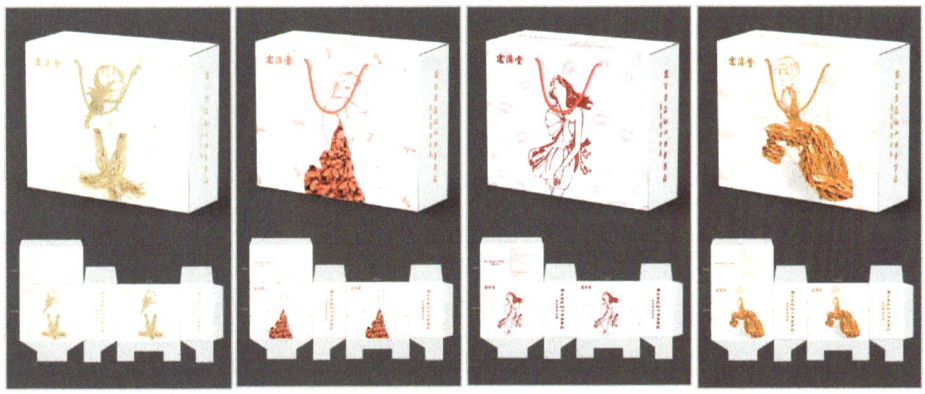

图8.41 纸盒装与手提袋设计

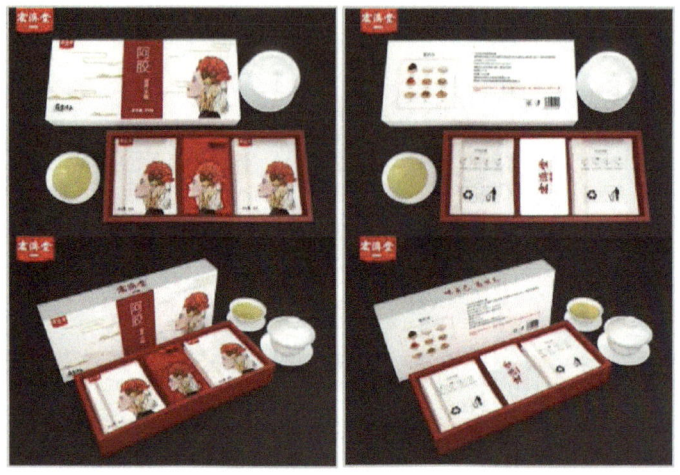

图8.42　产品组合精品装设计

图8.43　衍生文创产品设计

第五节　手工的温度系列

"手工的温度"选题立足宏济堂阿胶传统制作技艺，采用视觉方式呈现一家人使用阿胶块加工熬制各种阿胶养生健康产品的过程和场景。创意侧重突出"手工"和"温度"两个关键词，"手工"指向理性的产品特征，"温度"指向感性的消费者态度。

一、手工的温度系列草图

草图展现了三个家庭生活的场景，三个场景虽分别发生在客厅、餐厅和院内，但都重点展现了人们围绕餐桌发生的故事（图8.44）。餐桌上铺满了各种各样的食材，家庭成员三三两两围坐桌前，将这些食材与阿胶组合，纯手工制作各种阿胶食品。因为家庭成员的共同协作，才有了温暖、祥和与幸福的温度存在。

图8.44　手工的温度草图

（设计师：赵佳敏、刘洋、樊潇、王梓萱。以下同）

二、手工的温度系列细化图

细化图将线稿草图的形象填上了祥和的暖色，让整个图形充满着温暖祥和的味道。细化之后的三张图形，在人物与场景造型上显得足够拙朴，呈现有阿胶参与的家庭生活的朴实无华却充满暖意（图8.45）。宏济堂阿胶品牌悄无声息地渗透进普通人家生活之中，并无声无息地成为朴素生活的重要组成部分，这种生活的意义既在理性的健康养生，又在感性的情感传递。

图8.45　手工的温度细化图

三、手工的温度系列媒介应用设计

在平面媒介应用方面，细化图增加了文案与产品形象后，可应用于户外灯箱、地铁广告牌等多个领域（图8.46、图8.47）。质朴的插画设计结合以手写字体形式呈现的简练文案，使户外广告呈现朴实、自然的表现效果，直达人的内心。

图8.46 平面媒介应用文案与产品组合设计

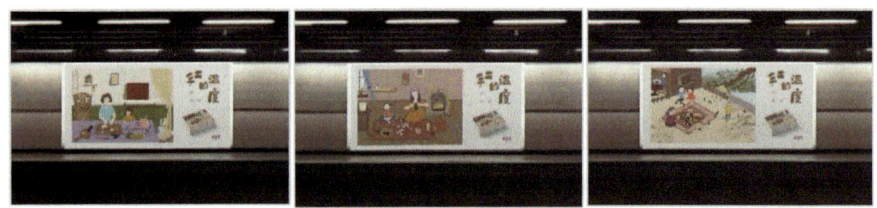

图8.47 手工的温度之地铁广告牌

在立体媒介应用方面，小组基于良好的插画设计效果，选择了多种衍生应用形式进行创意设计，如抱枕、明信片、收纳盒、手提袋、帆布袋等（图8.48）。核心图形的插画设计具有极强的故事性，因此衍生产品的应用也带有极强的想象力。

图8.48 手工的温度衍生设计应用

数字媒介方面，小组成员利用定格动画的方式，以阿胶糕的核桃、红枣、阿胶等成分作为主角，创意制作了一条动画视频（图8.49）。视频虽然简单，制作也较为粗糙，但展现了同学们在探索多种媒介应用时的极高兴趣和强大潜力。

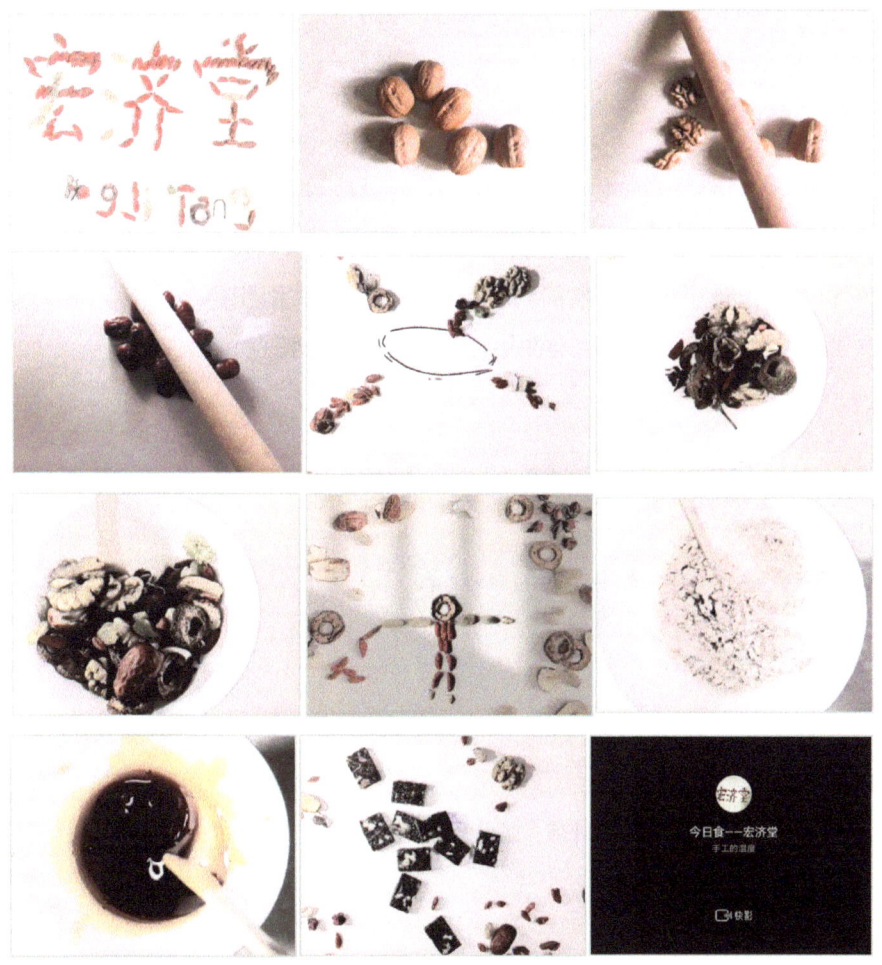

图8.49　手工的温度动画短片

第六节　阿胶粉产品植物纹样形象设计

本主题创作围绕阿胶粉产品的女性美容功能诉求，塑造了一个时髦的年轻消费者形象。方案结合了现代扁平式设计理念与19世纪末20世纪初的新艺术运动植物纹饰创作手法，将传统与现代很好地融合。植物形象在本主题创作中应用较为普遍，在内涵传达上，植物展现出了自然、活力的意念，这与阿胶粉产品功能诉求、年轻女性消费者个性特征等相契合；在形式表达上，植物造型的曲线形态增加了设计本身的柔性和灵动，契合了产品和品牌的时尚感、流行感。

一、阿胶粉产品植物纹样形象设计草图

　　草图制作思路主要为女性形象的创意设计，设计小组先后创意了多个不同姿态的女性形象，最终确定女性形象的两个侧身角度（图8.50、图8.51）。采用扁平化设计手法，形象简约、色彩平涂，用大面积色块填充。帽子、墨镜、发饰、服装等均展现出女性年轻、时尚的性格特点。

图8.50　最初尝试的女性形象　　　　图8.51　确定的女性形象草图

（设计师：刘冠含、袁瑜馨。以下同）

二、阿胶粉产品植物纹样形象设计细化图

　　细化设计图采用人物形象与植物造型结合的方式进行创作（图8.52）。设计师在创作这一系列核心图形时，吸收借鉴了法国新艺术运动海报大师穆夏的设计特点，主要体现为：有机的曲线，蕴含着活力；单线的平涂，交错出节奏；华丽的装饰，女性为主题。与穆夏新艺术运动风格海报不同的是，学生吸收了扁平化设计的手法，不追求女性形象，尤其是人物面孔、表情的具象化特征，而是模糊化处理。因而，女性形象没有太多穆夏海报中的肃穆、端庄和典雅，而是意象化的、模糊化的和装饰性的，这反而形成了一种时尚的、去中心化、去典型化的表现风格和艺术个性，进而也展现出品牌所追求的年轻化理念。

图8.52 人物、植物组合的细化设计图

三、阿胶粉产品植物纹样形象设计媒介应用设计

平面媒介应用设计方面，设计师以核心图形为基础，增加宏济堂品牌名称、产品名称等文字与图形元素，设计成户外广告牌、灯箱广告等户外媒介作品（图8.53）。

图8.53 户外媒介应用设计

立体媒介应用设计方面，小组成员基于阿胶粉产品的常见形态和规格，创意设计了小罐、便携袋、中型袋、中型罐等不同样式的包装设计，在图案上截取了核心图形部分，进行不同包装媒介上的组合应用（图8.54）。图案主

要集中于包装的下部，上部则采用大量留白，编排新颖，风格鲜明，美感强烈。同时，小组成员还将核心图形应用于常见延伸文创产品上，这些衍生类型涵盖了纸胶带、明信片、贴纸、书签、收纳盒、笔记本等（图8.55）。

图8.54　包装设计应用

图8.55　衍生创意产品设计应用

　　数字媒介应用设计方面，小组成员创作了两幅动态海报。其中一幅为核心图形与宏济堂品牌标识形象的组合，动态展示部分主要体现在隐现的品牌标识上（图8.56）；第二幅动态海报设计思路与第一幅类似，主要体现为文案的动态呈现，同时配合核心图形部分小细节的变化（图8.57）。基于女性形象的数字表情包设计较好，从核心图形中提炼出来的经典造型，如女性、公鸡、沙漏、花冠等，均具有一定的特异性与代表性，再配以诙谐有趣的文案和动态化的反复呈现，烘托出良好的品牌形象（图8.58）。

图8.56　动态海报（品牌标识）

图8.57 动态海报（产品文案）

图8.58 数字表情包

第九章

"时尚养生"主题传播设计

据《中国美好生活大调查（2020—2021）》发布的中国青年消费大数据显示，在2021年的消费预期中，旅游、保健养生和教育培训居18~25岁年轻人消费榜单的前三位，恋爱中的人们对旅游和保健养生更感兴趣。而在《中国美好生活大调查（2019—2020）》中，排在前三位的是教育培训、住房和保健养生。在性别方面，18~25岁男青年会通过购买绿色食品、打疫苗和囤消费除菌防护用品来保持自己的健康状态，而18~25岁女青年会通过加强健身运动、定期体检与合理饮食的方式来保持健康状态。可见，男青年的健康观念偏向被动，而女青年的健康观念更为主动。年轻人钟爱的养生方式正在变得越来越便捷，阿胶酸奶、即食燕窝、人参果冻、大补熬夜茶、何首乌黑芝麻丸、酵素软糖等纷纷登场。被健康焦虑蚕食的青年人，正在快节奏的现代生活下，争先恐后地追求阿胶变成粉末、枸杞支撑原浆的"轻滋补"和"轻养生"生活。

时下社会"90后"一边"敷着最贵的面膜，吃着最贵的保健品"，一边"熬着最晚的夜"。有数据显示，"90后"买养生产品的高峰时间是每天深夜12

点以后。每当夜深人静，就到了"90后"将阿胶、黑芝麻、保健品装进自己的购物车完成"心理养生"任务的时间，堪称"购物式惜命"。在这种养生方式中，时尚的、另类的、朋克的、自我的养生观念和形象不断被创造出来。追求品牌年轻化的阿胶产品越来越注重老字号的年轻消费者诉求。品牌认为，养生的话题不再是中老年人独有的，年轻人也正在积极而趣味化地参与到养生的领域中，只不过他们的养生观念是新鲜的、多变的、时尚的，而且充满了年轻人独有的个性与趣味。

时尚养生主题的设计作品包括"顾海洲"组的宏济堂阿胶搞笑动画、"我不做作业队"的波普消费者形象设计系列、"B队"的Molly养生系列、"专业团队"的朋克养生系列、"媒体传播88队"的90后鲁小妹养生大法系列以及"新媒体-7组"的轻养生阿胶粉产品设计等。

第一节　阿胶鬼畜动画视频

鬼畜视频以高度同步、快速重复的素材配合背景音乐（BGM）的节奏，通过鬼一样的抽搐达到洗脑或喜感效果，或通过视频、音频剪辑，用重复频率极高的画面或声音组合成音画同步率极高的一类视频[①]。在本次实践中，"顾海洲"组针对阿胶养生的话题，设计了两个女孩形象，并围绕两个角色创作了一段搞笑动画（图9.1）。总体来看，动画试图趣味性地表现阿胶（阿胶糕）的市场价值，画面简单但造型巧妙，一高一矮、一瘦一胖的对比鲜明，背景音乐与画面配合较好，在短暂的课题时间内个人独立完成动画创作值得肯定。但作品也存在着故事完整度不够、戏剧性冲突较弱以及鬼畜特色不够强烈等缺点。

一、阿胶鬼畜动画脚本草图

脚本为线稿创作，表现了动画中的主要人物场景镜头，角色形象比较鲜明。

---

① 不明真相的吃瓜群众围观：鬼畜到底是个什么鬼？网易新闻学院.［2022-09-15］.https：//www.163.com/college/article/BVLER38D000181KO.html.

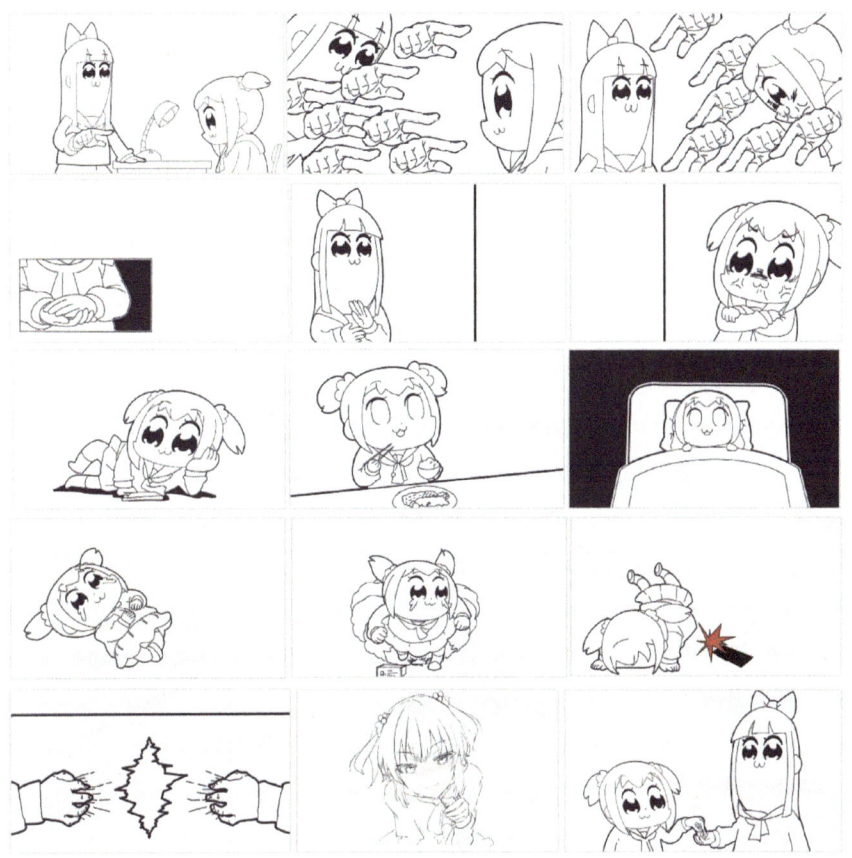

图9.1　阿胶动画视频脚本

（设计师：顾海洲。以下同）

二、阿胶鬼畜动画脚本细化图

　　脚本细化设计图增加了画面色彩和动画效果示意，展现出了动画的趣味性和搞笑效果，同时增加了能够提示故事线索与发展变化的关键帧画面，使故事的完整性进一步增强（图9.2）。

图9.2　阿胶动画视频脚本细化图

三、阿胶鬼畜动画媒介应用设计

　　最终的动画视频效果较好，尤其是增加了背景音乐（BGM）。在背景音乐和特殊音效的配合下，动画视频展现了一定的娱乐性和故事性。但动画视频的不足之处也较为明显，画面之间的剪辑较为简单，缺乏艺术性强的动画效果。

第二节 波普消费者形象系列

波普艺术一词最早出现于1952—1955年,在伦敦当代艺术研究所一批青年艺术家举行的独立者社团讨论会上首创,由批评家阿洛维酌定。他们认为公众创造的都市文化是现代艺术创作的绝好材料,面对消费社会商业文明的冲击,艺术家不仅要正视它,而且应该成为通俗文化的歌手。英国画家理查德·汉密尔顿曾把波普艺术的特点归纳为:普及的(为大众设计的)、短暂的(短期方案)、易忘的、低廉的、大量生产的、年轻的(对象是青年),浮华的、性感的、骗人的玩意儿、有魅力和大企业式的。

波普艺术用色大胆,常选用高纯度、高亮度的颜色。鲜艳的颜色可以刺激人们的视觉,波普艺术以这样的风格来表现反抗的精神。鉴于其大众艺术的特点,波普艺术的通俗化风格明显,表现在用色上就是常以红、黄、蓝等纯色为主,甚至有荧光色的补充,以表现一种虚幻的世界,趣味性极强。"我不做作业队"基于阿胶粉系列产品特点,创意设计了一系列以人物形象为主体的、带有强烈波普风格的平面作品。这些作品除展示目标消费者形象与生活特征外,还借助图形元素将产品成分进行了展露,从感性、理性两个角度融合起来进行品牌形象的设计传播。

一、波普消费者形象核心图形细化

波普消费者形象系列核心图形有六种,其共同特点为夸张式表现女性人物形象,其不同之处在于每幅核心图形中展示产品成分的图形,分别有南瓜、草莓、红枣、玉米、山药、葡萄。六种图形代表了六种不同的阿胶粉产品类型(图9.3)。

图9.3　波普消费者形象细化图

（设计师：李展硕、王焕宇、于永泽、郝云霄、王培逢。以下同）

二、波普消费者形象媒介应用设计

平面媒介应用较为简单，由核心图形添加相关文案和产品成分的辅助图形转化而来。平面海报采用对角线式的构图，以下方角落的人物形象为主，占据2/3的空间面积，上方人物形象倒立，其起陪衬主体和均衡构图的作用，空间面积仅占1/3（图9.4）。辅助图形的运用进一步强化了产品的属性特征，同时使画面内容更加丰富，艺术表现更加多元。

图9.4　波普消费者形象平面媒介应用（人物版）

除应用人物形象版本的平面媒介（图9.5）外，小组还创意设计了文案版海报，并应用到户外媒介如地铁灯箱广告中。文案版海报延续了人物版本确立的基础色和基础辅助图形（展露产品成分的辅助图形），同时配以简单文案，表现"身体与你"的对话内容，传达出日常生活中应时刻关注自己的身体状况的核心诉求，契合宏济堂阿胶传播的年轻人时尚养生理念。

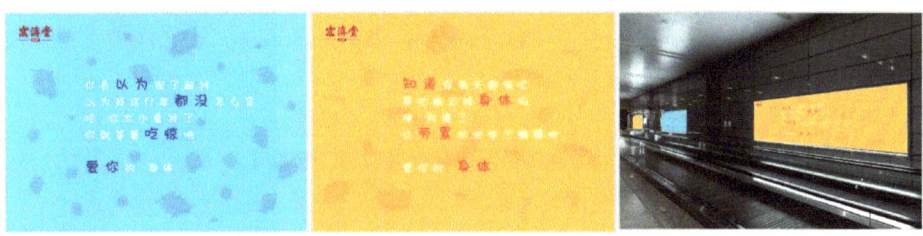

图9.5　波普消费者形象平面媒介应用（文案版）

立体媒介应用方面，小组选择了包装和衍生文创两种媒介形态。包装设计展示了袋装、罐装两种方式（图9.6、图9.7）。核心图形在包装上的应用贴切自然，不同产品对应不同风格的核心图形，六种图形包装构成一个完整的产品系列。文创产品方面，以常规的品牌衍生产品为主，包括了家居用品的抱枕、环保袋、手机壳、马克杯，学习工作用品的笔袋、鼠标垫、书签等（图9.8）。波普消费者系列人物形象夸张有趣，进而使衍生应用产品充满着浓郁的时尚化、个性化风格。

图9.6　波普消费者形象包装应用（袋装）

图9.7 波普消费者形象包装应用（罐装）

图9.8 波普消费者形象衍生品应用

　　数字媒介应用方面，小组设计了宏济堂阿胶产品网站、数字表情包、动态海报和应用于互联网的横幅（banner）广告。网站采用流行的扁平化、栅格式设计风格，画面采用大幅图片，结合简练文字，突出主要信息，传达力强（图9.9）。表情包则提取核心图形中的要素，以各个人物形象为主体，配合简单文案，传播轻松时尚、诙谐幽默的调性风格。动态海报、横幅广告创意手法相似，将人物元素与辅助图形拆分，在不同时间内循环出现，打破静态海报或广告的单调呆板，提高受众的注意力，使广告诉求的表达更灵活，效果更强烈（图9.10、图9.11）。

图9.9　宏济堂网站形象设计

a　　　　　　　　　　　　　　　　　　b

c

图9.10　波普消费者形象动态海报

图9.11　波普消费者形象互联网横幅广告

第三节　Molly 养生盲盒系列

Molly是盲盒市场的爆款IP，在2018年、2019两个年度分别占到泡泡玛特销售收入的62%和32%。Molly盲盒具有"一体三多"的特点：统一本体，形象多彩、角色多样、系列多元。设计这种造型是基于年轻女性用户的特性。Molly披着儿童外衣，却有着少女心，具有强烈的治愈效果。在形象设计上，一般都会围绕大眼睛、柔色彩、微笑唇等特征来进行创作，体现萌娃治愈的可爱感知，尤其是其大眼睛的设计，同动漫人物形象设计类似，体现出公仔形象的萌和可爱；在色彩设计上，一般都遵循三色原则，即每个形象的颜色限制为三种颜色。具体选用的颜色均为高明度、高饱和，配合不同的光，对个体视觉发挥强大作用。在角色设计上，不同角色定位不同的文化需求，一般由常规款加隐藏款组成。

"B队"将阿胶养生与Molly创意设计结合起来，推出宏济堂与Molly的联名盲盒。方案选取了宏济堂阿胶粉系列产品的六种主要成分作为Molly形象设计的原型，分别是：荷叶、银杏、枸杞、茯苓、铃兰、黄花。基于六种形象，"B队"设计了盲盒的包装、平面和衍生品，将阿胶粉养生诉求与年轻人喜欢的时尚事物紧密结合在一起。

一、Molly 养生盲盒草图

Molly的六种形象均属于中药范围，其功效在《中国药典》中有相应的说明。"荷叶"在《中国药典》（2020年版）"一部·药材和饮片"部分收录。其性味与归经表述为：苦，平。归肝、脾、胃经。其功能与主治表述为：清暑化湿，升发清阳，凉血止血。用于暑热烦渴，暑湿泄泻，脾虚泄泻，血热吐衄，便血崩漏。"银杏"在《中国药典》（2020年版）"一部·药材和饮片"部分收录。其性味与归经表述为：甘、苦、涩，平。归心、肺经。其功能与主治表述为：活血化瘀，通络止痛，敛肺平喘，化浊降脂。用于瘀血阻络，胸痹心痛，中风偏瘫，肺虚咳喘，高脂血症。"枸杞"在《中国药典》（2020年版）"一部·药材和饮片"部分收录。其性味与归经表述为：甘，平。归肝、肾经。其功能与主治表述为：滋补肝肾，益精明目。用于虚劳精亏，腰膝酸痛，眩晕耳鸣，阳痿遗精，内热消渴，血虚萎黄，目昏不明。"茯苓"在《中国药典》（2020年版）"一部·药材和饮片"部分收录。其性味与归经表述为：甘、淡，平。归心、肺、脾、肾经。其功能与主治表述为：利水渗湿，健脾，宁心。用于水肿尿少，痰饮眩悸，脾虚食少，便溏泄泻，心神不安，惊悸失眠。"铃兰"在《中华本草》（1999年版）"民族药卷"有收录。其根茎细长，匍匐状，具多数肉质须根。叶通常2枚。完整叶片椭圆形或椭圆状披针形，全缘，先端急尖，基部楔形，叶脉平行弧形，有强心利尿等作用。"黄花"在《中国药典》（2020年版）

"一部·药材和饮片"部分收录。根茎短粗,簇生淡黄色细根。花有黄色舌状花残留,多皱缩扭曲。其性味与归经表述为:辛、苦,凉。归肺、肝经。其功能与主治表述为:清热解毒,疏散风热。用于喉痹,乳蛾,咽喉肿痛,疮疖肿毒,风热感冒。

在Molly六种形象的创意设计中,设计师充分考虑了各种植物的外在形象特征与其作为药材的功效特征,采用线稿绘制,将阿胶粉植物成分同Molly基础形象有效融合。草图相对比较完整,形象展现比较充分,延续了Molly在形象设计方面的大眼睛、微笑唇等基本特征(图9.12)。

荷叶　　　　　　　　银杏　　　　　　　　枸杞

茯苓　　　　　　　　铃兰　　　　　　　　黄花

图9.12　Molly养生盲盒系列草图

（设计师：肖云玮。以下同）

二、Molly 养生盲盒细化图

核心图形的细化图主要是为Molly六个形象添加色彩后的图形（图9.13）。在色彩设计上，遵循Molly的基本原则，即三色原则、高明度、高饱和。六种形象的主体颜色为绿色、黄色、红色或紫色。

图9.13 Molly养生盲盒系列细化图

三、Molly 养生盲盒媒介设计应用

在媒介应用方面，主要应用在了POP广告、户外广告、包装贴纸和衍生产品几个方面。POP广告以六个形象为主体信息，可作为挂旗、单页、宣传册或包装纸使用。设计了六幅销售场所可用的POP广告（图9.14），户外广告以大型广告牌为主，做传播Molly+宏济堂主要产品的信息，同时结合盲盒隐藏款概念，体现悬疑因素（图9.15）。包装设计较为简单，设计了以药物形象为素材的瓶子贴纸以及体现Molly+宏济堂联名概念的纸袋等。衍生产品有Mooly形象徽章、阿胶粉饮用器具等（图9.16）。

图9.14　Molly养生盲盒系列POP广告设计

图9.15　Molly养生盲盒系列户外广告设计

图9.16 Molly养生盲盒系列包装与衍生设计

第四节 朋克养生系列形象设计

"朋克"是20世纪70年代中期兴起的一种对包括前卫摇滚、重金属在内的流行音乐形式的"反叛",它以地下音乐、极简摇滚为代表,仅利用非常简单的乐器,制作出短而快节奏的歌曲,旋律原始却有力。这种反乌托邦式的音乐风格在当时席卷西方的社会思潮的影响下,表达着"鼓吹个人自由、反建制主义"的政治诉求。朋克文化影响深远,在设计领域也打下烙印,尤其是平面设计方面。朋克风格平面设计最鲜明的特点在于以挪用、拼贴、戏仿等手法进行创作,在不同历史阶段,其风格也有所差异——从兴起时风格朴素的简约主义,发展到后来鲜艳明丽的色彩表现和新浪潮。"专业团队组"在宏济堂品牌形象设计中,以年轻人养生观念为核心,借鉴朋克文化风格特点,从养生观念、艺术表现两个角度展现时尚趣味的养生生活状态。

一、朋克养生系列草图

小组首先创意设计了一个年轻消费者的形象,形象本身无论其发饰、服装，还是姿态，都充满了浓郁的朋克与后现代意味。在此基础上，设计师为人物形象增加了大量几何图形，采用组合、拼贴等艺术表现手法，将几何图形与人物形象和谐融合在一起。在此基础上，设计师采用对称编排的方式将品牌名称与文案放入设计图中，对称编排展现传统风潮，组合图形展现后现代情趣（图9.17）。

图9.17　朋克养生系列草图

（设计师：黄海涛、夏红霞。以下同）

二、朋克养生系列细化图

朋克风格设计强调色彩明快、彩度高的明亮色调，拥有颜色的多种可能性，在构图上强调几何结构，往往打破横平竖直的线条布局。细化图在人物形象组合结合图像加文案的草图基础上，进行了颜色的配置和设计，整体体现出明快、彩度高的明亮色调（图9.18）。同时，朋克设计所特有的几何结构，波形曲线、曲面，以及直线、平面的组合等形态逐渐清晰，天真滑稽、怪诞、离奇、情趣、随机、趣味性等逐渐呈现。

三、朋克养生系列媒介设计应用

平面媒介方面主要以户外海报的形式呈现，实际上细化后的核心图形已经与海报无异，其在车站灯箱、户外广告牌等常见户外平面媒介上的应用毫无障碍（图9.19）。立体媒介方面，在小袋装和提篮装两种形式上使用了核心图形的衍生应用（图9.20、图9.21）。核心图形本身色彩艳丽、造型新颖，

图9.18 朋克养生系列细化图

图9.19 朋克养生系列户外广告设计

在提篮式包装应用时选取各种几何图形进行组合应用，显得新颖大方，充满情趣。衍生文创开发方面，有常见的咖啡杯、水杯、明信片、拼图、手机壳等，核心图形设计精美，衍生文创产品自然效果显著（图9.22）。

数字媒介应用方面，设计师以核心图形为基础，创意设计动态海报。受时间、精力等各方面限制，小组在动态海报设计上，只是选取了部分辅助图形进行动态化呈现，基本展现出了年轻人群时尚、潮流、幽默的生活追求和精神风格（图9.23）。

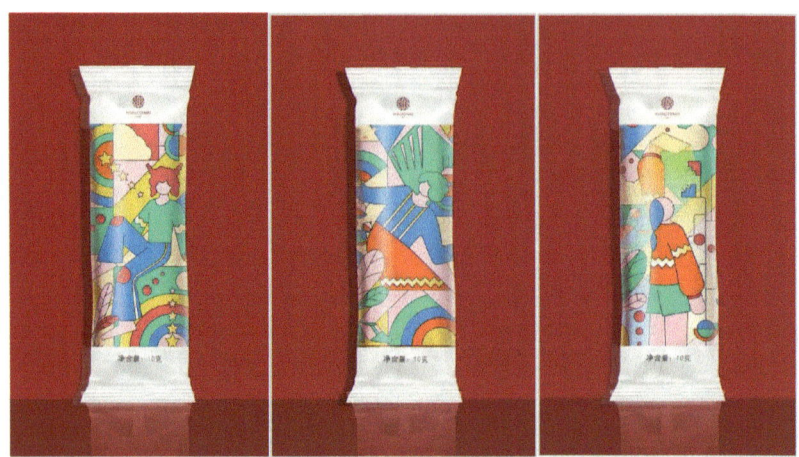

图9.20 朋克养生系列包装设计（小袋装）

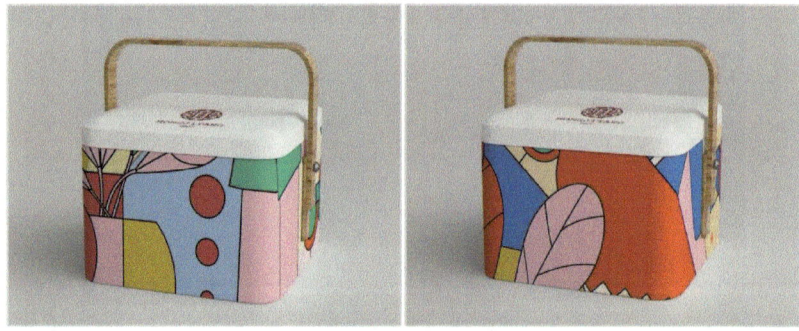

图9.21 朋克养生系列包装设计（提篮装）

图9.22 朋克养生系列衍生产品设计

图9.23 朋克养生系列动态海报

第五节　鲁小妹养生大法卡通形象设计

　　"媒体传播88"组以"90后养生大法"为创意方向，立足阿胶的产品特性，选择了"驴"这一形象进行品牌的卡通角色设计。"90后""养生""女性"几个关键词组合创意出"魔法师鲁小妹"，传达年轻人心目中"阿胶养生，如有魔法"的神奇和趣味。

一、鲁小妹形象草图

　　在草图阶段，围绕驴的形象，小组成员进行了多角度的发散，从最初的具象的动物形象驴，到拟人化的魔术驴大师，再到更贴合阿胶年轻女性消费者形象并展现产品地域特色的魔法师鲁小妹，卡通形象的内涵进一步凝聚，形象造型进一步活泼和灵动（图9.24）。

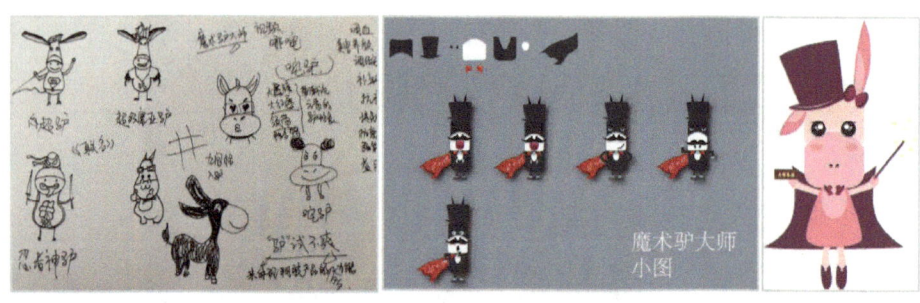

图9.24　鲁小妹卡通形象草图

（设计师：王笑菡、周旋艺、付浩。以下同）

二、鲁小妹形象细化图

　　在确定核心形象后，小组基于鲁小妹养生魔法师的角色设定进行了形象的场景化延伸。这些场景均围绕魔法师角色展开，体现奇妙、魔幻和轻松的基调（图9.25）。

三、鲁小妹形象媒介应用设计

　　为配合阐释年轻人花式养生的状态和观念，小组成员在90后鲁小妹养生大法的策略下，创意设计了三幅一系列的反映年轻人养生生活的插画海报。

海报没有沿用鲁小妹的卡通形象，而是以真实人物为主角，以插画手法进行创作（图9.26）。三张海报反映了敷面膜、熬夜、瑜伽等年轻人常见行为，画面色彩丰富，线条细腻流畅。基于海报形象，小组还创作了系列衍生文创产品（图9.27）。

图9.25 鲁小妹卡通形象细化图

图9.26 90后养生大法系列海报

图9.27　90后养生大法人物形象衍生文创

　　鲁小妹卡通形象的媒介应用主要是鲁小妹表情包。表情包围绕疫情话题展开，表现疫情下的个人卫生保护、饮食保障、健身养生等诸多内容。鲁小妹形象活泼、俏皮、可爱，应用为表情包后能够生动传达年轻女性的朝气蓬勃和活力四射，同时也多样化、高效率地推动了时尚养生观念的传播（图9.28）。

图9.28　鲁小妹卡通形象表情包

第六节 "花想容"轻养生阿胶粉产品品牌形象设计

"新媒体七组"根据年轻人养生需求和养生消费特点，围绕阿胶粉产品属性，创意设计了"花想容"阿胶粉产品品牌。"花想容"的品牌名称来自李白"清平调"名句"云想衣裳花想容"，品牌形象设计主基调淡雅宁静祥和。为了同年轻消费者有效沟通，品牌在形象设计时结合时下流行的国潮风，将中华传统文化的京剧脸谱形象进行了简约化、时尚性的创意变形，形成兼有符号性和形象性的核心图形，并以此为基础，创意设计产品包装形象与传播形象。

一、"花想容"品牌形象设计草图

"花想容"品牌形象的草图较为简单，在这个阶段，小组确认了品牌的字体设计和基本辅助图形，以书法字体和云、花等直接形象要素为主。同时小组基于年轻人喜闻乐见的表情形象，绘制了表情符号草图（图9.29）。从草图上看，系列表情符号充分体现了简洁性、象征性的特点，主打趣味性和幽默化，以符合年轻消费群体的审美情趣。

图9.29 阿胶粉产品形象与消费者形象设计草图

（设计师：樊洋、武厚汉、王泽萌、黄盛权、吴华荣、尹煜文。以下同）

二、"花想容"品牌形象核心图形细化设计

在细化设计方面，小组首先围绕五种京剧脸谱形象做了深入设计（图9.30），同时丰富了"花想容"品牌的辅助图形系统，尤其增加了山、水、树等表现空灵静雅的自然元素，展现阿胶粉产品的生态特色与自然个性

（图9.31）。核心图形的丰富设计为后续产品包装设计及媒介应用设计奠定了坚实的基础。

图9.30　京剧脸谱形象细化设计

图9.31　"花想容"品牌形象细化设计

三、花想容"品牌媒介应用设计

平面媒介方面，小组创意设计了三个系列海报，包括品牌整体形象海报一幅、女性形象海报三幅、京剧脸谱形象海报三幅。整体形象海报延伸了核心图形的基本要素，设计成更适宜电梯媒体发布的竖长海报型，目的是突出品牌核心要素和核心诉求，表现品牌的自然生态特色，凸显年轻人的新养生观念（图9.32）；女性形象海报则以传统戏剧中的女性人物形象为基础，抓取年轻消费者时尚俏皮的表情特征，以简练、留白的风格塑造年轻人个性形象，海报配以"拯救你的不开心"的文案，体现阿胶养生的年轻特性（图9.33）；京剧脸谱形象海报则紧扣国潮风格，试图赋予传统京剧文化以现代形象，以此传达"花想容"品牌的老字号传承与时尚个性（图9.34）。

图9.32 "花想容"品牌整体形象海报

图9.33 "花想容"品牌女性形象海报

图9.34 "花想容"品牌京剧形象海报

　　产品包装方面，小组以品牌形象核心要素——花、云、山、树等为基础，结合手提袋、铝盒、纸袋、纸盒等不同包装形态和结构，进行不同的图形组合运用，既确保了品牌形象的协调统一，又展现出不同产品类型的不同设计风格（图9.35）。

图9.35　多种形态和结构的包装设计

参考文献

［1］马克思，恩格斯.马克思恩格斯全集：第十三卷［M］.北京：人民出版社，1972.

［2］麦克卢汉.理解媒介：论人的延伸［M］.何道宽，译.北京：商务印书馆，2000.

［3］施拉姆，波特.传播学概论［M］.2版.何道宽，译.北京：中国人民大学出版社，2010.

［4］费尔顿.广告创意与文案［M］.陈安全，译.北京：中国人民大学出版社，2005.

［5］科特勒.营销管理［M］.陆雄文，等译.北京：中国人民大学出版社，2012.

［6］阿伦斯.广告：创意与文案［M］.丁俊杰，等译.北京：人民邮电出版社，2012.

［7］奥格威.一个广告人的自白［M］.林桦，译.北京：中信出版社，2010.

［8］霍夫兰，贾尼斯，凯利.传播与劝服［M］.张建中，李雪晴，曾苑，等译.北京：中国人民大学出版社，2015.

［9］马图斯.设计趋势之上［M］.焦文超，译.济南：山东画报出版社，2009.

［10］斯科勒司，伟德尔.创意海报版式设计［M］.大连：大连理工大学出版社，2008.

［11］原研哉，南希.设计中的设计［M］.宋锷，译.济南：山东人民出版社，2006.

［12］原研哉，阿部雅世.为什么设计［M］.宋锷，译.济南：山东人民出版社，2010.

［13］马诺维奇.新媒体的语言［M］.车琳，译.贵阳：贵州人民出版社，

2020.

［14］赫利.什么是品牌设计［M］.胡蓝云，译.北京：中国青年出版社，
2000.

［15］许慎.说文解字［M］.北京：中华书局，1963.

［16］中国社科科学院语言研究所词典编辑室.现代汉语词典［M］.6版.
北京：商务印书馆，2012.

［17］程继隆.社会学大辞典［M］.北京：中国人事出版社，1995.

［18］郭庆光.传播学教程［M］.2版.北京：中国人民大学出版社，2011.

［19］彭兰.新媒体用户研究：节点化、媒介化、赛博格化的人［M］.北
京：中国人民大学出版社，2020.

［20］冷先平.艺术设计传播学［M］.北京：高等教育出版社，2018.

［21］宫承波.新媒体概论［M］.8版，北京：中国广播影视出版社，2020.

［22］杨建明，王忆萍.中国老字号故事［M］.济南：齐鲁书社，2019.

［23］王成荣，李诚，王玉军.老字号品牌价值［M］.北京：中国经济出版
社，2012.

［24］李永铨.消费森林×品牌再生：李永铨的设计七大法则［M］.上海：
生活·读书·新知三联书店，2012.

［25］谷虹.品牌智能［M］.北京：电子工业出版社，2015.

［26］李彬.传播学引论［M］.北京：高等教育出版社，2013.

［27］徐洋.品牌与VI设计［M］.上海：上海人民美术出版社，2006.

［28］黄建平.标志创意设计［M］.上海：上海人民美术出版社，2006.

［29］李道国.商标形象的视觉设计［M］.南京：东南大学出版社，2006.

［30］靳埭强.中国平面设计3：企业形象设计［M］.上海：上海文艺出版
社，2000.

［31］李鹏程.VI品牌形象设计［M］.北京：人民美术出版社，2010.

［32］朱锷.现代平面设计巨匠田中一光的设计世界［M］.北京：中国青
年出版社，1998.

［33］朱锷.日本海报设计的形态［M］.南宁：广西美术出版社，2001.

［34］王受之.世界平面设计史［M］.北京：中国青年出版社，2002.

［35］张金海.世界经典广告案例评析［M］.武汉：武汉大学出版社，2000.

［36］李光斗.故事营销［M］.北京：机械工业出版社，2020.

［37］郑建鹏，齐立稳.设计心理学［M］.武汉：武汉大学出版社，2016.

［38］郑建鹏，张小平.广告策划与创意［M］.北京：中国传媒大学出版社，2017.

［39］郑建鹏，李建萍.广告文案写作［M］.北京：中国传媒大学出版社，2016.

［40］侯立平，郑建鹏.现代广告设计［M］.2版.北京：首都经贸大学出版社，2016.

［41］杨学成，陈章旺.网络营销［M］.北京：高等教育出版社，2014.

后 记

本书的出版要感谢许多人！

感谢山东工艺美术学院孙磊教授主持的国家社科基金艺术学重大项目"设计创新与国家文化软实力建设研究"的学术支持；感谢山东工艺美术学院教育服务新旧动能转换专业对接产业项目提供的课题对接与实践机会（是的，这个项目也是孙磊教授主持的）；感谢山东省老字号企业协会常务副会长兼秘书长魏子杰先生，感谢山东宏济堂制药集团有限公司文哲亮先生、汤甜女士、刘艳艳女士、林令华先生，尤其是文哲亮先生、汤甜女士多次通过网络在线方式，为各团队成员讲解企业策略，解答各种问题，指导具体设计；感谢山东工艺美术学院视觉传达设计学院的诸位领导同事，尤其是齐立稳老师，我们一起将课题融入课程之中，协同合作让我受益匪浅，感谢齐老师的帮助和支持。

当然更要感谢参与老字号企业传播设计创新课题实践的各位同学们，他们是：姜寻、赵续玲、程瑜翔、谭媛、綦艺璇、吴迪、杨雅露、郝家欣、石漳旭、王艺彤、周辰茜、黄梦茜、毕泽琦、卢宣伊、张庆利、黄伊然、陈舒悦、刘星熠、李眉楚、邓苗苗、林澎鑫、韩钰、杨迦茗、邰婧文、王家荣、秦铭铭、王新虎、肖欣悦、王思宇、朱贺、秦浏畅、高晓莹、张茜茜、马旭、高颖、陈灵玲、满琳、孟慧敏、林婷婷、刘天奇、李嘉鑫、高静、赵佳敏、刘洋、樊潇、王梓萱、刘冠含、袁瑜馨、顾海洲、李展硕、王焕宇、于永泽、郝云霄、王培逢、肖云玮、黄海涛、夏红霞、王笑菡、周旋艺、付浩、樊洋、武厚汉、王泽萌、黄盛权、吴华荣、尹煜文。

最后特别感谢首都经济贸易大学出版社赵杰先生，很抱歉书稿拖了许久，感谢他的不弃；感谢我的爱人李建萍女士，感谢她对家庭的付出，我内心惭愧无以言表，谨以此书表达我的负疚！

郑建鹏

2022年10月16日